Hebeisheng Gaosu Gonglu Yanghu Gongcheng
河北省高速公路养护工程
Sheji Jishu Zhinan
设计技术指南

河北锐驰交通工程咨询有限公司 编著

人民交通出版社股份有限公司
China Communications Press Co.,Ltd.

内 容 提 要

本书是在现行高速公路勘察、养护设计的相关标准、规范基础上,总结近年来河北省高速公路养护设计实践经验编制而成的。全书共12章,分别从路线、路基、路面、桥涵、隧道、交通安全设施、房建、绿化环保等方面,规范了工程范围、设计内容,介绍了常用养护维修方案以及部分有针对性的设计方案,并融入了全寿命周期成本(LCCA)设计理念、全寿命周期环保理念(LCA)和预防性养护理念。

本书适合从事高速公路养护工程设计、施工、管理的工程技术人员参考使用。

图书在版编目(CIP)数据

河北省高速公路养护工程设计技术指南/河北锐驰交通工程咨询有限公司编著.—北京:人民交通出版社股份有限公司,2017.7
ISBN 978-7-114-13870-6

Ⅰ.①河… Ⅱ.①河… Ⅲ.①高速公路—公路养护—工程设计—河北—指南 Ⅳ.①U418-62

中国版本图书馆 CIP 数据核字(2017)第 146626 号

书 名:	河北省高速公路养护工程设计技术指南
著 作 者:	河北锐驰交通工程咨询有限公司
责任编辑:	袁 方 刘 倩
出版发行:	人民交通出版社股份有限公司
地 址:	(100011)北京市朝阳区安定门外外馆斜街 3 号
网 址:	http://www.ccpress.com.cn
销售电话:	(010)59757973
总 经 销:	人民交通出版社股份有限公司发行部
经 销:	各地新华书店
印 刷:	北京鑫正大印刷有限公司
开 本:	800×1230 1/16
印 张:	13.5
字 数:	412 千
版 次:	2017 年 7 月 第 1 版
印 次:	2017 年 7 月 第 1 次印刷
书 号:	ISBN 978-7-114-13870-6
定 价:	60.00 元

(有印刷、装订质量问题的图书由本公司负责调换)

前 言

截至2016年年底,全国高速公路通车里程突破了13万km,长度位居世界第一,其中,河北省通车里程已达6502km,位居全国前列。河北省高速公路发展已有近30年历史,规划的高速公路路网主骨架已基本建成。预计"十三五"期末,将全部打通与京津对接的高速公路断头路、瓶颈路,河北省高速公路通车里程将突破9000km,密度达4.8km/百km^2,将形成以省会为中心,围绕京津,环绕渤海,与相邻七省区市便捷连通的高速公路网。

实践证明,高速公路作为现代化公路的主要运输通道,对沿线的人流、物流、资源开发、招商引资、产业结构优化布局及区域经济融合都起到了重要作用。河北省高速公路发展在注重质量、安全和效益以及加快完善高速公路路网建设的同时,越来越注重运营的安全与维护,全面维护高速公路路网的安全和畅通,全力保证路、桥、隧及沿线设施始终处于良好的技术状况,充分发挥高速公路的优质、高效服务功能,发挥社会、经济效益。

随着高速公路运营时间和里程的增加,公路养护管理工作越来越重,且难度也越来越大,如何科学合理地利用有限的资金和技术资源管好、养好高速公路,正成为我们亟须解决的问题。鉴于当前针对高速公路养护设计方面的参考资料和规范、标准等体系尚未建成,河北锐驰交通工程咨询有限公司作为河北省较早从事公路养护技术咨询的单位,自实行政府收费还贷养护项目财政入库审批制度(2007年5月河北省财政厅《关于进一步加强省级财政预算项目库建设的通知》)以来,一直从事高速公路的养护技术咨询、养护工程设计工作,公司依托河北省交通规划设计院,目前已发展成为河北省内具有重要影响力的高速公路养护技术咨询设计服务实体。受河北省高速公路行业管理部门委托,先后参与了《河北省高速公路勘察设计标准化指南》和《高速公路养护工程施工图设计技术指导意见》的编写,对高速公路的养护工程设计工作进行了规范。2013年出版了《河北省干线公路养护项目工程可行性研究报告编制技术指南》,2017年1月发布了地方标准《高速公路沥青路面养护技术规范》(DB 13/T 2465—2017)。本次出版的《河北省高速公路养护工程设计技术指南》(以下简称《指南》)是对十年来高速公路养护专项工程设计实践工作的总结和归纳,汇聚了行业管理者、业内专家和广大设计工作者的智慧和成果,供业内人士参考,为高速公路行业标准化和规范化助力,为打造"美丽高速"而不懈努力。

本《指南》是在现行高速公路勘察、养护设计的相关标准、规范的基础上,总结近年来河北省高速公路养护设计实践经验编制而成的。本《指南》分别从路线、路基、路面、桥涵、隧道、交通安全设施、房建、绿化环保等方面,分章节规范了工程范围、设计内容,介绍了常用养护维修方案以及部分针对性的设计方案,并融入了全寿命周期成本(LCCA)设计理念、全寿命周期环保理念(LCA)和预防性养护理念。本《指南》旨在为高速公路养护工程设计质量提供参考指导作用,也希望为养护管理者提供一定的借鉴。

本书由河北锐驰交通工程咨询有限公司王子鹏、杜群乐、金凤温、高金虎主编,由公路养护技术工作室全体技术成员共同参与完成。具体编写人员如下:第1章由杜群乐、王子鹏、金凤温、高金虎编写;第2章由杨森、王喜刚、白建强编写;第3章由赵建红、王子鹏、杜群乐、孙倩、杜永亮编写;第4章由赵建红、王子鹏、杜群乐、孙倩、杜永亮编写;第5章由吕栋、刘丽、金凤温、张艳梅、霍文棠、王燕伟编写;第6章由王国昀、王子鹏编写;第7章由杨森、王喜刚、李卫青编写;第8章由卢建成、刘爽、张生学、张振生、皮军俨编写;第9章由李明哲、高金虎、宋长祥编写;第10章由高超、李明哲、高金虎、周浩、谢颖芳编写;第11章由李明哲、赵建红、胡杨编写;第12章由刘寸平、刘丽、高金虎编写。全书由王子鹏、金凤温、杜群乐、高金虎负责统稿。

本书的编写得到了河北省交通运输厅公路管理局、河北省高速公路管理局、河北交通投资集团公司、河北省交通规划设计院等单位、部门的大力支持,在此一并致谢!

因时间仓促,疏漏及错误之处在所难免,恳请广大读者批评指正!

注:书中引用的图、表、数据在最大限度内注明了出处并征得了作者或所有权人的同意,未能联系到的作者或所有权人请及时联系我们,以便再版时注明。

联系地址:河北省石家庄市平安南大街30号

邮政编码:050021

电话:0311-86089559

E-mail:Hebreach@vip.163.com

编著者
2016年12月

目　　录

1 总则 ·· 1
   1.1 指导思想、发展理念和发展目标 ·· 1
   1.2 养护管理要求 ··· 1
2 路线 ·· 3
   2.1 基本原则 ··· 3
   2.2 外业勘测 ··· 3
   2.3 主要内容及处理措施 ·· 4
3 路基 ··· 11
   3.1 路基工程 ·· 11
   3.2 排水工程 ·· 22
   3.3 防护工程 ·· 28
4 路面 ··· 41
   4.1 基本原则 ·· 41
   4.2 路面技术状况检测 ··· 41
   4.3 沥青混凝土路面 ·· 42
   4.4 水泥混凝土路面 ·· 62
   4.5 路面附属工程 ·· 68
5 桥梁、涵洞 ··· 69
   5.1 基本原则 ·· 69
   5.2 调查与检查 ·· 69
   5.3 常见病害及成因分析 ·· 71
   5.4 预防性养护 ·· 79
   5.5 典型病害养护及加固设计 ·· 80
   5.6 桥梁受损应急处治 ··· 97
6 隧道（土建结构） ··· 101
   6.1 基本原则 ·· 101
   6.2 结构检查及常见病害 ·· 101
   6.3 土建结构预防性养护 ·· 104
   6.4 土建结构典型病害加固设计 ·· 106
   6.5 安全措施 ·· 121
7 互通式立交及收费、服务设施改造 ··· 124
   7.1 基本原则 ·· 124
   7.2 互通式立交局部改造 ·· 124
   7.3 服务设施改造 ·· 128
8 房建工程设施养护维修 ·· 130
   8.1 基本原则 ·· 130

8.2	收费、服务设施	130
8.3	房屋建筑工程	138

9 交通安全设施 148
    9.1 标志 148
    9.2 标线 155
    9.3 护栏 159
    9.4 隔离栅 167
    9.5 防眩设施 170
    9.6 防落物网（桥梁护网） 173

10 绿化环保 175
    10.1 主线及互通区景观 175
    10.2 服务区及停车区景观 184
    10.3 隧道出入口 192
    10.4 景观小品 193
    10.5 声屏障 194

11 交通组织 198
    11.1 基本原则 198
    11.2 调查内容 198
    11.3 区域路网交通组织设计 198
    11.4 路段交通组织设计 200
    11.5 交通组织应急预案及保障措施 203

12 工程造价 205
    12.1 基本原则 205
    12.2 编制依据 205
    12.3 其他工程费及间接费综合费率 205
    12.4 工料机费用 205
    12.5 工程建设其他费用 206
    12.6 其他事项 206

参考文献 207

1 总　　则

经过 20 多年的建设发展,四通八达的高速公路网络为国民经济和社会发展提供了重要保障。国内外公路的发展历程证明,随着公路建设逐渐步出高峰期,必然会迎来长期、持续和周期性的公路养护时代。

高速公路养护从无到有,从养护探索到养护管理体系逐步成型,并随着养护需求迅速扩大,正在形成一个巨大的市场。当前,我国高速公路总体发展的重点正在由建设期向养护期快速转型,如何实现科学养护正在成为影响高速公路发展的新主题。交通运输部提出了"建设是发展,养护管理也是发展,而且是可持续发展"的科学发展观,指明了公路养护是国家公路网安全、畅通的重要保障,但巨大的养护新需求也给高速公路养护管理带来了前所未有的挑战。与高速公路建设相比,我国高速公路养护起步相对较晚,尚没有形成健全、有效的技术保障体系,亟待系统化的科学研究和技术创新。"高效畅通、安全便捷、服务周到"成为新时期社会公众的新期待。适应经济社会发展新常态,加强养护管理有效供给对保持高速公路基础设施良好的技术状况,保障路网整体效能的发挥,服务经济社会发展和人民群众安全便捷出行等具有十分重要的意义。

从高速公路竣工通车之日起,便进入了运营养护阶段,高速公路养护维修工作的成效,直接影响到高速公路的使用寿命和服务效能。高速公路养护(专项)工程设计不同于新改建高速公路工程设计,需通过对既有高速公路路域自然条件、水文地质、建养管史,以及交通量、交通构成、路况等进行调查分析,拿出切实可行、有针对性和适用性的设计方案,再编制施工图设计文件。本《指南》是在总结了河北省近年来高速公路养护设计技术实践的基础上进行编写的,用以指导养护(专项)工程设计。

1.1　指导思想、发展理念和发展目标

(1)指导思想。坚持"创新、协调、绿色、开放、共享"的发展理念,按照"综合交通、智慧交通、绿色交通、平安交通"的发展要求,以构建现代化高速公路养护管理体系为引领,推进养护转型,努力构建更加畅通、安全、智慧、绿色的高速公路交通网络。

(2)发展理念。以"创新、协调、绿色、开放、共享"的发展理念为指引,积极探索养护发展新模式,激发养护管理新动力,拓展养护管理新空间,提升公共服务新水平,努力打造安全畅通的高速公路网络,不断完善公众满意体系和高效可靠的保障体系。

(3)发展目标。推行高速公路养护科学决策,技术状况检测和路面自动化采集覆盖率达到100%,科学决策技术运用力争达到100%;废旧路面材料回收率达到100%,循环利用率达到95%以上;积极实施预防性养护,平均每年实施里程比例不少于8%,总体技术状况(MQI)不小于92;优等路率达到90%以上,路面平均使用性能指数(PQI)大于92;一、二类桥涵比例保持在90%以上,新发现的四、五类桥隧当年处治率达100%;高速公路网络运行实时监测率保持在100%。

1.2　养护管理要求

1.2.1　管理程序

根据河北省高速公路养护有关规定,高速公路养护(专项)工程需依据工程性质、工程规模等编制设计方案和施工图设计报上级主管部门审查,具体如下:

(1)对于政府投资高速公路,高速公路运营管理部门编制"养护(专项)工程可行性研究报告"或"设

计方案"及施工图设计文件;技术方案明确、技术简单的,可直接编制工程技术方案设计及施工图设计文件,上报审批,列入财政(项目库)部门预算年度计划。

对于非政府投资高速公路、病害复杂的养护(专项)工程,应编制工程技术方案设计及施工图设计文件;方案明确、技术简单的养护工程,仅编制施工图设计文件,经上报审批后实施。

(2)对于应急抢险工程,高速公路养护管理部门应按照要求上报情况,立即启动本单位应急预案,及时组织抢险。抢险结束后,将应急抢险项目有关资料上报,审定抢险资金。

1.2.2 技术原则

(1)养护工程设计应执行国家和河北省相关技术标准、规范以及相关经济技术政策,以人为本,积极贯彻"全寿命周期成本(LCCA)和环保(LCA)"的新理念,鼓励采用新技术、新材料、新工艺、新方法,创新性地开展养护工程设计工作。

(2)勘察设计过程要落实"养护(专项)工程可行性研究报告"或养护方案的审查及批复意见,妥善处理技术与经济、局部与整体、实施与安全保畅之间的关系。

(3)充分调查走廊带路网及相关设施,做好与既有工程的统筹衔接,加强必要的试验检测,满足养护需求和计划需要。

(4)养护(专项)工程应根据高速公路特征、交通量及车型构成、工程实施特点等因素进行施工期间的交通组织设计,在满足施工质量和必需的作业空间前提下最大限度地保证车辆的通行和安全;结合中央分隔带开口、互通式立交等科学设置养护作业控制区域。养护作业区布置、安全设施及养护安全作业应符合现行《公路养护安全作业规程》(JTG H30)的相关规定。

(5)养护(专项)工程设计应参照高速公路建设相关设计标准,在工程条件满足要求的情况下,宜优先采用现行设计标准。

(6)不断提高高速公路旧材料的路用使用性能和循环利用率,节约资源,保护环境。

2 路　　线

近年来,高速公路运营过程中,发现了部分由于路线因素导致的道路病害、交通运行不畅等问题,为此,养护工程设计过程中,需要局部调整道路平、纵线形。但由于受用地、交通管制及工程规模等因素的限制,通常平面及纵断调整实施难度较大,养护工程设计中往往通过增加相应的辅助设施来解决出现的问题,改善交通运行状况,提升服务水平。本章从养护工程设计角度总结与路线方面相关的道路问题的处理方案和设计要求,主要包括:外业勘测要求、长大纵坡问题处理、爬坡车道、回转车道及港湾式紧急停车带的增设、高速公路既有设施的拆除恢复处理及部分路面排水不畅问题的处理等。

2.1　基本原则

高速公路养护工程设计时,尽量避免对路线进行调整,当必须调整时需先对原路线与现行规范的符合性和运营安全性进行评价,同时结合养护项目特点,在满足规范和地方文件要求的前提下,合理选择技术标准,控制工程规模。主要遵循以下基本原则:

(1)根据项目情况做好控制点设置,加强现状测量,测量精度要满足规范要求。

(2)如涉及调整平、纵线形,其技术指标均应满足现行《公路路线设计规范》(JTG D20)的要求,其他辅助设施的增设也应满足现行规范的要求,同时结合养护工程设计特点,根据实际情况灵活运用各项指标。

(3)纵断面设计时由于旧路施工误差及后期行车运营中道路沉降等原因,高程往往不连续,道路纵断回归设计高程与实际高程存在一定的偏差,施工时需根据实际测量数据进行修正。同样路面横坡也存在与原设计值不一致的情况,在养护工程设计时,个别路段难以拟合出合适的横坡,此时需在施工时结合现场情况确定。设计文件要强化该问题的注意事项。

(4)为保证高速公路在养护工程施工过程中正常通行,往往需要增设辅道。辅道的线形设计须根据交通量和行车速度的需求选择合理的标准,与旧路衔接处不得出现"突变",并加强中央分隔带开口设计,合理设置安全设施。

(5)增设港湾式紧急停车带时,位置选择要充分考虑平纵线形、构造物及用地等,港湾式紧急停车带应按照现行规范要求设置。

(6)增设回转车道时要尽量利用就近的桥涵构造物、设计速度及净空要根据具体情况确定,主线出入口及加减速车道长度按现行《公路路线设计规范》(JTG D20)要求设置。

2.2　外业勘测

养护工程设计时,由于资料相对陈旧和匮乏,实际施工与设计存在差异,在运营中存在各种变形,原设计文件和竣工文件往往与现状不相符,因此养护工程设计需加强外业勘测。勘测期间测设人员应仔细核对原设计文件与现场的差异、统计调查路段交通量、分析交通组成及特性。对路线平面和纵断要求较高的需采用 GPS 仪器测量,并按规范要求设置坐标控制点,以保证平纵拟合精度和后期施工放样的便利,同时也便于拟合成果与竣工资料的对比,必要时测绘建设区域地形图。外业勘测成果主要包括:

(1)采集平面线形数据,拟合平曲线半径、缓和曲线参数等,并绘制平面图;

(2)采集纵断面数据,拟合纵坡值、竖曲线半径,并绘制纵断面图;

(3)实测调查道路路基横断面、构造物类型及分布、用地界范围及外侧土地类型、护栏类型及标志标牌数量等;

(4)交通量大小、交通组成及特性;
(5)调查区域地形、地质及水文等情况。

根据外业勘测成果,分析病害及交通不畅产生的原因,提出针对性的解决措施和合理的养护工程设计方案。

2.3 主要内容及处理措施

2.3.1 长大纵坡问题的处理

由于山区公路地形条件复杂,高差较大,在工程设计中往往设置较大较长纵坡,但长大纵坡路段在实际交通运行过程中经常出现事故,成为高速公路出现频率较高的问题,重新调整平纵又会涉及较大的工程规模,难以实现。为解决这一问题,通常采用综合性的处理措施,主要包括设置减速振动标线、减速提示标志、低速挡行驶标志、大车单独行驶车道、降温池及强制休息区等来降低车辆制动不及时或制动失效的概率,并对这些设施适当加密,增强警示效果,同时采用宣传栏、安全图片及录音广播、发放安全须知卡等方式对驾驶员进行驾驶常识的宣传教育。必要时采用通过设置缓坡段来改善路线平均纵坡的处理措施。

2.3.2 爬坡车道的增设

现行《公路路线设计规范》(JTG D20)规定当沿上坡方向货车运行速度降低到最低容许速度时以及上坡路段的设计通行能力小于设计小时交通量时,应设置爬坡车道,宽度为3.5m,外侧应设置路缘带和土路肩。对于运营养护期间的高速公路经过交通延误、事故调查以及经济效益费用比较,需增设爬坡车道的,可根据其自身情况合理选择设置方案:

(1)对于双向六车道或八车道的高速公路,可以将最右侧车道直接设置为爬坡车道(图2-1);
(2)对于硬路肩宽度大于3.5m的双向四车道高速公路,可以利用硬路肩设置爬坡车道(图2-2);
(3)对于硬路肩宽度小于3.5m的双向四车道高速公路,应对既有路基进行加宽改造,此时需综合考虑区域地形条件和路段构造物设置情况,合理确定加宽段落及宽度,以降低工程规模,利于方案的顺利实施。

图2-1 利用行车道的爬坡车道
注:图片来自网络。

图2-2 利用硬路肩的爬坡车道
注:图片来自网络。

2.3.3 避险车道的增设

连续长陡下坡路段,为减轻失控车辆造成的损失,在适当位置应设置避险车道。当交通组成中大、中型车辆比重较高时,宜在连续下坡长度大于表2-1中平均纵坡的路线长度后,开始设置第一处为失控车辆专用的避险车道,并按表2-1中规定的路线长度增设避险车道。

避险车道设置位置及间距建议值 表2-1

序号	平均纵坡(%)	设置第一处避险车道的位置（陡坡路段连续下坡长度,km）	增设避险车道长度(km) 一般值	最大值
1	>4	2.0	0.5	0.5
2	4	2.5	0.5	0.8
3	3.5	3.0	0.6	1.0
4	3	3.5	0.7	1.3
5	≤2.5	7.5	1.0	2.0

注：具体情况根据实际地形和线形指标，经讨论后确定。

避险车道宜设置在连续长陡下坡路段右侧且视距良好的位置，以及车辆高速行驶时不能安全转弯的主线平曲线之前或人口稠密区之前；入口在较小半径的曲线上时应尽量以切线方式从主线切出；在直线或大半径曲线上时，进入避险车道的驶入角不应过大，以避免侧翻；禁止在右转弯曲线外侧设置避险车道。对于既有高速公路运营养护期间需要增设避险车道时，除需要满足现行规范要求的设置条件外，还需结合事故调查情况和现场地形条件合理选择设置位置，主线需设置醒目标志，确保失控车辆安全、顺利驶入。

避险车道的平面线形应设计成直线，与行车道夹角以3°～5°为宜。当条件受限制必须采用曲线时，曲线半径应尽量采用较大值，一般宜大于不设超高的曲线半径值。避险车道的纵断面线形宜采用单向上坡。当需要设置竖曲线时，竖曲线半径应满足视距要求的半径值。避险车道的纵坡应根据避险车道的长度和坡床材料综合确定，保证车辆不发生纵向倾覆和纵向滑动，其值宜控制在8%～20%。

避险车道由标志、标线、减速路面、路侧护栏、端部抗撞设施、施救设施等组成。

避险车道坡床材料的选择应慎重考虑，需通过模拟试验确定，尽量选择具有较高的滚动阻尼系数、陷落效果较好、不易板结和被雨水冲刷的非级配卵(砾)石材料。

避险车道应在车道末端增设沙桶、橡胶胎护栏及阻拦索等合适的缓冲装置及设施。

避险车道的宽度一般为4～6m，服务车道宽度一般为3.2m。若需要两辆车辆先后进入避险车道，则车道宽度宜为8～10m。

避险车道长度应根据失控车辆驶出速度、避险车道纵坡及坡床材料综合确定。

避险车道周围应做好排水设计，不得让车道外侧水进入车道。

避险车道设置示意图见图2-3，不规范的避险车道见图2-4。

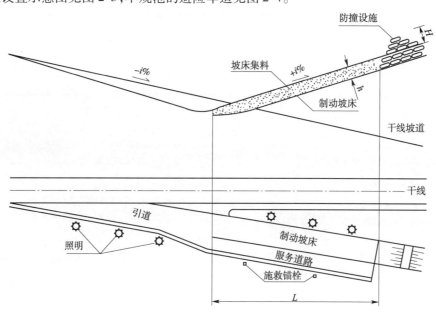

图2-3 避险车道设置示意图

a) 缺少救援车道

b) 避险车道角度过大

c) 避险车道材料过于紧密

d) 避险车道材料过于松散

图 2-4 不规范的避险车道图片

注：图片来自网络。

另外，当常规避险车道设置位置困难或工程规模较大时，可考虑采用新型避险车道，如拦索式避险车道，其相关技术指标及材料要求需经过试验来确定，见图 2-5 和图 2-6。

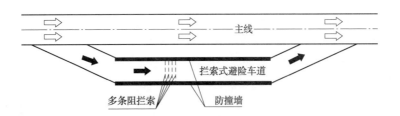

图 2-5 拦索式避险车道设置示意图

a)

图 2-6

图 2-6 拦索式避险车道相关图片
注:图片来自同济大学道路养护中心。

2.3.4 港湾式紧急停车带的增设

港湾式紧急停车带主要承担硬路肩宽度不足时故障车辆的临时停车作用,具备条件的高速公路尽量设置紧急停车带,对于既有高速公路增设紧急停车带,应充分利用地形,结合路基填挖高度、视距要求、结构物的分布及用地情况合理选择设置位置,其间距不宜大于2km;对于特大桥、特长隧道两端必须设置紧急停车带,中间部分应根据情况可设置紧急停车带,其间距不宜大于750m。紧急停车带宽度一般采用5m(含硬路肩宽度),有效长度根据实际情况采用 30~50m,出口一般设置100m的过渡段,渐变率采用1/20,入口一般设置150m的过渡段,渐变率采用1/30,见图2-7和图2-8。

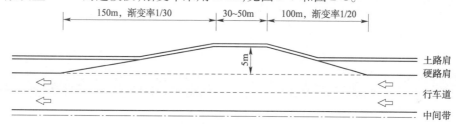

图 2-7 港湾式紧急停车带

图 2-8 港湾式紧急停车带实例图
注:图片来自网络。

2.3.5 回转车道的增设

(1)回转车道主要服务于高速公路养护车辆,一般设置于省界附近,便于养护车辆完工后掉头行驶,不至于驶入外省再找出口掉头,从而节省养护费用和提高养护效率。当主线收费站离省界较近、不满足独立设置回转车道出口时,出口可利用主线收费站渐变段开口来实现,入口按正常设计。回转车道实例图见图2-9。

(2)为解决互通式立交出口辨识不清易混淆或在运营期间经调查统计经常出现走错出口等问题,在互通式立交附近合适位置增设回转车道,便于错失出口的车辆能够尽快掉头驶入正确的路径。目前,高速公路上出口附近倒车、逆行等现象时有发生,是造成交通事故的主要原因之一,驾驶员错失出口后不愿再行驶到下一互通式立交掉头,从而采取了倒车、逆行等危险举动(图2-10),合理设置回转车道可以有效解决危险行为的发生,降低驾驶员的容错成本。

a) b)

图2-9 回转车道实例图

注:图片来自网络。

a) b)

图2-10 出口倒车、逆行照片

注:图片来自网络。

(3)相邻互通式立交距离较远时,在两个互通式立交之间合适位置增设回转车道。

(4)回转车道的相关设计要求如下:

①回转车道由于交通量较小,其设计标准相对于互通式立交匝道可以适当降低,回转车道设计速度可采用20~40km/h;

②路基宽度一般采用7.5m的单向单车道路基断面;

③在回转圆曲线处应设置加宽;

④回转车道平纵面线形、变速车道和鼻端等应符合互通式立交匝道及连接部设计的有关规定;

⑤增设回转车道时应尽量利用既有构造物,其下穿主线的净空需根据实际情况确定;

⑥回转车道尽量紧贴主线以节省用地,并加强与主线在排水、防护等方面的衔接。

2.3.6 既有收费站的拆除恢复设计

随着全国高速公路收费的联网或收费期限已到,部分收费站面临着拆除及恢复道路正常通行的需要,此类情况需首先保证道路的畅通、安全、不影响车辆行驶速度,合理选择养护改造方案。

1)全幅收费站拆除

此种情况需将收费设施、收费大棚、收费站标志等全部拆除,恢复路面及标线,在收费站广场段及渐变段范围沿高速公路正常路基宽度设置中央护栏及外侧护栏。

2)半幅收费站拆除

对于半幅单向收费站,此种情况需将该半幅收费站的收费设施、收费大棚、收费站标志等全部拆除,恢复路面及标线,在收费站广场段及渐变段范围沿高速公路正常路基宽度设置中央护栏及外侧护栏。

对于全幅双向收费站拆除半幅时,必须结合收费大棚的结构形式、收费大棚支撑柱的位置、剩余半幅收费站的收费岛数量等,综合考虑剩余半幅收费站的使用安全及收费能力。主要拆除方案如下:

(1)为保证与收费站前后行车流向的一致性和道路净空的要求,需拆除中央收费岛,同时对剩余半幅收费站进行扩容,保证其收费能力不降低,见图2-11;

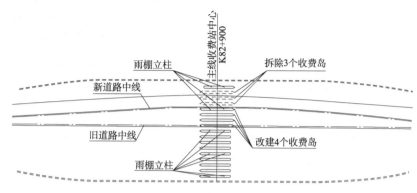

图2-11 改变行车流向、利用原有收费岛扩容改建方案

(2)仅拆除部分收费岛,利用改变路线线形、调整行车轨迹实现车辆在收费站区域快速通行的方案;

(3)拆除原有整个收费大棚、剩余半幅收费站新建大棚的方案,见图2-12。

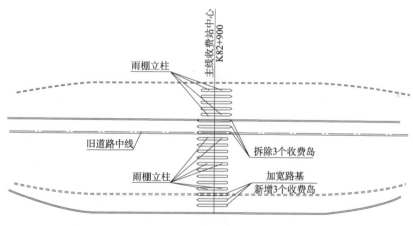

图2-12 不改变行车流向,加宽路基新增收费岛方案

2.3.7 部分路面排水不畅问题的处理

1)合成坡度较小导致路面排水不畅

为满足路面排水的需要,现行《公路路线设计规范》(JTG D20)规定:"道路纵坡不宜小于0.3%,在超高过渡变化处,合成坡度不应设计为0,当合成坡度小于0.5%时,应采取综合排水措施,保证路面排水通畅。"在高速公路实际运营过程中经常出现路面积水(图2-13),极易造成车辆滑移和溅水造成水幕影响通视,发生交通事故,且积水下渗造成路面病害。该问题主要出现在纵坡较小的缓和曲线路段,主要原因是合成坡度较小。在积水段路面采取铣刨方式,重新调整超高渐变段长度,使道路合成坡度满足规范要求。养护设计方案实施难度较大的,一般采用其他处理方案,具体处理方案参见第3章。

2)路面拓宽后导致路面排水不畅

路面拓宽后,导致超高渐变率减小,当超高渐变率过小时,就会出现路面排水不畅,同时道路拓宽后,行车道排水会因断面较宽而难以达到满意效果(图2-14)。为避免这种不良现象,除采取减小超高过渡段长度、加大超高渐变率、在回旋线的某一区段内设置超高等措施外,还可以考虑在行车道中间增设路拱以减小流水行程,从而减轻路面积水,同时加密该路段的排水设施。

图 2-13　超高段路面积水照片　　　　　图 2-14　路面较宽段积水照片
　　注:图片来自网络。　　　　　　　　　　　注:图片来自网络。

3 路　　基

为了维持良好的高速公路路基技术状况,降低全寿命周期成本,路基养护应对路基的变形情况进行定期的检查,对路基病害做到及时地发现和采取相应措施,做到"预防为主、兼顾维护",对于严重路基病害需进行周密细致的勘探试验,并采取独立的工程措施以及特殊设计对病害进行治理。路基养护应以"预防为主、治养并重、排水防水、安全第一"为出发点,治早治小,多做预防性工程。本章根据近几年来河北省高速公路路基的养护经验,介绍公路路基、排水及防护养护工程设计方案,旨在为路基工程专业技术人员设计时提供技术参考。

3.1 路基工程

3.1.1 基本原则

路基养护工程应以"恢复路基技术状况、保证正常使用、对交通干扰尽量小"为原则进行设计。

路基养护工程主要分类:①变形类病害,包括路基沉陷、不均匀沉降和隆起等;②因地基不良导致的路基失稳、开裂及表层水毁和坍塌;③改造拼接。

路基养护工程应首先查明病害产生的原因、时间、发生范围及发展动态,特别应查明病害发生在路基还是地基,基于"标本兼治"的理念,确保能及时控制病害发展,减小或抑制次生病害造成路面、桥涵、安全设施等的破坏,确保不诱发交通安全事故。

3.1.2 技术状况调查及检测

3.1.2.1 变形类

根据路基路面发生的裂缝、脱空、沉陷的现象,现场调查病害表现形式,搜集基本信息和数据,初步分析病害类型及可能产生的原因,进一步详细勘察(如必要),验证初步判断和确认技术判断。

根据现行《公路养护技术规范》(JTG H10),路基沉陷根据导致其发生的水类来源和对路面的变形破坏程度,可分为五种类型和三个等级,具体分级情况见表3-1和表3-2。

沉陷分类　　　　　　　　　　　　　　　　　　　　　　表3-1

序号	沉陷类型	导致沉陷的水类来源
1	地下水类	受地下水的影响,土基经常处于潮湿状态,导致沉陷。地下水包括上层滞水、潜水、层间水、裂隙水、泉水和管道漏水等。潜水多见于平原区,层间水裂隙水、泉水多见于山区
2	地表水类	受地表水的影响,土基潮湿,导致沉陷。地表水主要指季节性积水,也包括路基、路面排水不良而造成的路侧积水和路面积水
3	土体水类	因施工遇雨或用过湿的土填筑路堤,造成土基原始含水率过大,在负温度作用下上部含水率显著增加导致沉陷
4	气态水类	在冬季强烈的温差作用下,土中水主要以气态形式向上运动,聚积于土基顶部和路面结构层内,导致沉陷
5	混合水类	受地下水、地表水、土体所或气态水等两种以上水类综合作用产生的沉陷,此类沉陷需根据水源主次定名

沉陷分级　　　　　　　　　　　　　　　　　　　　　　表3-2

沉陷等级	路面变形破坏程度
轻	路面龟裂、潮湿、车辆行驶时有轻微弹簧
中	大片裂纹、路面松散、局部鼓包、车辙较浅
重	严重变形、沉陷冒泥、车辙很深

路基变形调查以人工现场勘查为主,利用简单的工具量测路基病害的长度、宽度、深度以及影响范围和所处位置,初步判断病害发生位置在路基或地基,查阅设计、勘察文件和竣工资料档案,观察周边地形、地貌和路基路线现状,调查建设施工期间的相关信息,必要时进行补充勘查或专项地质勘查(图3-1),期间应特别关注有无水源、水的源头出路以及土质情况。不均匀沉降引起开裂或跳车等情况的应详细探察裂缝深度、宽度、范围走向,贯通与否,错台高差等信息。

图 3-1 路基沉陷

工程地质方法主要有工程钻探、电法和人工地震法(地质雷达法、瑞雷波法、高密度电发、补偿电位法等)。

3.1.2.2 失稳、开裂及表层水毁和坍塌

路基失稳、开裂及表层水毁和坍塌一般发生在黄土地区、软(弱)土地区及盐渍土地区等。

1) 黄土地区病害

黄土地区路基易存在未查明和处理的陷落洞等情况,遇水容易发生沉陷、坍塌、边沟冲深和蚀宽、边坡松散等病害,见图3-2。

图 3-2 黄土地区病害

路基经过湿陷性黄土地段时,由于黄土层的分布及湿陷性的不均匀,而且路基的填筑厚度也有很

— 12 —

大的差异,因此,当不同的外荷载作用在连续的路基上时,路基易产生不均匀沉降,在路基局部形成断裂。

由于黄土垂直节理比较发育,且植被少,土质疏松,只要有水的作用,就容易引起水土流失,造成路基沉陷;尤其遇暴雨等极端天气,极易使黄土层或路基形成沟穴、坑洞,甚至掏空路基,危及安全。

对于高填路基,黄土基底本身的压缩变形大,若建设施工时未充分预压或采取换填等措施,一旦有水浸入,就易导致路基沉陷的发生。

路基边坡坡面剥落、坡体崩塌,阻塞边沟排水,导致路线横向和纵向排水不畅,如果不及时养护清理,就会因滞水下渗而引起路基局部被掏空,导致路基沉陷;线路的纵坡和弯道内侧的合成坡度较大时,在陡坡变坡处和台阶形变坡的内缘也易发生积水,积水下渗导致地基发生湿陷。

部分软弱地段的地基经过换填、挤密、强夯、胶结等方法处理后,其土层结构中的孔隙减少,土层致密,使地基承载力及抗压缩性都显著提高,经过处理的土体将不再具有湿陷性和明显的压缩性。而此时地基的压缩量与未经处理的地基衔接处将形成明显的沉陷差,容易使路基发生不均匀沉降。

路基与一般构筑物衔接处也存在不均匀沉陷的情况。一般情况下,桥涵墩台基础经地基处理后的沉陷量相对填土路基基底的沉陷量要小,尤其是桥路衔接处的路基填土高度较大时,此部分沉降差量就更为明显,虽然大部分桥台处都进行了桥头地基处理,但处理范围一般不大,路基沉陷的差值在桥头处理段难以完成顺接过渡,这种沉陷差也会造成路基断裂或桥头跳车等现象的发生。

2)泥沼和软土地区病害

泥沼、软土地带的公路路基,因其地面低洼、地下水位高、降雨量大等原因造成土体具有含水率高、抗剪强度低等特点,当受到巨大荷载作用时,容易出现基底向两侧挤压挤出淤泥以及沉降、沉陷、滑动等病害。

3)盐渍土地区病害

地表1m以内的土层,易溶盐(如氯化盐、硫酸盐、碳酸盐等)含量大于0.3%时称之为盐渍土。由于土中含有易溶盐,使得土的物理力学性质发生变化,导致严重病害的发生,如:盐胀使路基路面鼓胀开裂,路肩及边坡松散剥蚀;加剧路基冻胀翻浆;受水侵蚀时,路基强度急剧下降,发生沉陷变形。这些病害造成的破坏通常是不可恢复的,所以应加强排水并采取相应的加固措施。

对于氯盐渍土,因氯盐易溶解,当含盐量多时,会造成湿陷、坍陷等病害。对于硫酸盐渍土,其危害主要为土壤盐分体积的变化会使路基表面疏松,边坡呈蜂窝状,导致路肩疏松,且盐土粉末容易被风吹蚀;土壤中硫酸盐含量过高时会造成路面鼓包、破裂。对于碳酸盐渍土,其塑性和黏附性较大,遇水后会易导致路面泥泞。

4)桥头沉降处理

桥头沉降、搭板脱空调查宜采用雷达法进行无损检测(图3-3),通过探地雷达对桥头搭板处及附近路面、路基、天然地基的密实情况进行检测。

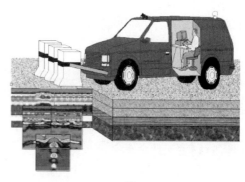

a) b)

图3-3 探地雷达快速无损检测

探测的雷达图形以脉冲反射波的波形形式记录,以波形或灰度显示探地雷达垂直剖面图(图3-4)。探地雷达探测资料的解释包括数据处理和图像解释两部分内容。雷达剖面经数据处理后确定路面各结构层界面以及天然地基、路基路面中存在的缺陷,以探地雷达检测推断剖面形式给出,为处置方案的选择提供数据支持。

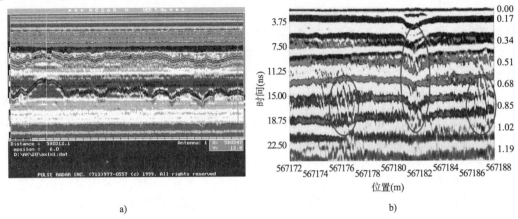

图3-4 雷达探测结果分析示意图

主要判定特征如下:沥青层之间、沥青层和水稳层之间存在连续的电磁波反射,信号的同相轴连续,基本无间断,三振相明显;分界线上下的电磁波反射较弱,三振相不明显。

3.1.2.3 改造拼接

公路路基拓宽改建设计,应根据原有公路沿线的地形、地貌、地质构造、水文地质、地基土的性质以及不良地质的发育情况,采取合理的工程措施,保证拓宽改建公路路基的强度和稳定性。

公路路基拓宽改建设计前,应搜集原有公路路基勘察设计、竣工图和养护等方面的资料,调查拟拓宽改建公路目前路基的稳定情况,并对原有路基和拓宽场地进行工程地质和水文地质调查、勘探和测试,查明原有路基的填料性质、含水率、密度、压实度、强度和稠度状态,查明原有路堑边坡地质情况、现有防护排水措施及边坡稳定状态,查明拟拓宽场地的水文地质、工程地质条件,分析评价新拼接路基或增建路基对原有路基沉降变形和边坡稳定的影响程度。

公路路基改建设计,应注意路基路面综合设计。拓宽的路基与原有公路路基之间保持良好的衔接,并采取必要的工程措施减小拓宽路基与原有公路路基之间的差异沉降,防止产生纵向裂缝。

原有公路路基拓宽改建设计前,关键是对原有路基及地基进行勘察试验与分析评价。勘察工作主要包括:原有路基路表状况调查、路表强度测试和路基土勘探试验;原有路基下地基勘探试验;路基拓宽区地基勘探试验。

1)原有公路路基调查

原有公路路基调查应采取资料收集、现场调查和勘探试验相结合的综合方法。

在搜集原有公路路基勘察设计、竣工图和养护等资料的基础上,进行原有路基现场调查测量,根据原有公路的路况进行分段,并应选择代表性断面,对路面各结构层、上路床、下路床、上路堤、下路堤及地基土进行勘探试验,钻孔深度和取样试验应符合现行《公路工程地质勘察规范》(JTG C20)的有关规定。

按照新建路基的要求,进行拓宽改建路基范围的地基勘察。拓宽改建路基的勘探孔宜与原有路基的勘探孔布设在同一路基横断面上。调查原有路基支挡工程地基地质条件、基础形式和使用状况,必要时,应对支挡工程地基进行勘探试验。

2)原有路基填料试验项目

(1)原有填方路堤和挖方路段路床土应进行下列试验:

物理性质试验:天然含水率、天然密度、土粒相对密度、粒径组成、液限、塑限等;力学性质试验:重型击实、CBR、固结试验、三轴试验等。试验常采用环刀法和灌沙法(图3-5)。

(2)原有路堤和挖方路段路床土应在上述试验基础上,计算出以下指标:干密度、最佳含水率、最大干密度、压实度、平均稠度、压缩系数、压缩模量、c、ψ 等。

3)原有路基现场测试

根据原有公路的路况,选择有代表性的路段,进行老路路基路面几何尺寸、弯沉、承载板测试,确定其回弹模量(图3-6)。各项测试均应符合《公路路基路面现场测试规程》(JTG E60)的有关规定。

a)环刀法含水率检测

b)灌砂法压实度检测

图3-5 环刀法及灌沙法现场试验图

注:图片来源于全国第七届公路改扩建技术交流会。

a)弯沉检测

b)承载板试验

图3-6 路基现场测试图

注:图片来源于全国第七届公路改扩建技术交流会。

4)原有路基分析评价

根据调查、测量、试验和水文分析资料,确定原有路基高程能否满足现行《公路路基设计规范》(JTG D30)表1.0.8中关于路基设计洪水频率的规定。确定原有路基填料能否满足现行《公路路基设计规范》(JTG D30)表3.2.1、表3.3.1和表3.3.2中关于路基压实度和路基填料最小强度的要求。确定路基土的平均稠度及路基所处的水文状态,分析评价路基最小高度能否满足路床处于干燥、中湿状态下的临界高度。分析评价路基边坡的稳定状态、各种防护排水设施的有效性及改进措施。分析评价原有路基病害的类型、分布范围、规模、成因,以及原有路基病害整治工程设施的效果,并提出路基病害整治措施。

5)软土地区原有路堤分析评价

分析评价原有路基的各种地基处理路段的软土地基固结度、固结系数、压缩变形发展规律和抗剪强度增长规律,确定原有路基的各种地基处理路段的软土地基固结度和剩余沉降值(包括主固结和次固结);分析评价原有软土地基处理方法的效果及其改进措施;分析评价拓宽改建路基与原有路基之间的稳定性和差异沉降、拓宽改建路基对原有路基稳定和沉降影响程度,确定新拼接或增建路基软土地基处理措施。

3.1.3 设计处治方案

3.1.3.1 变形类

1)成因分析

高速公路路基沉降是由多方面共同造成的,以下就路基设计和施工两个方面进行分析:

(1)路基设计

首先,建设工程所在地的地形、地质这些因素会影响路基沉降。公路设计时,应严格控制设计承载力、专业施工技术等因素,若公路的断面尺寸不合理、排水系统不稳妥、防护系统不牢靠等,易造成路基病害的出现。此外,填石路基级配不良或压实度不足,当有荷载作用时,会产生填料颗粒倾向移动,结构损坏,降低结构的强度,造成路基沉降的产生。

其次,建设工程所在地的水文、气候因素也会影响路基沉降。如所在地降水集中或发生洪涝灾害等,若排水不畅,极可能导致积水。极端的气候条件会造成路面以下温差过大,从而导致土壤结构的破坏,强度下降,使得路基沉降。

再次,排水设计对于路基也有着巨大的影响。若排水设计不合理、排水不及时,水大量渗入路基,使路基填料含水率增加,降低了路基的强度和稳定性,容易造成路基的下沉,形成路基沉降。

(2)路基施工

路基工程施工时,施工人员没有严格按照规范及标准进行施工,如路基填料性质不良、路基土质不良未进行基底处理、结合部处理不当、压实工艺选择不当等诸施工管理因素都会影响到公路路基的工程质量。

在路基实际施工时,对地基的处理不到位,地基压实度达不到工程要求,都会造成路基的沉降。如遇极端恶劣的强降雨天气,路基排水不畅,毛细水上升,土壤结构被破坏,使公路路基产生不均匀下沉。

路基沉降与填料的质量、含水率、压实时的厚度也有很大的关系。选用稳定性较差的路基填料(如高液限黏土、粉土)或者使用腐殖质含量比较高的土填筑路基时,易使路基产生较大变形。

2)常见病害处置

路基发生沉陷病害时,应根据沉陷的类型和级别采取相应的防治措施。

(1)通过路基稳定性验算,工后最大残余沉降量小于10cm路段,可判定相应路段的路基已经趋于稳定,可不对地基进行加固处理,但需对路基进行处理,同时应做好排水防护等相关措施。

①换土复压法。针对填料不符合规范造成的公路路基沉陷采用换土复压法。这种方法要求沉陷的面积不大、深度比较浅,其优点是经济、操作简单。换土复压法是把出现沉陷的路段的填料挖除,重新整平压实,使其达到规范的压实要求,再按照规范的要求用填料回填。回填的材料一般选用砂砾土,回填时,挖补的面积要扩大,开挖台阶,逐层填筑,压实度应比原路基压实度高出1%~2%。

②加铺路面法。根据规范标准进行超载预压,表面铣刨拉毛后直接加铺路面,对沉降引起的裂缝应先采取钻孔压浆处理。

(2)经稳定性验算,工后最大残余沉降量大于10cm的路段,应对路基采取加固处治,以稳固地基和路基,防止进一步破坏。

①固化剂法。发生路基沉降后,更换路基的填料受到限制,沉降深度不大时,可在原来的填料中添加固化剂进行处理,这种方法即为固化剂法。作为一种特殊的建筑材料,固化剂不同的性质决定了其不同的特点,如石膏、石灰、水泥都是常见的固体固化剂,水玻璃则是典型的液体固化剂。在表层或者浅层土进行固化时,用固体固化剂和土混合压实;在深层土进行固化时,采用液体固化剂经过特殊的工艺将浆液注入土中。在公路施工的过程中,需要根据土的情况分析选择固化剂。

②粉喷桩法。对于路基填高小于10m的路基沉降,可采用粉喷桩法进行路基加固。通过专门的机械将固体固化剂喷出,在地基中与软弱层土体一起搅拌,使固化剂和软土发生物理和化学反应,在原地基中形成强度较高的桩体,改善桩体周围土的性质,桩体和土体共同承担荷载。粉喷桩法设计应根据地基土及路基填料的性质对固化剂用量、粉喷桩龄期等参数进行专门设计。

③注浆法。注浆法是解决公路路基沉降面积较大、深度较深问题的比较好的方法。用注浆法使水泥浆液在适当的压力下,填充原有路基的空隙,形成新的路基实体,从而达到提高路基强度的目的。液浆的扩散力和灌浆压力大小有关。对于不同填料和不同形状的公路路基,路基的密实度、强度、压力、钻孔的深度等都是影响灌浆压力选取的因素,灌浆压力应根据现场试验结果确定。

3.1.3.2 失稳、开裂及表层水毁和坍塌

1)黄土地区

湿陷性黄土一般呈区域性分布,大面积处理费用较高。因此,湿陷性黄土的处理应根据公路等级对地基变形的要求、湿陷性黄土的性质、湿陷程度、施工条件及材料来源经技术经济综合分析后确定处理方案。以下是防治黄土地区路基不均匀沉降的几种措施:

(1)增加排水设施。可避免由于排水不良而导致的病害的产生,适用场合如路堑和站场。对于雨水冲刷作用较强但未设置足够排水设施的病害部位,需根据水量大小,增设排水设施,以消除或减小地表水或地下水对路基的侵蚀作用。

(2)及时查修。采取措施,尽量在初期或未到严重时进行修补,如更换破损材料等,以避免病害的发生。

(3)植物防护。即在公路的边坡上种草或树,利用植物根系固着土壤的作用,来减轻雨水对边坡的冲刷,减缓水流速度,从而达到保护边坡的目的。

2)泥沼和软土地区

泥沼和软土地区路基病害的处治措施包括:加深边沟降低水位、修筑反压护道、换填砂砾石或碎石、抛石挤淤等,使路堤下的淤泥隆起的趋势得到平衡;采用现浇混凝土薄壁筒桩、粉喷桩、复合载体夯扩桩等技术进行加固,也可采用砂石垫层、石灰桩、砂桩、袋装砂井、塑料排水板及土工织物滤垫等方法,以改善排水条件,稳定路基不致沉降。泥沼和软土地区路基病害的处治措施见图3-7。

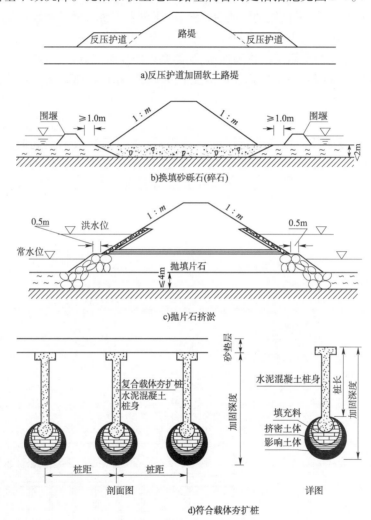

图3-7 泥沼和软土地区路基病害的处治措施

3)盐渍土地区

盐渍土路段公路路基病害防治是近年来交通建设项目的重要课题之一。在导致盐渍土地区公路路基病害的众多因素中,含盐量、水和土质是主要因素,而且是可以加以控制的因素,而外界气候条件如温度、降雨等是难以控制的因素,因此,对于养护工程来说,治理的关键就是隔断水分,具体处理措施包括:

(1)保持排水良好。因为盐渍土受到雨水、冰雪融水的淋溶严重,其含水率较大,极易导致坍塌、路基发软、强度减弱而降低承载力。因此,保持排水良好显得尤为重要。排水沟的设计要保持有0.5%~1%的纵坡。在低矮平坦且排水困难的地段,应加宽加深排水沟。

(2)加固边坡。对于硫酸盐渍土路基,宜采用卵石、黏土或废砖头平铺在路堤边坡上,以起到保护边坡的作用,防止边坡被风蚀或人畜踩踏而破坏。

(3)合理设计路基高度、宽度及边坡坡度。设计时应按照一定的要求,合理选择路基边缘高出地面的最小高度以及高出地下水位的最小高度。

(4)加固路肩。对土质中含盐量大于8%的地区的公路,应将渗水材料掺在土壤内以封闭路肩表层。

(5)加强路基养护。特别是在秋冬季或春融时节,路肩易出现膨胀隆起甚至翻浆的现象。此类情况多是由于地面水积聚造成的,因此,应当及时将隆起的部分铲去,使地面水及时排出。

(6)种植耐盐性的植物。为防止边坡发生水土流失的现象,应根据边坡的土质和植物生长情况,种植适合的耐盐性树木或草本植物。

4)桥头跳车处理

桥头跳车有多种处治方案,较为简便的是养护中随着路堤下沉加铺桥头路面,即所谓的桥头顺坡。此方法的缺点是延续时间长,不易彻底消除错台。此外,还可采用桥头增设钢筋混凝土搭板的方法,一般长度为6~8m。此法仅适用于桥头路堤沉降较小的情况,如果沉降严重,反而易使搭板两头形成两次跳车。较为彻底的方法是改变桥头填土的物理性质,如路基内压注水泥砂浆、现浇水泥混凝土薄壁筒桩、粉体喷射搅拌桩技术或砂桩、砂井、袋装砂井及塑料排水板等技术措施。常用的方法为注浆法,分为垂直注浆法和水平注浆法。

(1)垂直注浆法

垂直注浆法适用于搭板及搭板临近路段的天然路基、地基存在缺陷引起的搭板脱空。垂直注浆法宜处治的范围是地基1m以下,处治宽度为搭板宽度,处治长度为1.5倍的搭板长度。注浆孔按正三角形布置,孔径为70mm(图3-8)。由于垂直注浆法需要在路面打孔施工,因此应考虑路面结构的恢复设计。

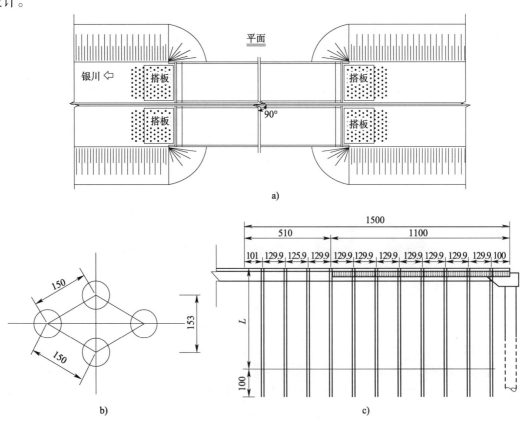

图3-8 垂直注浆布孔示意图(单位:cm)

(2)横向注浆法

横向注浆法适用于搭板及搭板临近路段路基存在缺陷引起的搭板脱空。横向注浆法需在路基边坡侧面布孔,自路基顶面以下1m、台背以外1m处布设(布孔时应注意避让耳墙钢筋网),每行的垂直距离为1.5m,每列的水平距离为1.5m,注浆孔按矩形布置(图3-9)。布孔的行数根据路基填土高度及缺陷深度确定(处治深度应在缺陷深度1m以下),处置宽度为桥台旁15m范围内的路基。为方便注浆施工,注浆孔与水平方向呈15°角斜向下。

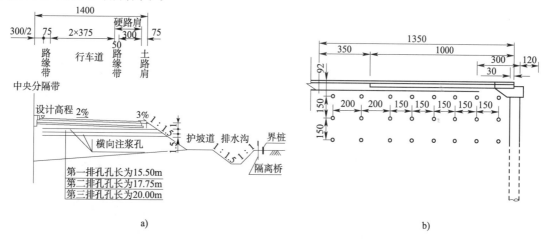

图3-9 横向注浆布孔示意图(单位:cm)

由于横向注浆法需在路基边坡打孔施工,因此应考虑边坡整修及防护的恢复设计。

(3)高聚物注浆

高聚物注浆适用于搭板及搭板临近路段路床(路面顶面以下1m范围内)存在缺陷引起的搭板脱空。

高聚物注浆法的处置宽度为搭板宽度,处治长度为1.5倍的搭板长度,注浆孔按正三角形布置,注浆孔间距1.5m,注浆时应避开钢筋,钻孔采用80cm长的冲击钻头垂直路面转入,注浆孔直径16mm,钻入深度约80cm(图3-10)。

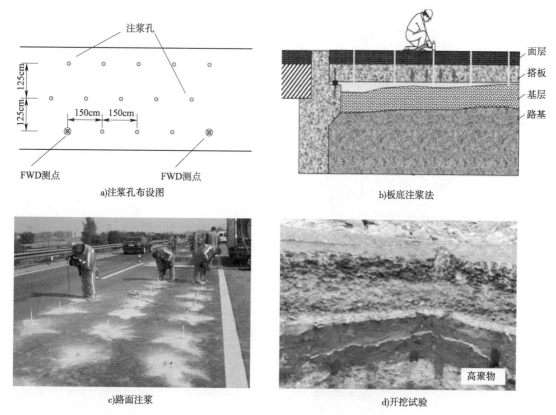

图3-10 高聚物注浆施工示意图

3.1.3.3 改造拼接

公路路基的拓宽改建应根据公路等级和技术标准,结合当地地形、地质、水文、填挖情况选择适宜的路基横断面形式,注意地基处理、路基填料、边坡稳定、防护排水设施的综合设计,并与交通工程、路面排水系统设计相协调。路基拓宽改建示意图见图3-11。

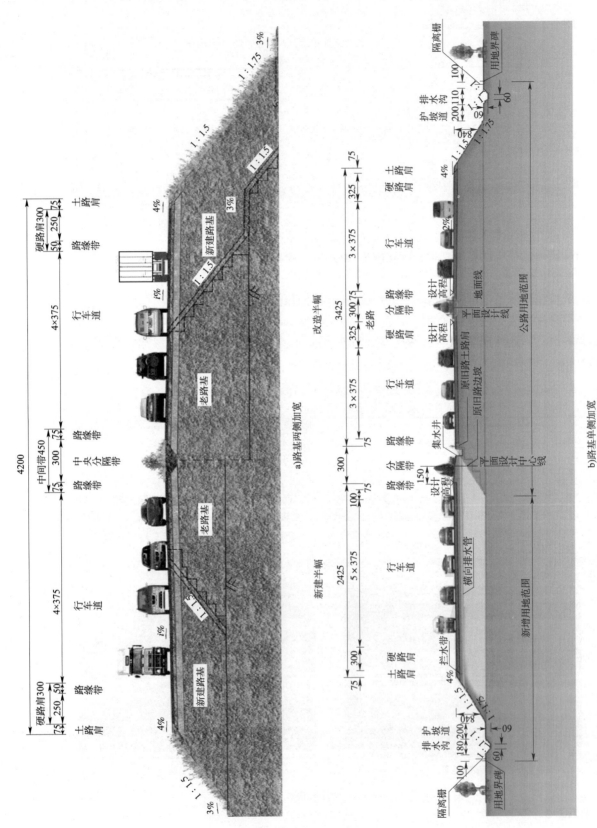

图 3-11 路基拓宽改建示意图(单位:cm)

拓宽路基的地基处理、路基基底处理、路基填料的最小强度和压实度等应满足改建后相应等级公路的技术要求，必要时可采用冲击碾压或强夯等进行增强补压，以消减新老路基拼接拓宽的差异变形。若原有路基土的强度和压实度不能满足要求，应对原有路基进行土质改良或者挖除原有路基路面后重新填筑。当路堤高度超过3m时，可在新老路基间横向铺设土工格栅，以提高路基的整体性（图3-12）。

a)冲击压实

b)强夯处理

c)掺水泥处理地基

d)掺碎石处理地基

e)加铺土工格室

f)加铺土工格栅

图3-12 路基拼接拓宽的处理措施

注：图片来源于全国第七届公路改扩建技术交流会。

路基拓宽改建应符合下列要求：

（1）拓宽改建路堤的填料，宜选用与原有路堤相同且符合要求的填料或较原有路堤渗水性强的填料。当采用细粒土填筑时，应注意新老路基之间的排水设计，必要时，可设置横向排水盲沟，以排除路基内部积水。

（2）拓宽原有路堤时，应在原有路基坡面开挖台阶，台阶宽度不应小于1.0m（图3-13），当加宽拼接宽度小于0.75m时，可采取超宽填筑或翻挖原有路基等工程措施。

原有挖方边坡病害经多年整治已趋于稳定的路段，改建时应减少拆除工程，不宜触动原边坡。

软土地基上路基拓宽设计除满足软土地基处理的有关规定外，一般还需满足下列要求：

（1）路基拼接时，应控制新老路基之间的差异沉降，原有路基与拓宽路基的路拱横坡度的工后增大值不应大于0.5%。

a)   b)

图 3-13 开挖台阶

（2）当原软土地基采用排水固结法处理时，拓宽路基不得降低原有路基的地下水位。对于鱼（水）塘、河流、水库等路段，需要排水清淤时，必须采取防渗和隔水措施后方可降水。

（3）与桥梁、涵洞、通道等构造物相邻的拓宽路段或原有路基已基本完成地基沉降的路段，路基拓宽范围的软土地基处理宜采用复合地基，不宜采用排水固结法的处理措施。

（4）新老路基分离设置，且距离较近（<20m）时，可采用设置隔离措施或对新建路基的地基予以处理，减小新建路基对原有路基的沉降影响。

因抬高或降低路基、改移中线而引起既有构造物改动地段，当既有支挡建筑物使用良好时，宜保留。经查明既有构造物无明显损害且强度及稳定性满足改建要求时，应全部利用；若部分损坏或不满足改建要求时，可加固利用、改建或拆除重建（图3-14）。加固利用的既有构造物，新、旧混凝土或砌体应紧密连接，形成整体。水文地质不良地段的原有路基，应结合路基路面拓宽改建设计，增设排水垫层或地下排水渗沟等。路基拓宽改建设计应考虑维持施工期临时行车的过渡措施，若高速公路拓宽施工期不能封闭交通时，设计应考虑行车与施工安全性。岩石挖方路段，应采取光面爆破或预裂爆破方法，并采取相关防护措施。

a)半幅新建   b)拆除重建

图 3-14 既有构造物的改建措施
注：图片来源于全国第七届公路改扩建技术交流会。

3.2 排水工程

3.2.1 基本原则

排水设计应探明汇水面积及汇水方向，以疏为主，找好出口，形成稳定的排水系统，并结合地材充分考虑施工的便利性。对路面合成坡度小于0.5%、凹曲线底部路段、超高路段内侧、路面加宽路段等路面排水重点路段，应完善排水系统及相应的防护工程。排水系统应充分考虑当地地质条件，对于易出现湿陷性黄土、膨胀土、膨胀岩等对水敏感的地质区域应进行特殊设计。对于易出现泥石流、滑坡、崩塌等灾害的地区应以预防为主，设置完善的防、排水设施。

3.2.2 技术状况调查及检测

高速公路排水设施调查应以日常巡查为主,对于日常巡查中发现的问题或隐患再进行人工详细调查。

对于路面排水,应首先明确排水方向及排水方式。对于排水方向不明确的,应对路面横坡及路线纵坡进行复测。对于超高路段,应重点对中央分隔带开口、开孔或集水井、中央分隔带边沟等排水设施进行检查,确定其设置位置可满足排水要求;对于非超高路段,应重点对路肩石、路缘石及拦水带进行检查,确定路肩石或路缘石与路面接缝不漏水、拦水带开口位置满足排水要求。

对于路基排水,应检查各项路基排水设施断面尺寸和纵坡是否满足汇水量及排水方向需求,检查各项排水设施是否排水通畅。对于暗沟、暗管、渗沟等隐蔽性排水设施应加强检查,特别是其入口及出口位置是否存在淤塞等情况。常见的排水设施损坏见图3-15。

a)涵洞出口水毁

b)路侧边沟损坏

c)桥头急流槽水毁

d)路侧矩形边沟损坏

图3-15 常见排水设施损坏

对于严重水毁灾害(图3-16),应对水毁区域及其来水方向进行充分调查,明确其汇水区域、径流方向、过水断面、冲刷深度等,并应对水毁区域地质情况有初步了解,对于地质条件较差或存在较大安全隐患的情况应进行专项地质勘查。

a)截水沟泥石流淤积

b)上游排水冲毁路基

图3-16 严重水毁灾害

3.2.3 设计处治方案

3.2.3.1 一般要求

对于一般的排水设施损坏,应在深入了解原排水系统的基础上进行补强或完善设计。

对于严重水毁或地质灾害,应在充分了解灾害情况后新建排水设施,新建排水设施应考虑与原排水系统衔接,新建排水设施设计应符合现行《公路路基设计规范》(JTG D30)和《公路路基施工技术规范》(JTG F10)的有关规定。

新建排水设施应在材料、取弃土、施工便道、施工工艺、交通安全等方面充分考虑养护工程与新建工程的差异性。

排水系统改造应充分考虑对于高速公路沿线其他设施,如路面、交安设施、防护工程构造物以及被交路造成的影响。

3.2.3.2 路面积水处理

由于降雨而引发的路面积水问题,严重影响了道路行车安全以及道路交通的正常运营(图3-17)。公路表面由于降雨,雨水在重力作用下沿着合成坡度方向运动,在道路表面形成水膜。道路表面的水膜严重影响行车安全,由于水膜的润滑作用,轮胎与路面之间的摩擦系数明显降低,则汽车在行驶过程中较易发生侧滑,从而造成了行车危险。道路表面的积水越厚,车辆行驶产生的水雾也就越高,由于水动力的作用,轮胎与路面的摩擦系数降低速度也随之加快,车辆越容易发生侧滑。而且路面雨水聚集也容易造成水毁,加大了道路养护的工作量。

a)   b)

图 3-17 路面积水

1) 路面积水危害分析

(1) 降低了路面有效摩擦系数及路面抗滑能力。路面的抗滑性能与路面的有效摩擦系数成正比,当汽车行驶在积水较多的路面时,在轮胎表面容易形成水膜,轮胎胎面与路面的接触面积随着积水增多而减少,此时轮胎类似于漂浮在水膜上,因而路面的摩擦系数大大减小,会严重降低路面抗滑性能,路面安全系数随之降低,汽车操纵稳定性和有效制动能力迅速降低。另外,汽车行驶速度越快,汽车轮胎胎面与路面接触的面积越小,对于同样积水的路面,高速行驶的车辆更容易与路面形成水膜,导致路面的有效摩擦系数下降,从而引起滑溜现象,易造成交通事故。

(2) 降低车辆行车能见度。高速行驶的车辆在积水路面上溅起的水花会在车辆后方上空形成水雾,影响后面车辆驾驶员的视线,使其看不清前方车辆的转向灯及尾灯,且水雾的浓度会随路面积水厚度的增加而加重。另外,路面积水在夜间易形成一块块"镜面",使车辆灯光产生反射,扰乱驾驶员视线。因此,夜间有积水时,易形成强烈灯光照射性眩目,影响驾驶员正常驾驶。

(3) 破坏路面结构性能。随着路面使用年限的增加及车流量的增多,路面出现各种裂缝、松散、坑洞等病害,因此,路面上的雨水若不能及时排除,部分积水会沿缝隙渗入路面,随着时间的推移下渗至基层、底基层和路基,从而引起路面的早期破坏,如裂缝、沉降、断板等现象,导致整个路面结构的使用性能迅速变坏,降低路面的使用年限,增加养护成本。

2) 路面积水路段调查

易积水路段调查的目的是了解当前路面排水现状,获得和易积水路段相关的道路、当地气象等基本信息,为下一步的研究、分析积水成因提供可靠的基础数据资料。因此,收集资料数据要完整、准确、简短,相关性要强。易积水段调查包括易积水路段基本资料的收集和现场勘查两个部分。

(1)易积水路段基本资料的收集

影响路面排水的因素主要包括道路条件、交通条件、环境条件等因素。因此,在基本资料收集过程中,应广泛收集与易积水路段相关的道路资料、交通资料和积水资料等。

①积水数据资料,可从高速公路路政部门获得,包括"积水信息采集表"的数据、易积水路段的积水形态草图,以及高速公路积水档案资料等,涵盖的信息包括积水发生的时间、地点、积水原因、积水形态以及积水发生时的天气状况等。

②公路设施资料,包括路线平面、纵断面和横断面竣工或现状资料,路面状况、路肩状况,沿线交通工程排水与管理设施资料。

(2)易积水路段现场勘查

现场勘查是对易积水路段进行调查的主要方法。虽然收集的易积水路段的基本资料包含一些道路与易积水路段现场的资料,但必须进一步进行现场勘查从而证实现场的状况以及其他相关特征。通过对易积水路段进行仔细查看与勘察,可以获得第一手的现场资料及可靠的数据资料,并结合原设计资料,有利于科学、客观地了解易积水路段的真实情况,并作为分析易积水路段诱因的重要依据。

现场勘查主要考察易积水路段的几何线形特征以及道路交通环境,其中包含日间调查和夜间调查,以及高峰期和雨、雪、雾等恶劣天气条件下交通流特性的调查。主要内容包括:

①易积水路段的道路线形特征,包括平面线形、纵面线形及平纵组合特征及与前后路段线形的衔接特征等;

②易积水路段的几何布置特征,包括路面宽度、硬路肩宽度、中央分隔带的形式及宽度等;

③易积水路段路表特征,包括路面类型、路面抗滑性能参数、道路横坡等,主要是现场路面横坡,尤其是在曲线上对超高横坡的观测,必要时结合易积水路段的主要积水形态,分析路表特征;

④易积水路段沿线地理环境特征,包括沿线的地形、路基形式及边坡的处理情况、公路两侧用地情况等。

对易积水路段进行现场勘查时还需要注意道路环境、交通组成等。同时要多做记录,包括照片和录像,照片和录像应尽量能够反映特征点处高速公路的整体路线特征,并最大限度地反映特征点前后路线的衔接情况。特别地,对可能需要进行改造的地方,应做好记录和重点标记,有利于进行改善前与改善后的对比研究。

3)路面积水成因分析

结合易积水路段的积水资料以及道路、交通资料,对易积水路段进行成因分析,找到易积水路段发生积水的根本原因,从而为制定改善易积水路段排水现状的具体措施提供有力依据。

道路交通系统是由人、路、环境构成的动态系统,人是交通活动的主体,路、环境是交通活动的基础,这三者必须相互协调,才能保证排水流畅,否则就会造成路面积水。路面积水的发生可能是道路的原因,也可能有其他原因,即使主要原因为道路条件不良造成的积水,仍可能有其他间接原因和次要原因。因此,分析易积水路段的成因时,必须从系统的角度出发,综合考虑交通系统中人、路、环境等多种因素的影响,从多方面分析,分清主要因素及次要因素、主观原因及客观原因。

通过对高速公路易积水路段的积水分析和现场勘查,对高速公路易积水路段的成因分析如下:

易积水路段是积水集中的表现,是积水达到一定数量或者积水的某些特征的重复出现,这些积水多与道路环境因素有关,分析其成因时更应侧重于道路状况及其附属设施、相关环境因素的分析。

道路是路面的载体和排水的基础。作为系统中的基础设施,道路对排水确实起着重要作用,甚至在某种特殊条件下起着决定性的作用。因此,在易积水路段成因中,道路因素尤为重要。

(1)道路结构

有些路段出现老化、破损的现象,同时水泥路面与沥青路面的交替结合致使路面附着系数波动较大,也在一定程度上造成了局部排水困难。

以路面车辙为例进行分析：由于高速公路交通量的不断增大，轴载的显著增加，重车超载等原因造成路面行车车辙，加之部分高速公路建设工期较短，路基、路面施工不到位，路基的不均匀沉降会加重路面车辙的表现形式，严重降低了路面的行车安全性。由于车辙达到一定深度后，形成两道凹槽，凹槽内容易积水且不容易排除，车辆轮胎与车辙积水路面之间的摩擦系数减小，此时，快速行驶的车辆可能发生轮胎的滑水现象。

(2) 道路线形

道路几何线形要素的构成是否合理、线形组合是否协调对积水有较大的影响，特别是前后路段线形指标的均衡性与连续性会对排水设计方法的选择产生重要影响。路面排水的可靠性不仅与平面线形、横坡及纵坡有关，而且与线形组合是否协调也密切相关。虽然线形标准都符合规范，但组合不好仍然会导致积水发生。

在山区高速公路的设计及施工中，由于受到地理条件的限制，路线的选择上往往顺应当地的地理位置，导致在一条山区高速公路中出现了许多的变坡段（直线与平曲线、平曲线与平曲线的转变），下雨过程中，在变坡点一侧会形成一条由主车道流向超车道或超车道流向主车道的水带，再加上施工的横坡控制不当，在变坡点前后的渐变段极易产生路面积水，这是目前高速公路路面积水的主要原因。

(3) 中央分隔带设计与施工缺陷

在高速公路弯道超高渐变段上，为了将路面积水排出，在中央分隔带增设了渗沟或者排水盲沟，但是由于设计上的渗沟距离较短未能满足路面排水要求，导致局部超高路段积水无处可排；或在施工过程中，对渗沟入水口高度与路面高度的关系控制不好，渗沟入水口高度高于路面高度，导致积水不能流入渗沟，从而导致超高路段内侧车道积水。

(4) 路面排水系统不畅

山区高速公路存在"桥梁多、隧道多、结构物多"等特点，相应的桥梁伸缩缝、泄水孔等排水设施较多，对排水设施的清理工作是日常养护工作的重要内容之一。但在实际养护工作中存在养护死角，部分桥梁伸缩缝、泄水孔清理不及时，也是导致下雨时路面积水的原因之一。

4) 路面积水解决措施

为保证高速公路快速、安全、畅通，提供一个安全舒适的行车环境，主要从以下几方面进行解决：

(1) 路面切槽

在变坡渐变路段以及中分带设置有渗沟的路段，通常采用路面切槽施工排除路面积水。首先对积水路段现场进行仔细调查，对需要进行切槽处理的部位进行定点定位，在路面横向和纵向上使用切割机对路面进行切割，用液压风镐对切割处进行捣碎，然后人工进行清理，并用高压风枪将槽底、槽壁废料及粉尘清除干净，要求槽底平整，便于排水流畅。待切割槽干燥后，在其表面均匀喷涂密封胶，避免积水通过切槽进入路基，从而影响路基使用性能。路面切槽大小控制在宽5cm、深4cm左右，具体切槽数量根据现场积水情况而定，路面积水可通过切槽引流至路基边坡或超高路段引流致中分带渗沟内。此外，有时还应在沿积水水流方向增加几条切槽，便于及时排除路面积水。

(2) 微表处处理车辙

对在车辙路段的路面积水及部分变坡渐变段通常采用微表处。微表处施工技术是稀浆封层技术发展的高级阶段，它是以高分子改良乳化沥青为黏结材料，并且以薄层工艺为主的冷拌混合料施工技术。它可以把优质的结合料和集料所拥有的工程特性通过一个只有6～10mm的薄层集中体现在道路表面，成为防水、抗滑、耐磨、耐久的道路表面功能层。它施工工艺简单、成本低、污染小，不仅可以迅速恢复和改善原沥青路面的磨损、老化、光滑、松散、坑槽等病害，提高沥青路面的行车性能以及可靠性和耐久性，还可以提高原路面的承载力和防病害能力。

(3) 采取新技术、新材料铺设排水路面

路面积水问题也可采用排水性路面等新技术、新材料、新措施来解决。排水路面通过加大沥青混合料空隙率的方式，来解决路面排水问题，路面上层孔隙率一般为20%，其优点包括减轻雨天水膜现象，改善抗滑性能;降低水花及路面反射,提高路面耐久性及抗车辙性能等。

3.2.3.3 路基排水设施改造设计

路基排水设施包括地面和地下排水设施。地面排水设施通常有路侧边沟、截水沟、排水沟、泄水槽、跌水及急流槽等;地下排水设施主要有暗沟、盲沟、渗沟、有管渗沟、洞式渗沟及防水隔离层等。

原有排水设施不能满足使用要求时,应适时增设和完善,新增设的排水设施应可融入原排水系统中,通过分析造成其损坏的原因,选取适当的方案进行加强或完善。

(1)挖方、低路堤及路界范围地面低于路界外侧地面的填方路段,应在挖方边坡或填方边坡坡脚外设置边沟,汇集和排泄降落在坡面和路面上的表面水。

(2)边沟、截水沟、排水沟、急流槽等的横断面尺寸应根据设计流量、沟底纵坡、沟壁材料、出水口间距,按现行《公路排水设计规范》(JTG/T D33)的规定计算确定。沟槽顶面高度应高出设计水位不小于0.1m。

(3)沟壁材料的抗冲刷能力应与沟内水流速度相适应。

(4)设置在土质、软质岩、全风化及强风化硬质岩石地段的边沟、截水沟及排水沟,应采取防渗处理措施。

(5)边沟横断面形式应根据排水需要以及对路侧安全与环境景观的协调等选定,可采用三角形、浅碟形、梯形或矩形等形式。高速公路挖方路段的矩形边沟,在不设护栏的地段,应设置带泄水孔的钢筋混凝土盖板或钢筋加强的复合材料盖板。

(6)边沟的纵坡坡度应结合路线纵坡、地形、土质、出水口位置等情况选定,宜与路线纵坡坡度一致,且不宜小于0.3%,困难情况下,不应小于0.1%。当路线纵坡坡度小于沟底最小不淤积纵坡坡度时,边沟宜采用沟底最小不淤积纵坡坡度,并缩短边沟出水口的间距。

(7)边沟出水口的间距,应结合地形、地质条件以及桥涵和天然沟渠位置,经水力计算确定。梯形、矩形边沟不宜超过500m,多雨地区不宜超过300m;三角形和碟形边沟不宜超过200m。

(8)若由于地形地貌等其他因素边沟无法设置出水口的,可设置蒸发池或储水型边沟。蒸发池边缘距离路基边坡应不小于5m,蒸发池深度不大于2m,蓄水量不大于300m³。储水型边沟边缘距离路堤变边坡应不小于2m,边沟深度不大于1.5m,并应临近边沟隔离。储水型边沟位于通道一侧时应保证边沟底低于通道底,且临近段落流水方向应远离通道。蒸发池或储水型边沟应考虑设置安全防护设施。

(9)挖方路段或斜坡路堤上方流入路界的地表径流量大时,应设置拦截地表径流的截水沟。深路或高路堤坡面径流量大时,可在边坡中部设置平台排水沟,减少坡面冲刷。

(10)截水沟应结合地形和地质条件设置,宜布设在路堑坡顶5m外,可采用梯形或矩形断面。截水沟长度超过500m时,宜在中间适宜位置处增设泄水口,通过急流槽(管)分流引排,泄水口间距以200~500m为宜。当截水沟或急流槽对行车产生视觉冲突或影响路域环境景观时,可利用地势或采用灌木遮蔽。

(11)在路堤和路堑坡面或者坡面平台上向下竖向集中排水时,宜设置急流槽。边沟、截水沟、排水沟纵坡很大时,可设置急流槽减小纵坡。急流槽的进水口与沟渠泄水口之间宜采用喇叭口形式连接,并作铺砌处理,纵坡较大时槽内可设置台阶式跌水,出水口处应设置消能设施。急流槽底面宜设置防滑平台或凸棒。

(12)陡坡或沟谷地段的排水沟,宜设置跌水、消力池等消能结构物,避免其出口下游的桥涵、自然水道或农田受到冲刷。

(13)急流槽可采用矩形断面等形式,槽深不应小于0.3m,槽底宽度不应小于0.5m。采用浆砌片石时,矩形断面槽底厚度不应小于0.3m,槽壁厚度不应小于0.3m。

(14)跌水槽横断面可采用矩形断面,断面尺寸要求与急流槽相同。对不设消力池的跌水,台阶高度与长度之比应与原地面坡度相吻合,且台阶高度不宜大于0.6m;带消力池的跌水的高度与长度之比也应结合原地面的坡度确定,单级跌水墙的高度不宜小于1.0m,消力槛高度不宜小于0.5m,消力槛与跌水墙的距离不宜小于5m。

(15)地形平缓无固定沟槽的山前冲积扇、戈壁滩、草原及其他漫流地区,应按分片泄洪的原则在桥涵上下游地段设置必要的导流设施。桥涵进水口上方的坡面宜设置人字形导流堤,长度不宜小于30m;桥涵出水口下方的坡面可设置导流堤或扇形铺砌,长度不宜小于20m。导流堤应与桥涵相衔接。

3.3 防护工程

3.3.1 基本原则

(1)路基防护及支挡结构应以保证路基具有足够的稳定系数为前提,兼顾排水与景观效果;

(2)对与原路基防护或支挡结构出现局部损坏的情况,应充分考虑原设计意图,结合当地气候、水文、地形、地质条件及筑路材料情况选择适当的修复方案;

(3)需增设或改造防护或支挡结构时,应与既有结构物、排水系统协调配合,保证路基稳定、排水顺畅;

(4)对于严重地质灾害或地质灾害隐患,应适当扩大调查范围,并应进行专项地质勘查及测绘,查明其地形、水文地质、潜在腐蚀性及特殊岩土分布等情况,合理确定岩土体的物理力学参数,所设置的支挡结构应满足各种荷载组合下的整体稳定性、局部稳定性、坚固性及耐久性要求;

(5)进行路基防护工程养护设计应充分考虑养护工程的特点,在施工工艺、筑路材料、交通组织等方面应进行特殊设计。

3.3.2 技术状况调查及检测

对于已建成高速公路病害及地质灾害防护,需先了解项目建设历史、养护历史及项目附近关键控制点(如村庄、桥涵结构物、光电缆、地下管道等),初步了解当地地形地貌、水文地质及工程地质情况。

3.3.2.1 一般调查项目

对于路基防护或支挡结构损坏情况应现场勘察病害表现形式,搜集基本信息和数据,初步系统分析病害类型及可能产生的原因。

根据现行《公路养护技术规范》(JTG H10),路基防护及支挡结构损坏可分为四类,具体分类见表3-3。

路基防护及支挡结构损坏分类   表3-3

序号	病害类型	表现形式
1	路肩损坏	对于硬路肩,其损坏形式与路面相同,详见第4章的部分内容。对于土路肩,常见的土路肩损坏包括路肩石沉陷、坑槽、露骨、开裂、丢失和培土路肩流失等
2	边坡滑塌	主要包含挖方路堑边坡坍塌和高填方路堤边坡坍塌。按照边坡运动形式可分为牵引式滑塌和推移式滑塌。对于未发生滑塌的地质灾害隐患应根据地形地貌、岩土状态、遥感测绘资料或图像等进行初步判断
3	水毁冲沟	主要为填方路基边坡和土质或全风化岩质路堑边坡受雨水冲刷形成的冲沟
4	路基构造物损坏	主要为挡墙、护坡、沿河防护等圬工体发生断裂、沉陷、倾斜、局部坍塌、松动和较大面积勾缝脱落等

3.3.2.2 工程地质专项勘测

对于已发生的严重地质灾害或未发生的地质灾害隐患,如崩塌、滑坡、泥石流等,应按照现行《公路工程地质勘查规范》(JTG C20)的相关要求进行工程地质专项勘测。

1)滑坡

滑坡勘察应查明滑坡性质及滑坡附近的地形地貌、水文地质和工程地质条件,以及滑坡的成因、规模与特征等,分析滑坡稳定情况、发展趋势和对高速公路的危害程度,提出合理的处治措施。滑坡勘察应采用安全可靠的技术手段,严禁采用可能降低滑坡稳定性的勘察方法,可采用测绘、钻探、井(槽)探、物探等方法。

对于滑坡勘察应完成以下内容:

(1)搜集气象、水文、地质、地震及遥感图像等资料,了解当地滑坡史和易滑地层分布情况;

(2)调查滑坡地貌形态及其演化过程,了解滑坡分布位置及与周边坡体的稳定关系,圈定滑坡周界及各项要素;

(3)查明滑坡体组成物质、厚度、滑动面位置、形状、物质组成及物理力学性质、滑坡体变形情况;

(4)查明滑坡体内地下水含水层分布状态、补给来源、各含水层间联系、泉水出露情况;

(5)根据查明的滑坡类型及要素、滑坡范围、地质条件,滑动面位置及物理力学参数,分析滑坡成因及危害程度,判断滑坡稳定程度,预测滑坡发展趋势,提出滑坡治理工程措施;

(6)除可将滑坡体完全挖除的情况外,应设置永久基准点及永久变形观测点,进行滑坡变形监测,从发现滑坡迹象至加固施工完成后一个月内应进行同频率的变形监测,遇降雨、地震等不利于滑坡体稳定的情况应加密变形监测频率,加固施工完成一个月后可降低监测频率。

2）崩塌

崩塌勘察应调查崩塌地段的地形地貌和地质情况,查明危岩、崩塌的类型、范围、成因及对公路的危害程度。

对于崩塌勘查应完成以下内容：

(1) 调查地形地貌的类型及形态特征,搜集气象、水文、地质、地震及遥感图像等资料；

(2) 查明地层岩性,软、硬质岩的分布情况及风化程度；

(3) 查明地质构造特征,节理、层理、断裂等结构面的产状、规模、结合程度,边坡岩体的结构类型和完整性等；

(4) 查明地表水和地下水类型和分布情况；

(5) 查明危岩的分布、规模及稳定性；

(6) 根据以上查明的内容,分析崩塌的危害程度,预测易产生崩塌段落分布情况,提出崩塌治理工程措施。

3）泥石流

对于高速公路通过沟谷,当沟谷中存在大量堆积物或沟谷两侧、源头坡面上存在较厚堆积层,并存在崩塌或滑坡等不良地质现象时,应进行泥石流隐患勘察。

对于泥石流勘察应完成以下内容：

(1) 搜集气象、水文、地质、地震及遥感图像等资料,调查区域地形地貌、地层岩性、地质构造及水文地质条件,了解当地泥石流史、发生时间及频率等；

(2) 查明泥石流沟谷的断面形态、沟槽宽度、纵坡及汇水面积；

(3) 查明泥石流形成区、流通区及范围内不良地质的发育情况、固体物质来源及储量；

(4) 查明泥石流堆积物的分布范围、物质成分、数量和粒径组成；

(5) 对于已发生过泥石流的区域,应调查泥石流堆积扇的扇面坡度、漫流、沟槽发育情况和植被情况；

(6) 根据以上调查内容,分析泥石流的危害程度,预测泥石流发生区域,提出泥石流治理工程措施。

3.3.3 设计处治方案

3.3.3.1 一般路基防护损坏

一般路基防护损坏主要包含路肩损坏、局部边坡滑塌或边坡冲沟、路基构造物损坏等。

1）路肩损坏

路肩损坏加固主要包含硬路肩加固与土路肩加固。

(1) 硬路肩加固

硬路肩加固按损坏原因分类主要分为原路肩强度不足与路肩沉降(图3-18)。常规设计方案采用开挖翻造法,即将原硬路肩的沥青面层及基层挖除,并开挖至底基层底高程,再重新铺设底基层、基层和沥青面层。

常规设计方案技术上简便可行、施工质量易保证,但在具体实施中存在以下问题：硬路肩开挖影响范围大,施工期间必将影响车辆通行,且工期较长；新老路面拼接处易发生渗水；处理费用较高。

为改善上述不足,可采用注浆法加固硬路肩下土体以形成底基层。其实质是用压力把某些能凝固的浆液注入被加固土体的孔隙中,或者通过浆液的渗透、挤压、劈裂作用,提高土体密实度,改善土体物理力学性能,形成强度和模量高、稳定性好、抗渗性能强的新结构体。注浆法对原路面不必进行开挖,仅对原先未处理的硬路肩基层下的土体进行加固处理,具有以下优点：不必挖除原硬路肩的路面结构,施工操作面和影响范围较小,基本上不影响车辆通行,由此带来的经济效益和社会效益非常显著；注浆工艺本身比较成熟,施工费用也比较经济；施工方便安全,施工工期短。

目前,各国已有将注浆技术应用于公路路基加固、隧道坍方处理、黄土隧道的土层加固和失稳挡土墙加固等方面的实例,但采用注浆法加固高速公路硬路肩来形成底基层的先例较少,对于注浆浆液的可灌性以及注浆后能否达到基层的设计要求尚缺乏足够的认识。

注浆加固反映到实施过程中,主要通过浆材选择和注浆工艺两个方面来实现。

图 3-18 路肩沉陷

①注浆孔布置。

根据工程实际情况,采用路面垂直钻孔钢花管注浆施工方案。根据路肩土层组成及其密实性、注浆孔布置方式和孔距的不同,可采用以下 3 种布孔方案(图 3-19)。

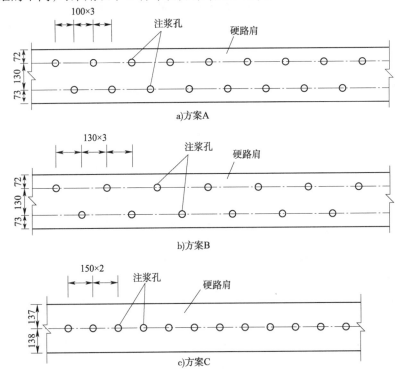

图 3-19 注浆孔示意图(单位:cm)

方案 A:在路面上布置双排注浆孔,呈梅花状排列,排间距为 1.3m,每排中钻孔间距为 2.6m,钻孔孔深均为 0.7~0.9m,孔径为 76mm。

方案 B:在路面上布置双排注浆孔,呈梅花状排列,排间距为 1.3m,每排中钻孔间距为 2.0m,钻孔孔深均为 0.7~0.9m，孔径为 76mm。

方案 C：在路面上布置单排注浆孔，钻孔间距为 1.5m，钻孔孔深均为 0.7~0.9m，孔径为 76mm。

②注浆材料的选择。

注浆材料的选择是关键问题之一。根据路肩土层含有较多黏土成分、宕渣密实度的实际情况，考虑注浆材料的可灌性和加固处理成本等因素，可采用的水泥化学注浆材料如下：

a. 水泥浆：采用 32.5R 普通硅酸盐水泥和超细水泥，水泥浆水灰比为 0.6:1~1:1。超细水泥的颗粒粒径比普通水泥小得多，因此可注性远高于后者。同时超细水泥还具有活性好、结石体强度高等优点，但造价相对较高。

b. 化学材料包含粉剂和液态材料两类。粉剂化学材料直接加入水泥搅拌桶中配制成水泥浆，可提高水泥浆的可灌性和流动性，提高浆液注入效果。液态材料按比例稀释后用注浆泵压至注浆管口与水泥浆混合后注入加固部位。液体化学材料具有表面活性及防止固结收缩、控制凝固时间的能力。

c. 所选择的水泥化学浆注浆材料具有以下特点：充填性好，有效充填率高，克服了纯水泥浆固结收缩、结石率低的缺点；固结时间可调，可将浆液固结时间控制在 30s 至数分钟的范围内，能根据需要有效地控制浆液的流动范围；浆材耐久性好，不受水侵蚀；由于化学浆材的加入，浆液的流动性和可灌性比纯水泥浆液好。

③注浆方式。

采用双液双系统钢花管定点注浆方式，即用两套注浆泵分别将水泥浆、化学浆输送到插入注浆孔中的钢花管内，混合后再注入需加固部位。注浆时采用少量多次反复的形式进行，以增加注浆效果。

④注浆控制参数及结束标准。

根据钢花管注浆特性和路基情况，注浆压力范围为 0.2~0.6MPa。方案 A 注浆量为每孔注入水泥量约 80kg（化学浆按适量配制，其他方案同）；方案 B 注浆量为每孔注入水泥量约 65kg；方案 C 注浆量为每孔注入水泥量约 125kg。注浆结束标准为土体不再吃浆或路面达到起隆界限。

⑤施工工艺。

注浆顺序原则上采用分路段注浆。在每个路段范围内采用跳孔注浆施工，对于双排布孔方式先注外排孔、后注内排孔，以减少跑浆。

具体施工工艺依次为：布孔→钻孔→下注浆钢花管→注浆→清洗→封孔→下一孔注浆。钻孔的封孔采用高强水泥砂浆或沥青混凝土。

⑥检测方法。

加固效果采用弯沉法和瑞利波法检测，在注浆前和注浆后分别测定一次弯沉值和剪切波速（由剪切波速可换算出回弹模量）进行比较，每点纵向间距为 10m，试验时采用跳点分 2 遍测试，以避免测点相互影响。

（2）土路肩加固

土路肩是保护路面结构稳定、提供路面水排出通道的路基重要组成部分，保证土路肩的坚实、完整可使路面水按照设计排水方式排出，减少路基边坡冲刷。

现在高速公路土路肩一般采用圬工路肩石，也有部分路段采用碎石或培土路肩。对于圬工路肩石可能出现路肩石沉陷、开裂、丢失等情况（图3-20），路面采取分散排水或处于超高段外侧时由于路面融雪剂等化学物质的腐蚀可能出现坑槽、露骨等情况。

土路肩加固的主要方法如下：

①高速公路的土路肩，可采用预制水泥混凝土块铺砌，或现场浇筑，使用预制混凝土块时所用混凝土应不低于 C30。路肩石下设无砂混凝土或砂砾、砂、碎石等透水性材料，透水层下宜设置不透水土工布。路肩石厚度根据路面面层厚度确定，透水层布置位置应与路面排水层相对应。

②降低土路肩高程与基层相同，将土路肩用 M10 砂浆抹面 30mm 厚，每隔 5m 设一道缩缝，以加快多雨地区的路面排水，且利于路面内部排水。

③结合路基设计做好边沟和排水沟的排水系统，保证路面水能顺畅从路基排出。

④对于碎石或培土路肩路面水应采用集中排水方式，土路肩应种植草灌防止路肩冲刷，或改造为圬工路肩石。

a) b)

图 3-20　路肩损坏

2）局部边坡坍塌或边坡冲沟

（1）填方路堤边坡

对于填方路堤，局部边坡坍塌主要成因可以分为三种：一是路面汇水冲刷边坡导致边坡土流失；二是坡外水冲刷坡脚导致坡脚土流失，致使部分边坡失稳直至形成新的土体自稳；三是地基不良，如存在软土、黄土、膨胀土等。局部边坡坍塌成因见图 3-21。

a) 边坡坍塌(成因一)

b) 边坡坍塌(成因二)

c) 边坡坍塌(成因三)

图 3-21　局部边坡坍塌成因

对于上述成因一,在充分分析路面水来源的基础上应恢复并加强原路堤防护,减少使用碎石路肩、无防护等不抗冲刷的防护措施,结合路线线形、地区降雨情况选择集中排水或分散排水方案。

对于上述成因二,需"固脚强腰",首先完善坡外排水措施,与现有排水系统连接,使积水不存于坡脚;其次巩固坡脚防护,可采用坡脚墙、石笼护脚等形式加强坡脚抗冲刷能力,并保证基础埋深;最后根据路面排水方式设置相应的坡面防护。

对于上述成因三,需根据不同的地质情况进行加固,具体加固措施见第3.1节。

(2)挖方路堑边坡

对于挖方路堑,局部边坡坍塌水毁主要表现为边坡失土、冲沟、防护破坏、坡面出现小型崩塌等(图3-22),主要成因为坡体土质不良、坡面排水设施缺失、土质不良等。

a) b)

图3-22 挖方路堑边坡局部坍塌

挖方路堑边坡的防护措施如下:

①完善或增设坡面防护,对于较缓土质或全风化岩边坡可设置拱形骨架或菱形骨架防护,冲刷严重时可设置护坡,窗格中可采用三维网、土工格室、空心六菱块、植物袋等方式进行加固、绿化;对于较陡的土质或岩质边坡可设置窗式护面墙、边坡、挂网喷混植草等。

②完善坡面排水设施,如坡顶截水沟、急流槽、跌水、边坡排水沟等。

③坡脚设置碎落台时可增设拦石墙,坡脚种植攀缘植物。

3)路基构造物损坏

挡土墙、护坡发生病害时,应根据病害情况合理选择加固方法进行加固。当挡土墙产生裂缝、断裂(无沉降错台)并已停止发展时,可在清缝后用水泥砂浆填塞,也可用环氧树脂等材料灌注黏合。

(1)当挡土墙发生倾斜、局部鼓出、滑动或下沉等病害时,可采用下列方法进行加固:

①锚固法:适用于水泥混凝土、钢筋混凝土或完整性较好的砌体挡墙。根据墙后地质情况采用全长黏结锚杆或预应力锚杆(索)打入墙后岩(土)体中,增设挡墙的抗滑及抗倾覆能力,锚杆(索)可采用直径在25mm以上的高强螺纹钢筋或低松弛钢绞线,灌浆料可采用M20及以上水泥砂浆,待灌浆料形成强度后(对于预应力锚杆应在张拉前),在锚头外设置钢筋混凝土肋板或型钢加强锚杆整体性(图3-23)。挡土墙加固前后的对比见图3-24。

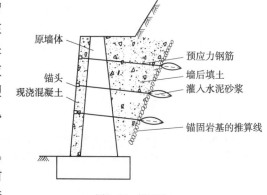

图3-23 锚固法

②套墙加固法:在原挡土墙外侧加固基础、加厚墙体。采用套墙加固时,应注意新旧基础、墙体的结合,方法是凿毛旧基础和旧墙体,必要时可设置钢筋锚或石榫增强连接(图3-25)。

③增建支撑墙加固法:在挡土墙外侧每个一定间距增建支撑墙。支撑墙的基础埋置深度、尺寸和间距通过计算确定(图3-26)。

④挡土墙的泄水孔应保持畅通。当泄水孔被堵塞而无法疏通时,应另选适当位置增设泄水孔,或在

挡土墙背后沿挡土墙增设排水设施。一般可增设盲沟将水引离路基,以防止墙后积水引起土压力增加或冻胀,进而损坏挡土墙。

a)加固前挡墙:开裂、倾斜

b)加固后挡墙:预应力锚杆+横撑竖撑

图3-24 挡土墙加固前后时比图

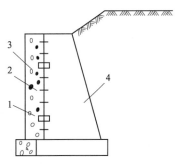
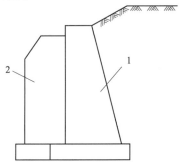

图3-25 套墙加固法　　　　　　　　　图3-26 增建支撑墙加固法
1-连接石榫;2-钢筋锚固;3-套墙;4-原挡土墙　　　1-原挡土墙;2-支撑墙

（2）当需要增建较大护坡或者挡土墙时,可根据公路所在地区地形及水文地质等条件合理选择防护形式或者挡土墙类型,设计要求应符合现行《公路路基设计规范》(JTG D30)、《公路路基施工技术规范》(JTG F10)以及《公路挡土墙设计及施工技术细则》中的有关要求。

3.3.3.2 滑坡防治

滑坡规模大小不同,对高速公路造成的危害也不同,但在高速公路养护工程中一旦发生滑坡往往需要耗费较大的人力、物力成本进行治理,且对于运营中高速公路,滑坡的主要危害在于对高速公路运营造成极大安全隐患。故对于滑坡应防治结合,以防为主,早发现,早治理。边坡滑塌示意图见图3-27。

因此对于滑坡防治工作,需尽早发现滑坡迹象,进行危害性断定,对于地形地貌、岩土结构具备以下特征时,可初步判断为滑坡隐患,进行初步勘察：

（1）斜坡地形具圈椅状或马蹄状环谷地貌,或斜坡上出现异常台坎及斜坡坡脚侵占河道等现象;

（2）斜坡体两侧分布有沟谷,并有双沟同源的现象;

（3）斜坡体上分布有地面裂缝、醉汉林、马刀树,以及房屋建筑有倾斜、开裂等现象;

(4)斜坡体岩土常有扰动松软现象,基岩层位、产状特征与外围不连续,或者局部地段新老地层呈倒置现象;

a) b)

图3-27 边坡滑塌

(5)斜坡体上分布有积水洼地,坡体前缘有泉水溢出;

(6)坡体后缘断壁上有顺坡擦痕,前缘土体被挤出或呈舌状凸起;滑坡床具有塑性变形带,滑动面光滑,其擦痕方向与滑动方向一致。

经过工程地质专项勘测可以确定为滑坡或滑坡隐患的情况,应首先进行稳定性评价,再根据稳定性评价结果,综合考虑其与高速公路的相对位置以及变形特征进行处治方案设计。

1)滑坡稳定性评价

滑坡稳定性评价应首先根据地质勘测查明的各项资料对滑坡进行定性评价,滑坡分类参照现行《公路工程地质勘查规范》(JTG C20)中的分类方法。

滑坡稳定性验算一般采用极限平衡法,对于复杂滑坡可结合有限元、有限差分等方法进行验算。验算时需考虑不同工况下各类荷载组合,工况、荷载组合及滑坡稳定安全系数取值按照现行《公路路基设计规范》(JTG D30)执行。

滑坡验算参数应根据专项地质勘查的成果选取,对于已经发生滑动的滑坡情况,可根据现场情况取土体残余强度进行验算。

2)滑坡防治设计

滑坡防治设计应根据滑坡所处的地形地质条件、性质、成因、规模、发展趋势及对公路的危害程度,结合公路的重要性、施工条件等,遵循"以防为主、防治结合、力求根治"的原则,通过综合技术经济比较,确定滑坡防治工程方案,采取截排水、减载、反压、支挡加固等工程相结合的综合防治措施,保证公路施工及运营安全。

一般滑坡治理工程技术途径包括:减小滑坡下滑力或减小甚至消除下滑因素;增加抗滑力或增加阻滑因素;稳定滑动面。一般采用的方法有:清方减载、坡脚反压(抗滑挡土墙)、锚固滑动面(锚杆、锚索、抗滑桩等)以及防排水(坡体排水及坡面防水)。

(1)减载与反压措施

①推移式滑坡或由错落转化的滑坡,宜采用滑坡后缘减重、前缘反压措施。

②滑床具有上陡下缓形状,滑坡后缘及两侧的地层相当稳定,不致因减重开挖而引起滑坡向后缘和两侧发展时,宜采用减重措施。

③滑坡前缘有较长的抗滑段,宜利用减重弃方反压;路基处于滑坡前缘时,应采用路堤通过。在滑体或滑带土具有卸载膨胀开裂的情况下,不应采用减重措施。

④减载时,必须考虑清方后滑坡后部和两侧山体的稳定性,防止后缘产生新的滑动。

⑤采取填土反压措施应防止堵塞滑坡前缘地下水渗出通道,并且要考虑基底的稳定性,必要时应进行地基处理。

(2)抗滑挡土墙

①重力式抗滑挡土墙适用于滑坡规模较小、厚度薄,滑坡剩余下滑力宜小于150kN/m的滑坡治理工

程。当滑坡长度大而厚度小时宜沿滑坡主滑方向设置多级挡墙。

②重力式抗滑挡墙应与排水、减载、护坡、锚固等其他治理工程措施相配合,根据地形地质条件,通过技术经济比较,确定设计方案。

③重力式抗滑挡墙应布置在滑坡剪出口或潜在剪出口的附近,或滑坡阻滑段的前部区域,并与反压措施相结合。

④重力式抗滑挡墙墙高不宜超过10m,当高度超过10m时,宜采用特殊形式挡土墙或抗滑桩等其他措施。

⑤抗滑挡墙结构设计计算时,应将滑坡推力与挡土墙的主动土压力进行比较,取其较大值作为挡土墙设计推力。但当滑坡推力的合力作用点位置比主动土压力高时,即使主动土压力比滑坡推力大,挡土墙的倾覆稳定计算仍需同时采用滑坡推力进行验算。挡土墙埋深较大且前缘稳定时可考虑部分挡土墙前被动土压力。

⑥抗滑挡墙结构形式应根据滑坡稳定状态、施工条件、工程造价等因素确定。在地形地质条件允许的情况下,宜采用仰斜式挡土墙。

⑦抗滑挡土墙宜采用素混凝土或片石混凝土,滑坡推力较大时可适当配筋以增加墙身抗剪性能。

⑧抗滑挡土墙结构设计应符合现行《公路路基设计规范》(JTG D30)第5.4节的有关规定。

(3)抗滑桩

①抗滑桩可用于各种厚度滑坡,可与其他加固方式如桩板墙、预应力锚索抗滑桩等相结合,加强抗滑桩的抗滑能力。

②抗滑桩设计需考虑桩后、桩前及桩间土岩土的稳定性,必须防止滑体从桩间滑出或在桩底产生新的滑面,当不设桩间板时宜设置桩顶连系梁以增设桩间连接。

③抗滑桩宜以单排布置为主,宜采用埋置型抗滑桩,当滑坡推力较大时,可对滑坡进行分段阻滑。若弯矩过大,应采用预应力锚杆(索)抗滑桩。

④抗滑桩桩长宜小于35m。对于滑带埋深大于25m的滑坡,应充分论证抗滑桩阻滑的可行性。

⑤抗滑桩结构设计应符合以下有关规定:

a.抗滑桩截面形状宜采用矩形,桩的截面尺寸应根据滑坡推力大小、桩间距、锚固段地基横向容许强度等因素确定,桩最小边宽度不应小于1.25m。在主滑方向不确定的情况下,可采用圆形截面。

b.抗滑桩的混凝土结构应按现行《混凝土结构设计规范》(GB 50010)进行计算,其结构重要性系数为1.0,永久荷载分项系数为1.35。抗滑桩桩身按受弯构件设计,当无特殊要求时,可不做变形、抗裂、挠度等项验算。桩身混凝土的强度等级不应低于C20。当地下水有侵蚀性时,水泥应按有关规定选用。

c.抗滑桩井口应设置锁口,桩井位于土和风化破碎的岩层时宜设置护壁,锁口和护壁混凝土强度等级不应低于C15。

d.抗滑桩纵向受力钢筋直径不应小于16mm,净距不宜小于120mm,困难情况下可适当减少,但不得小于80mm。当用束筋时,每束不宜多于3根。当配置单排钢筋有困难时,可设置2排或3排。受力钢筋混凝土保护层厚度不应小于60mm。

e.纵向受力钢筋的截断点应按现行《混凝土结构设计规范》(GB 50010)计算。

f.抗滑桩内不宜设置斜筋,可采用调整箍筋的直径、间距和桩身截面尺寸等措施,满足斜截面的抗剪强度。

g.箍筋宜采用封闭式,直径不宜小于14mm,间距不应大于500mm。

h.抗滑桩的两侧和受压边,应适当配置纵向构造钢筋,其间距宜为400~500mm,直径不宜小于12mm。桩的受压边两侧,应配置架立钢筋,其直径不宜小于16mm。当桩身较长时,纵向构造钢筋和架立筋的直径应加粗。

⑥对于中、小型路堤滑坡也可采用钢管桩、旋喷桩、树根桩等方法增加滑体的抗剪强度等物理力学参数,增强滑坡稳定性。

(4)预应力锚固

①预应力锚杆(索)可用于土质、岩质边坡加固,但锚固段必须置于滑面以下的稳定地层中,地下水

腐蚀性较强时不应采用预应力锚杆(索)。

②预应力锚杆(索)锚头外宜采用钢筋混凝土锚墩、框架梁、T梁、地梁等。

③锚固形式应根据边坡岩土体类型、工程特征、锚杆承载力大小、锚材料和长度、施工工艺等条件综合确定。对软质岩、风化岩地层,宜采用压力分散型锚索;强度较高的硬质岩石地层,可采取拉力集中型锚索。

④预应力锚索长度宜不超过50m。单束锚索设计拉力宜为500~2500kN。锚索间距应以所设计的锚固力能对地基提供最大的张拉力为标准,宜为3~6m。锚索中部应设置对中装置。

⑤预应力锚杆(索)设计应符合现行《公路路基设计规范》(JTG D30)第5.5节的有关规定。

(5)排水工程

①排水工程设计应在滑坡防治总体方案的基础上,结合工程地质、地下水及降雨条件,制订排水方案。

②地表排水工程应在滑坡后缘的稳定地层上设置环形截水沟,滑坡范围较大时,应在滑坡体范围内设置树枝状排水沟。排水沟通过裂缝处应采取防裂措施,对有明显开裂变形的坡体应及时用黏土或水泥浆填实裂缝,整平积水坑、洼地,使地表的雨水能迅速向排水沟汇集排泄。

③地下排水工程应视滑动面状况、滑坡所在山坡流域水文地质条件及地下水动态特征,选用渗沟、仰斜式排水孔或者隧洞等排水方案。

④渗沟:

a.适用于排除或疏干滑坡体内浅层地下水,必要时可与抗滑支挡结构结合设置。

b.截水渗沟平面布置应垂直地下水流的方向,并修建在滑坡范围5m以外的稳定土体上。渗沟的迎水面应设反滤层,背水面应设隔渗层。

c.渗沟的埋置深度按地下水位的高程、地下水位需下降的深度以及含水层介质的渗透系数等因素考虑确定。渗沟的排水孔(管),应设在冻结深度以下不小于0.25m处。截水渗沟的基底宜埋入隔水层内不小于0.5m。边坡渗沟、支撑渗沟的基底,宜设置在含水层以下较坚实的土层上。寒冷地区的渗沟出口,应采取防冻措施。

d.填石渗沟最小纵坡不宜小于1%,无砂混凝土渗沟、管式及洞式渗沟最小纵坡不宜小于0.5%。渗沟出口段宜加大纵坡,出口处宜设置栅板或端墙,出水口应高出地表排水沟槽常水位0.2m以上。

⑤暗沟适用于排除滑坡体内外的封闭积水或地下出露泉水。

⑥仰斜式排水孔适用于疏干、排泄滑坡体内赋存的深层地下水。仰斜式排水孔的设置位置和数量应视地下水分布情况和地质条件而定;仰斜式排水孔的仰角不宜小于6°,长度应伸至地下水富集部位或潜在滑动面,并宜根据边坡渗水情况成群分布;仰斜式排水孔排出的水宜引入路堑边沟排除。

⑦排水隧洞:

a.排水隧洞适用于引排深层地下水。

b.排水隧洞四周应设置若干渗井或渗管,将水引入洞内。隧洞的埋深取决于主要含水层的埋藏深度,并应埋入稳定地层内,顶部应在滑动面(带)以下不小于0.5m,洞底排水纵坡不应小于1%。

c.隧洞断面应根据地下水涌水量计算确定,结构设计应符合现行《公路隧道设计规范》(JTG D70)规定。

(6)施工监测与动态设计

①高速公路的滑坡防治应进行滑坡监测与动态设计。滑坡防治监测包括施工安全监测、防治效果监测和营运期监测,应以施工安全监测和防治效果监测为主。

②在施工期间,监测结果应作为判断滑坡稳定状态、指导施工、反馈设计和防治效果检验的重要依据。

③监测点应布置在滑坡体稳定性差或工程扰动大的部位,力求形成完整的剖面,采用多种手段互相验证和补充。

④防治效果监测应结合施工安全和营运期监测进行,防治效果监测时间应在整治工程完工且公路营运后不少于一年,施工期监测数据采集时间宜为每天一次,营运期监测数据采集时间间隔宜为7~15d,在外界扰动较大时,如暴雨期间,应加密观测次数。

⑤应及时分析滑坡监测资料,预测滑坡位移、变形的发展趋势和整治工程的效果,适时调整滑坡整治工程设计和施工方案,保证工程施工安全和路基稳定。

3.3.3.3 崩塌治理

崩塌易发生于较陡的岩质或土质路堑边坡。对于岩质边坡,其特征为岩面节理裂隙发育,呈张开状,坡脚有崩积物堆积(图3-28);对于土质边坡,崩塌易发生于具有垂直节理面的黄土或黏土边坡。

a)　　　　　　　　　　　　　　　　　　b)

图 3-28　岩质路堑边坡崩塌

在高速公路养护工程中,崩塌易在地震、暴雨、融雪等自然灾害及开挖坡脚、地下采空、坡顶蓄水等不合理的人类活动后产生,易产生崩塌的坡体一般具有较发育的不规则构造面或与坡面延伸方向平行的构造面。另外,坡率陡于1∶1的深挖陡坡、孤立山嘴及凹形陡坡也具有较大的崩塌隐患。上述特征可用于在调查中进行崩塌隐患的识别。

对于已发生崩塌或存在崩塌隐患的岩质或土质边坡一般可采用以下方式进行治理:

(1)边坡锚固。对于边坡整体稳定性较差的情况可采用全长黏结锚杆或预应力锚杆(索)对边坡潜在滑裂面进行锚固,坡面设置框架梁或喷射混凝土面层减少坡面岩体崩塌危害。

(2)设置防护网防护。对于坡面岩体节理裂缝发育的强风化岩、中风化岩边坡可采用设置主动防护网进行防护,可用于阻止岩块在重力作用下脱离坡面形成崩塌(图3-29)。

a)主动防护网　　　　　　　　　　　　b)被动防护网

图 3-29　设置防护网防护

常用主动防护网类型见表3-4。

常用主动防护网类型　　　　　　　　　　　　　　　表3-4

型号	网型	结构配置	主要防护功能
GAR1	钢丝绳网	边缘钢丝绳锚杆+支撑绳+缝合绳	限制大块落石,部分抑制崩塌的发生
GAR2	钢丝绳网	系统钢丝绳锚杆+支撑绳+缝合绳,孔口凹坑+张拉	坡面加固,抑制崩塌和风化剥落的发生,限制大块落石运动范围
GPS1	钢丝绳网+钢丝格栅	同GAR1	同GAR1,有小块落石的选用
GPS2	钢丝绳网+钢丝格栅	同GAR2	同GAR2,有小块落石的选用,也可用于土质边坡
GER1	钢丝格栅	同GAR1,缝合绳采用钢丝	落石体积均较小的选用,寿命较短
GER2	钢丝格栅	同GAR2,缝合绳采用钢丝	落石体积均较小的选用,可用于坡面加固,寿命较短

注:本表数据来源于《铁路沿线斜坡柔性安全防护网》(TB/T 3089-2004)。

对于边坡坡面碎裂较严重,常有落石情况发生,且边坡平台或坡脚有较大空间可设置碎落台时可使用被动防护网对边坡落石进行防护。常用被动防护网类型见表3-5。

常用被动防护网类型 表3-5

类型	网型	结构配置	主要防护功能
RX	菱形网 DO/08/250	钢柱+支撑绳+拉锚系统+缝合绳+减压环	拦截撞击能250kJ以内的落石
	菱形网 DO/08/200	钢柱+支撑绳+拉锚系统+缝合绳+减压环	拦截撞击能500kJ以内的落石
	菱形网 DO/08/150	钢柱+支撑绳+拉锚系统+缝合绳+减压环	拦截撞击能750kJ以内的落石
RXI	环形网 R5/3/300	钢柱+支撑绳+拉锚系统+缝合绳	拦截撞击能250kJ以内的落石
	环形网 R7/3/300	钢柱+支撑绳+拉锚系统+缝合绳	拦截撞击能500kJ以内的落石
	环形网 R7/3/300	钢柱+支撑绳+拉锚系统+缝合绳+减压环	拦截撞击能750kJ以内的落石
	环形网 R9/3/300	钢柱+支撑绳+拉锚系统+缝合绳+减压环	拦截撞击能1000kJ以内的落石
	环形网 R12/3/300	钢柱+支撑绳+拉锚系统+缝合绳+减压环	拦截撞击能1500kJ以内的落石
	环形网 R19/3/300	钢柱+支撑绳+拉锚系统+缝合绳+减压环	拦截撞击能2000kJ以内的落石

注:1. 表中DO/08/250的含义为由直径为8mm的钢丝绳编制,网孔菱形边长250mm的菱形钢丝网;R5/3/300的含义为由直径3mm的钢丝,盘结5圈,按网孔内切圆半径300mm编织成的环形网。

2. 本表数据来源于《铁路沿线斜坡柔性安全防护网》(TB/T 3089—2004)。

(3)设置拦石墙。对于全风化、强风化岩边坡,岩面较破碎,但无大块危石的岩质边坡,可于坡脚设置拦石墙防止坡面碎落岩块进入路界范围内。

(4)设置护坡。对于边坡高度低于10m的岩质边坡或土质边坡,存在崩塌隐患时可增设砌体护坡或窗式护面墙。

(5)削坡。对于存在崩塌隐患的较陡的岩质或土质边坡,可采取削坡放缓边坡坡率的方案减小崩塌发生的可能。

(6)完善防排水设施。对于易崩塌路段,应对防排水设施进行特殊设计,防止雨水、融雪水渗入边坡导致岩土力学性能减低,增大崩塌发生可能。

3.3.3.4 泥石流防治

泥石流具有突然性、流速快、物质携带量大、过程短、破坏性强等特点,其从形成至结束一般只有几分钟到几小时。对于高速公路而言,一旦发生泥石流往往造成无法估量的损失,因此,对于泥石流需做到提前发现、提前预防、及时预报。

泥石流发生一般需要地形陡峭,松散堆积物丰富,突发性、持续性大暴雨或大量冰融水的流出等条件(图3-30)。对于未发生过泥石流的区域,需通过调查山高沟深、地形陡峻、沟床纵度降大、松散堆积物丰富等条件的区域,通过工程地质专项勘查可确定是否为泥石流隐患;对于发生过泥石流的区域,需通过专项勘查确定泥石流堆积扇的扇面坡度、漫流、沟槽发育情况和植被情况。

在高速公路养护工程中,对于泥石流的预防,可采取以下措施:

(1)恢复植被。对于已发生或历史上发生过泥石流的区域,泥石流的形成区和流通区仍存在大量松散堆积物的可采取种植草灌、乔木的方法,这种方案既可以稳定堆积物使其不易流失,也可以减缓水流速度,还可以提升景观效果。此方法适用于泥石流形成区坡降较小的情况。

(2)排导。对于高速公路路线穿越泥石流流通区的情况,可采用设置排导沟、导流堤以及渡槽等方案,减缓泥石流流速,限制泥石流范围,固定泥石流流通区域,减少泥石流可能造成的损害。

(3)拦截。泥石流的破坏性主要体现为流速大和携带大量物质,对于泥石流可能通过的区域可设置石笼坝、挡拦坝、柔性坝等方式进行拦截,其主要作用为降低泥石流流速、拦截泥石流携带的石块。其中,石笼坝所用石料应采用不易风化的坚石,石笼箱体应采用重镀锌钢丝,并与基础采取植筋、半埋等方式锚固;挡拦坝宜采用素混凝土或片石混凝土,坝体埋深应大于局部冲刷深度,并与地基稳固连接;柔性坝可采用高强格栅、被动防护网等形式,柔性网需锚固与稳定岩面上,当堆积体较厚时可设置混凝土基础将柔性网固定于地面上。

a) 泥石流形成区

b) 泥石流出口

c) 泥石流形成

d) 泥石流穿过桥梁

图 3-30　泥石流发生区域

（4）坡面防护。对于小型的泥石流或堆积物位置集中时，可采用对堆积物表面设置坡面防护的方案减少堆积物流失，降低泥石流的破坏性。

（5）桥梁跨越泥石流区域时，可在桥梁受影响墩台外设置防撞墙，防撞墙与墩台之间应设置宽度不小于1m的填土作为缓冲。

（6）泥石流隐患穿过涵洞时，应在涵洞入口外设置排导设置，减缓泥石流流速，截留土石；在涵洞出口外适当延长洞口铺砌，并在铺砌下设置隔水墙，隔水墙可设置多道，防止泥石流冲走洞外土石导致洞底掏空。

（7）路基穿越泥石流或与泥石流流通方向平行时，除设置完善的排水设施及路基防护外，还应在路基边坡坡脚设置抑水墙，抑水墙宜使用石笼或混凝土结构，埋深应不小于2m或局部冲刷线，防止坡脚被掏空导致路基边坡滑塌。

3.3.4　安全监测

根据国家相关文件要求，高速公路高路堤、陡坡路堤、深路堑、不良地质、特殊岩土段开挖边坡应进行施工监测。

（1）高路堤及陡坡路堤

高速公路高路堤及陡坡路堤施工监测设计应明确监测路段、监测项目、监测点的数量及位置、监测要求等，检测项目与内容按照现行《公路路基设计规范》（JTG D30）附录F表F-2选定。监测周期应为公路建成运营后不少于1年。

（2）深路堑

高速公路深路堑及不良地质、特殊岩土段开挖边坡施工监测设计应明确监测路段、监测项目、监测点的数量及位置、监测要求等，监测项目与内容按照现行《公路路基设计规范》（JTG D30）附录F表F-1、表F-3选定。监测周期应为公路建成运营后不少于1年。

4 路　　面

公路在使用过程中,路面受到行驶车辆的碾压、冲击、磨耗以及环境气候等影响,会产生缺陷和损坏,这些缺陷和损坏统称为路面破损。路面破损对车辆的行驶速度、载重能力、燃料消耗、机械磨损、行车舒适,以及对交通安全、环境保护等都会造成有害影响。为防治路面破损,使路面保持良好的技术状况而采取的技术措施,通常称为公路路面养护。本章根据近年来河北省高速公路路面养护经验,提出合理的病害治理方案,旨在为路面工程专业技术人员进行养护设计时提供技术参考,提高沥青路面养护质量,延长路面使用寿命。

4.1　基本原则

(1)路面养护设计应以功能恢复、结构修复和改善为目的,以分段设计、分类处理、经济合理的要求进行决策。尊重"动态设计"和"全过程设计"的客观现实,保证养护设计方案的安全有效、经济合理和便于施工和通行安全,并应积极采用成熟的路面材料再生等节能环保的新技术。

(2)路面养护设计必须以详细的旧路面调查和客观的评价为基础,旧路调查应包括基础数据、路面技术状况和试验检测数据等资料的收集以及现场踏勘。调查和检测数据具有一定的时效性,用于施工图设计的数据有效时间一般不应超过6个月。

(3)路面结构维修应根据路面技术状况、强度和交通量组成及发展趋势综合确定。

(4)路面养护工程设计应以路面病害处治、结构补强、结构排水设施完善、表面功能恢复为重点,注重施工组织方式、交通组织方式和养护工程特点,兼顾桥头治理、安全设施及附属设施的整修和完善等。

(5)路面局部病害治理务求彻底,普遍病害综合整治,少破坏原结构,充分利用旧结构、循环利用旧材料。

(6)对水泥混凝土路面的养护设计,充分考虑复合路面方案。

(7)设计方案侧重预防性,工程量测算对病害发展趋势考虑前瞻性。

(8)沥青路面应按照现行沥青路面规范、《旋转压实剪切实验法(GTM)沥青混合料设计与施工技术规范》(DB 13/T 978—2008)等进行设计。筑路材料应根据沿线料场分布情况和材料性能,并结合当地路面使用经验选用。

4.2　路面技术状况检测

在实施路面养护前应在基础资料收集分析的基础上对路面状况进行详细的路况检测及评价。路面技术状况检测及评价应分阶段进行,对应路面养护工程的各个阶段分为初步检测、详细检测、施工放样检测。应保证检测数据的时效性,当年检测的路况数据可用于进行路况分析和评价,若数据检测时间间隔大于6个月,则该数据不能作为路况评价的依据。路面预防性养护工程检测评价应根据公路等级、交通状况、路面技术状况、主要病害类型等基础数据进行养护单元、设计单元、调查单元的划分。

1)初步检测阶段

(1)应基本查明路面技术状况,为工可报告编制或工程方案设计提供资料;

(2)应对路面病害进行分析、预测,评估其对路面养护方案的影响;

(3)应根据基础数据以及现场病害情况进行单元划分,分段基本查明下列内容:路面破损状况、路面平整度、路面车辙、路面抗滑性能、路面结构强度,按照现行《公路技术状况评定标准》(JTG H20)相关要求进行路况评定。

2）详细检测阶段

（1）应利用初步检测阶段的各项成果,进一步查明路面技术状况,为施工图设计提供资料；

（2）应根据基础数据以及初步检测成果进行单元划分,分段查明下列内容：路面详细破损状况、路面结构实际厚度、路面内部结构状况、路面材料性能、路面结构参数。

3）施工检测阶段

（1）应进一步查明路面详细破损状况,为路面预防性养护以及病害治理施工提供资料；

（2）施工单位在施工前应结合设计文件中提供的路面技术状况检测评价结果,以设计文件中给定的段落范围为基础,进行徒步路况调查,经发包方、监理工程师、施工承包方、设计方代表共同确认治理范围和深度。

4.3 沥青混凝土路面

4.3.1 路面预防性养护

路面预防性养护（Pavement Preventive Maintenance,简称 PPM）是为了使公路保持良好的工作状态,延长其使用寿命,改善使用功能,在路面存在功能性缺陷,但没有结构性损坏的情况下,在不增加路面结构承载力的前提下采取的一种事先、主动性养护措施。河北省常用的预防性养护措施有灌缝、贴缝、雾封层、微表处、复合封层、薄层罩面等。

对满足预防性养护条件的路段,在合适的时机,采取合适的预防性养护措施,可以有效延长沥青路面的使用寿命,减少全寿命周期养护资金投入。目前,河北省在进行沥青路面养护设计时,大多未针对项目路段的路况差异性进行分段、分类设计和处理,养护决策依据不足,过分依赖经验和地区典型结构。就高速公路沥青路面养护项目而言,要想得到理想的养护维修效果,首先要有一个合理的养护方案。合理的养护设计要求检测、评价、决策、设计多个阶段的技术环节支持。建立沥青路面项目级养护决策体系,实现路况评价及养护决策数据化、制度化,实现养护设计的规范化、标准化,从而全面提高养护设计的工作效率和工作质量,显得十分必要。

沥青路面预防性养护设计应在详细的路面技术状况检测评定的基础上,结合预防性养护方案的经济效益分析进行。

4.3.1.1 路面预防性养护决策

路面预防性养护决策应以全面的路面技术状况检测和评价为基础。根据路面技术状况,将待养护路段进行单元化分,分别制定预防性养护方案。应从"结构、材料、荷载、环境、经济"等方面综合考虑,科学地进行预防性养护决策,实现技术指标于经济指标的兼顾。应结合养护规划以及路面技术状况长期性能预测的结果,采用全寿命周期经济分析方法评价预防性养护方案的长期经济效益,根据路面寿命周期内养护总费用最低的时间确定预防性养护时机。对于新建或实施大修、改建后超过 3 年且满足预防性养护条件的路段宜实施预防性养护工程。对于已明确养护目标的路段,应根据养护目标确定养护性质,养护目标在 3 年以内的情况,应优先采用预防性养护技术。

（1）养护方案选择流程见图 4-1。

（2）养护极限值是河北省高速公路沥青路面技术状况的最低要求,当任何一项评价指标达不到养护极限值的要求时,不论何种原因,均应采取相应的处治措施,以恢复路面技术状况。养护及限制应考虑单元化分、气候条件、交通量等级的影响。

（3）养护质量值是高速公路沥青路面综合技术状况标准值。高速公路沥青路面技术状况应满足下列养护质量值的要求：

①整路段平均路面使用性能指数（PQI）维持在 90 分以上；

②整路段平均路面损坏（PCI）、路面行驶质量（RQI）、路面行驶质量（RQI）、路面车辙（RDI）、路面抗滑性能（SRI）、路面结构强度（PSSI）维持在优以上；

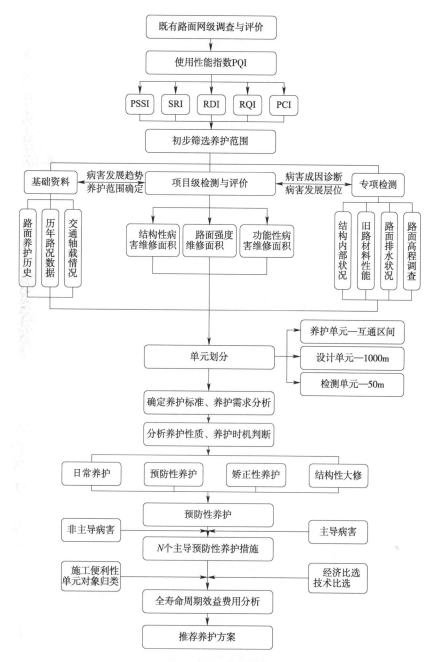

图 4-1 养护对策选择流程图

③通过对养护单元的养护维修,应使整路段路面技术状况应满足养护质量值的要求。

(4)高速公路沥青路面技术状况根据路面强度不足折算维修面积率、路面结构性病害折算维修面积率以及路面功能性病害折算维修面积率,将评价单元的养护需求进行等级划分,养护需求分级见表4-1~表4-3。

路面强度不足养护需求等级　　　　　　　　　　　　　　　　　表4-1

序号	路面强度不足折算维修面积率	养护需求等级
1	0~10%	弱
2	10%~30%	中
3	≥30%	强

路面结构性病害养护需求等级　　　　　　　　　　　　　　　　表4-2

序号	路面结构性病害折算维修面积率	养护需求等级
1	0~10%	弱
2	10%~30%	中
3	≥30%	强

路面功能性病害养护需求等级　　　　　　　　　　　　表4-3

序号	路面功能性病害折算维修面积率	养护需求等级
1	0~10%	弱
2	10%~30%	中
3	≥30%	强

（5）根据养护需求的等级划分，确定预防性养护时机，具体见图4-2。

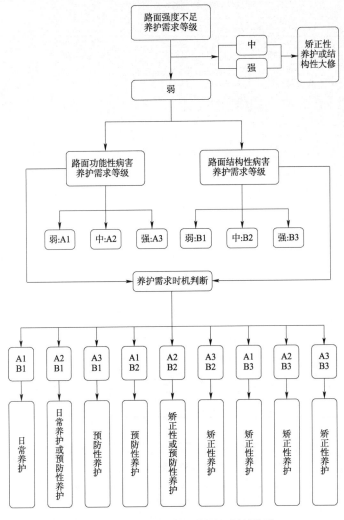

图4-2　高速公路沥青路面养护性质判断标准

（6）常用的预防性养护措施包括灌缝、贴缝、雾封层、微表处、复合封层、薄层罩面、就地热再生等。应根据路面技术状况和各种预防性养护技术措施的优缺点及适用条件，选择适宜的预防性养护措施。经验不足时可以参照表4-4进行选择，并注意主导养护措施和非主导养护措施配合使用。

常用典型预防性养护措施应用推荐表　　　　　　　　　　　　表4-4

损坏类型		严重程度	雾封层	微表处	超薄/薄层罩面
裂缝类	龟裂	轻	X	★	★
		中	X	X	X
		重	X	X	X
	块状裂缝	轻	X	★	★
		重	X	X	X
	纵向裂缝	轻	X	★	★
		重	X	X	X
	横向裂缝	轻	X	★	★
		重	X	X	X

续上表

损坏类型		严重程度	雾封层	微表处	超薄/薄层罩面
变形类	车辙	轻	X	★	★
		重	X	△	X
松散类	松散	轻	△	★	★
		重	X	X	X
其他类	泛油	/	X	★	★
	磨光	/	X	★	★
	坑槽	轻微	X	X	X
		严重	X	X	X
	沉陷	轻微	X	X	X
		严重	X	X	X
其他	封水	/	★	★	★
	恢复抗滑	/	X	★	★

注：★-推荐；△-谨慎推荐；X-不推荐。

(7)对各养护方案进行效益费用分析以确定最优的养护方案。效益费用分析应符合以下要求：

①养护措施效益的计算可根据原路面结构使用寿命的延长，或路面功能性服务水平恢复程度的大小，或使用预防性养护措施和不使用预防性养护措施路面性能曲线和坐标轴之间面积的差额进行计算。条件许可时，可同时考虑美观、环保等因素。

②养护管理单位应积极积累各种预防性养护措施的使用性能数据，对已实施了预防性养护技术的路段进行连续跟踪调查，为各种预防性养护措施建立更为科学合理的性能衰减曲线。

4.3.1.2 预防性养护设计

(1)沥青路面预防性养护设计应符合以下基本要求：

①应按照"分段设计、分类处理、分期实施、合理决策"的预防性养护设计基本要求，保证预防性养护方案的针对性和科学性。

②预防性养护设计应进行方案比选和费用效益分析。

③预防性养护设计应参考历史路况检测数据和近期路况检测数据、病害检测结果。

④预防性养护设计包括短期预防性养护方案设计和中长期预防性养护规划设计。

(2)短期预防性养护方案设计是指根据历史路况检测数据和当年路况检测数据设计来年的预防性养护方案。短期预防性养护方案设计主要内容包括：

①调查现阶段路面状况，调查内容包括路面损坏、路面结构强度、平整度和抗滑性能四部分内容。

②分析调查数据，根据养护需求判断标准，区分其他养护需求和预防性养护需求。

③根据项目级检测及评价相关要求，划分养护路段，明确各养护单元的预防性养护需求。

④根据各单元内的病害类型及严重程度，提出几种可行的预防性养护方案。

⑤进行技术经济比较，确定短期预防性养护方案。

(3)中长期预防性养护方案设计是指根据历史路况检测数据制订未来的预防性养护设计方案。中长期预防性养护方案主要内容包括：

①分析历史路面状况数据，建立路面状况结构性衰减曲线和功能性衰减曲线。

②判断分析期内结构承载能力，区分其他养护需求和预防性养护需求。

③初步选择几种不同养护强度的方案，使用全寿命周期成本法确定几种养护方案的最佳应用时间。

④使用全寿命周期效益成本分析法确定最佳养护设计方案。

⑤将最佳养护方案的应用时间作为分析期零点来设计下阶段预防性养护方案。

4.3.2 路面病害治理

4.3.2.1 路面病害类型与成因

高速公路路面养护要针对路面病害类型,分析病害成因,从而制定出有针对性的养护方案。

1)裂缝

按照裂缝外观的不同,将裂缝分为:横向裂缝、纵向裂缝、龟裂、块状裂缝等不同类型。

(1)纵向裂缝

纵向裂缝一般与路面结构强度不足和行车荷载的作用有关,属于荷载型裂缝,这样的纵向裂缝可能进一步发展为龟裂。

①路面结构强度不足。路面结构组合不合理、路面厚度不足、基层强度不良等都会造成路面结构强度不足,是纵向裂缝发生的内因(图4-3)。

a)　　　　　　　　　　　　　　　　b)

图 4-3　纵向裂缝(一)

②车辆超载、重载及交通量大是产生纵向裂缝的主要外因(图4-4)。

a)　　　　　　　　　　　　　　　　b)

图 4-4　纵向裂缝(二)

此外,沥青混合料两幅摊铺时接缝温度低或冷接缝、压实不够、基层裂缝、老路加宽后路基的不均匀沉降等,也会造成路面纵向裂缝(图4-5)。

a)　　　　　　　　　　　　　　　　b)

图 4-5　纵向裂缝(三)

(2)横向裂缝

横向裂缝主要分为温度裂缝和反射裂缝。

温度裂缝包括低温收缩裂缝和温度疲劳裂缝两种(图4-6)。低温收缩裂缝,是指在气温大幅下降后,沥青路面的收缩变形受到约束,产生的拉应力或者拉应变超出沥青层抗拉强度或者极限拉应变而出现的开裂。温度疲劳裂缝,是指由于环境温度的变化,沥青路面在温度应力的反复作用下产生的疲劳开裂。产生温度裂缝的外因主要是气温的骤然变化,如北方地区的大风降温天气、昼夜温差过大等;产生温度裂缝的内因包括沥青材料的质量差、沥青标号相对于气候条件而言偏低(即沥青过硬)、沥青老化等。

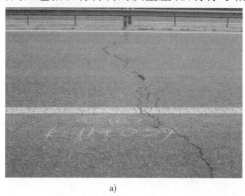
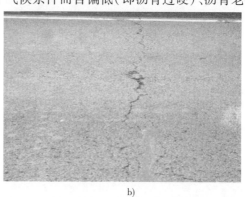

a)　　　　　　　　　　　　　　　　b)

图4-6　横向裂缝(一)

反射裂缝:半刚性基层横向开裂,或者是加铺的沥青面层由于下卧原沥青路面的横向裂缝、水泥路面的横向接缝等反射造成的沥青面层的横向裂缝(图4-7)。

图4-7　横向裂缝(二)

此外,沥青路面与构造物连接处填土压实度不足、不均匀沉降等也会形成横向裂缝(图4-8)。

(3)龟裂

在温度荷载和车辆荷载的联合作用下,路面纵横缝不断发展,产生龟裂。沥青材料的质量差、沥青标号相对于气候条件而言偏低(即沥青过硬)、沥青老化等,使得路面在环境温度变化等作用下产生龟裂,此外纵横向裂缝交叉处出现唧浆病害时也会造成局部龟裂(图4-9)。

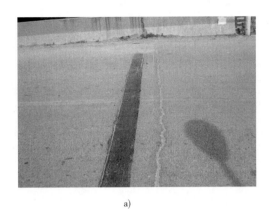

a)　　　　　　　　　　　　　　　　b)
图 4-8　横向裂缝（三）

a)　　　　　　　　　　　　　　　　b)
图 4-9　龟裂

（4）块状开裂

块状开裂（图 4-10）一般是由温度疲劳作用和沥青老化等原因产生的，它一般与荷载无关，但是荷载可以加大裂缝的严重程度。相对于渠化交通的公路和城市道路而言，该类病害更常见于大面积铺装的区域如收费站、停车场和停机坪等。

a)　　　　　　　　　　　　　　　　b)
图 4-10　块状开裂

2）坑槽

沥青路面的坑槽（图 4-11）表现为两种形式：一种是"上宽下窄"的"V"形坑槽，一种是"上窄下宽"的"∧"形坑槽。

（1）"上宽下窄"的"V"形坑槽。这种坑槽是自上而下发展形成的坑槽，一般是沥青面层龟裂、松散后没有及时处理而逐渐恶化形成的。

（2）"上窄下宽"的"∧"形坑槽。这种坑槽是自下而上发展形成的坑槽，半刚性基层沥青路面的水损害造成路面的坑槽属于这一类型。当水分进入沥青路面，滞留在基层表面不能排出，在荷载作用下形成很大的动水压力并反复冲刷沥青层，使沥青膜与集料剥离，发生松散，水分还将基层表面的水泥、石灰、土甚至是乳化的沥青膜挤到路表形成唧浆。当路面出现唧浆后,基层表面处沥青混凝土会形成空洞,在荷载反复作用下坑槽便会很快出现。

图 4-11 坑槽

3) 车辙

沥青路面的车辙基本可以分为三类:结构性车辙、失稳性车辙和因施工时压实不足造成的非正常性车辙(图 4-12)。

图 4-12 车辙

(1) 结构性车辙,是指由于路面结构强度不足引起的包括路基在内的各结构层的永久性变形而产生的车辙,这类车辙的断面一般呈两边高中间低"V"形,车辙范围内伴有路面龟裂、甚至是坑槽。

(2) 失稳性车辙,是指由于炎热季节沥青层在交通荷载作用下产生塑性流动而形成的车辙。这类车辙的断面一般呈"W"形,轮迹带处下陷,轮迹带周边可能出现隆起。

(3) 由于沥青层施工时混合料或者气温偏低、压实次数过少、片面追求平整度等原因造成沥青层压实度不足,在行车作用下进一步压密产生非正常性车辙。这类车辙的断面一般呈"W"形。

4) 泛油

泛油往往是由于沥青混合料中沥青用量偏多,沥青稠度太低等原因造成的。泛油往往在炎热季节产生,沥青结合料集聚到沥青路面表面,开始时表现为单个油斑,逐渐结合成光亮的黏膜。泛油是混合料存在缺陷的后果,高温下沥青结合料超出了混合料空隙可以容纳的量。泛油出现在炎热季节但不会在低温季节恢复。泛油导致路面的抗滑性能下降,造成安全隐患。

5)松散、麻面

松散和麻面是一种沥青路面从表面向下不断发展的集料颗粒流失(麻面)和沥青结合料的流失(松散)的破坏(图4-13)。麻面和松散的出现是某一粒径的集料流失的结果,往往是沥青与细集料之间的黏结力丧失造成剥离,这种黏结力的丧失一方面源于集料表面污染造成黏结力不足或集料破碎,出现剥离、脱落造成松散,脱落部分随行车流失形成麻面,另一方面是由于在施工过程中沥青混合料离析或局部压实度不足或外界油品泄漏等个别现象造成的,后者属于局部现象,一般不会大面积发生,而对于前者应给予足够重视。

a)

b)

图4-13 松散、麻面

6)拥包和波浪

沥青路面产生拥包(图4-14)一般有以下两种原因:

(1)沥青面层本身原因产生的拥包,如沥青层材料的抗剪强度不足,在行车水平力作用下产生推挤拥包;沥青层与下卧层黏结强度低,在行车水平力作用下产生推挤拥包等。

(2)路基冻胀造成路面局部或者大面积隆起。

沥青路面产生波浪同样容易出现在行车水平力作用较大的地方。

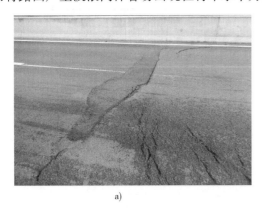
a)

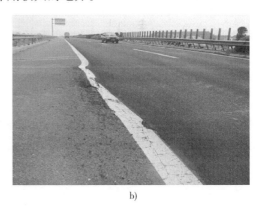
b)

图4-14 拥包

7)唧浆

半刚性基层沥青路面产生唧浆病害的原因较多,但无外乎内因与外因两个方面。

(1)唧浆病害产生的内因

①半刚性基层的特点。半刚性基层沥青路面是我国公路普遍采用的结构形式,然而半刚性基层的固有特点也是产生唧浆的重要原因:半刚性基层温缩、干缩大,易开裂,裂缝向上传递反射,形成由下而上的贯穿裂缝,成为水进入路面内部的通道;半刚性基层非常致密,基本上不透水,水进入路面内部到达基层顶面后既难以向下渗透,又很难蒸发,长时间滞留在基层顶面浸泡基层,使之软化形成灰浆;半刚性基层抗冲刷性差,在行车荷载引起的动水压力反复作用下,基层容易被冲刷剥蚀。

②沥青面层孔隙率较大与路面破损病害。

③中央分隔带渗水。

(2)唧浆病害产生的外因

①水是产生唧浆的必要条件。水的来源有大气降水、地下水、人工洒水、水蒸气凝结水、薄膜移动水等,但主要来源是大气降水,在雨季路面长时间遭受雨水浸泡,更容易发生唧浆病害。

②行车荷载是产生唧浆的动力来源。灰浆从基层表面唧出路面的动力主要来自行车荷载的挤压和泵吸作用,降雨时沥青路面表面产生薄层水膜,车轮高速行驶在水膜上,轮下产生巨大的动水压力,每遇到空隙率较大处就将水强制压入沥青面层,冲刷基层,轮胎驶离此处时由于泵吸作用,基层表面的灰浆会被吸出路面。每驶过一辆车,就会在该处造成一次挤压与泵吸作用。动水压力随车辆荷载的增加、车速的提高而增大。所以交通量大、车速快、重载车多的路段更容易产生唧浆(图4-15)。

图4-15 唧浆

4.3.2.2 路面病害处理措施

确定路面病害处治方案时,主要考虑对存在龟裂、唧浆等严重病害的路段进行处治,维持路面技术状况指标,同时也要考虑投资的经济性,尽量降低挖补率(表4-5)。

路面病害处治常用方案　　　　表4-5

序号	处治方案	适用范围
1	挖补全部沥青面层及上基层	存在明显沉陷变形的龟裂,伴有唧浆病害,钻芯芯样松散的连续路段
2	挖补全部沥青面层	存在明显沉陷变形的横向裂缝、纵向裂缝,伴有唧浆病害,基层芯样较完整(已开裂)的路段
3	挖补两层沥青面层	严重车辙深度达到1.5cm且从钻芯芯样判断沥青中上面层均出现较大变形的连续路段;连续横纵向裂缝,且裂缝已发展至中面层造成中面层松散的连续路段
4	挖补沥青表面层	裂缝间距小于10m的横向裂缝密集路段或因沥青老化产生表面层龟裂路段
5	高聚物注浆	沉陷变形较小或无沉陷的横向裂缝、纵向裂缝,但伴有唧浆病害,基层芯样较完整(已开裂)的路段
6	渗井	存在连续唧浆或发生水损坏路段
7	灌缝并铺设抗裂贴或聚酯玻纤布	裂缝间距大于10m的横向裂缝、单纯纵向裂缝,且无唧浆等其他病害路段

1)挖补全部沥青面层及上面层

对于存在明显沉陷变形的龟裂、伴有唧浆病害、钻芯芯样松散的连续路段,应铣刨全部沥青面层及上基层,采用 ATB-25 沥青碎石分层回填上基层,采用 AC-20 中粒式改性沥青混凝土分层回填下、中面层,采用 AC-13C 细粒式改性沥青混凝土回填上面层。对于同期进行罩面的路段内挖补,沥青面层宜采用 AC-20 中粒式改性沥青混凝土分两层回填。

2)挖补全部沥青面层

对于存在明显沉陷变形的横向裂缝和纵向裂缝、伴有唧浆病害、基层芯样较完整(已开裂)的路段,应铣刨全部沥青面层,在上基层顶面铺设48cm 宽的抗裂贴或聚酯玻纤布后,采用 AC-20 中粒式改性沥青混凝土分层回填下、中面层,采用 AC-13C 细粒式改性沥青混凝土回填上面层。对于同期进行罩面的路段内挖补,沥青面层宜采用 AC-20 中粒式改性沥青混凝土分两层回填。

3)挖补两层沥青面层

对于严重车辙深度达到1.5cm,且从钻芯芯样判断沥青中上面层均出现较大变形的连续路段;或连续横纵向裂缝,且裂缝已发展至中面层造成中面层松散的连续路段,应铣刨中上面层,在下面层铺设48cm 宽的抗裂贴或聚酯玻纤布后,采用改性沥青混凝土分层回填,回填沥青混合料的级配类型宜选用统一类型,以提高施工效率。

4)挖补沥青表面层

对于裂缝间距≤10m 的横向裂缝密集路段,铣刨4cm 上面层,对中面层裂缝进行开槽灌缝并铺设48cm 宽的抗裂贴或聚酯玻纤布后,采用 AC-13C 细粒式改性沥青混凝土回填。由沥青老化产生表面层龟裂路段,铣刨4cm 上面层后,采用 AC-13C 细粒式改性沥青混凝土回填。

5)高聚物注浆

对于沉陷变形较小或无沉陷的横向裂缝及纵向裂缝,但伴有唧浆病害,基层芯样较完整(已开裂)的路段,以减少病害挖补工程量,降低工程投资为原则,采用高聚物注胶或环氧类灌缝胶对半刚性基层薄弱部分进行补强加固处治。

6)渗井

对于存在连续唧浆或发生水损坏路段,采用渗井排出层间积水。渗井布孔位置设置在发生唧浆的裂缝处,孔径为100mm,孔径为10cm,孔深应打入路基工作区以下3m 以上,或天然地基砂土层,孔内回填1~3cm 碎石至沥青层底面,沥青层采用沥青混凝土热料或冷补料填密实。表面层病害按"4)挖补沥青表面层"处理。

渗井平面图及剖面图见图4-16 和图4-17。

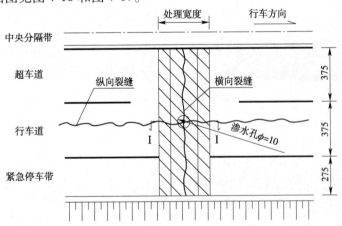

图4-16　渗井平面布置图(单位:cm)

7)灌缝并铺设抗裂贴或聚酯玻纤布

对于裂缝间距大于10m 的横向裂缝和单纯纵向裂缝,且无唧浆等其他病害路段,应加强日常灌缝施工,特别是在雨季及降雪季节,应保证路面无裸缝,避免路面水通过裂缝进入结构层,引起水损坏。罩面前对裂缝进行开槽灌缝,在路面表面铺设48cm 宽抗裂贴或聚酯玻纤布后,再进行黏结防水层及罩面施工。

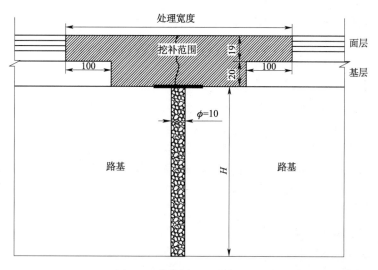

图 4-17 渗井剖面图(单位:cm)

8)路面结构层层间结合设计

(1)在挖补的表面层与中面层之间或罩面层下设置 SBS 改性沥青防水层,改性沥青用量采用 1.8kg/m²。

(2)中面层与下面层及下面层与基层之间均洒布黏层油,黏层油采用 SBS 改性乳化沥青,改性乳化沥青用量采用 0.6L/m²。

(3)进行养护罩面路段,挖补的上面层与中面层间不设置黏结防水层,洒布黏层油。

4.3.3 路面整段罩面

沥青路面罩面按其功能划分为防水型罩面(简称封层)、抗滑层罩面(简称抗滑层)和普通型罩面(简称罩面)三种。

(1)封层主要作用是提高原有路面的防水性能、平整度和抗滑性能;

(2)抗滑层主要作用是提高路面抗滑能力;

(3)罩面主要作用是消除破损,恢复原有路面平整度,改善路面性能。

4.3.3.1 雾封层

1)适用范围

雾封层作为高速公路早期预防性养护最有效的方法,是将乳化沥青、改性乳化沥青以雾状喷洒在沥青路面上,封闭路面孔隙,修复路面老化,改善路面外观的一种沥青路面养护技术(图 4-18)。

a)　　　　　　　　　　　　　　　　　　b)

图 4-18 雾封层施工

当沥青路面正常使用几年后,路面开始出现轻微疲劳龟裂及细集料损失的现象,同时渗水性大大提高,路面水会经过裂缝或细集料损伤处(露骨处)进入到沥青混合料中,会进一步加速路面的损坏。在该时期,路面处于基本完好状态,如果在这一时期不进行及时处理,会导致沥青路面的网裂、龟裂、坑洞等破坏,降低路面的使用寿命。由于雾封层能起到很好的封水效果,且价格低廉,是该阶段最经济有效的方法。

由于雾封层所用材料流动性比较大,可渗入到骨料缝和裂缝中去,对路面"输血",从而恢复路表沥青黏附力,填补微小裂缝和空隙,防止路表水下渗,将当前的路面性能维持2~3年时间,推迟道路大中修的时间,提高了道路的经济效益。

2)原材料技术指标及要求

雾封层技术的主要材料为快裂型乳化沥青、改性乳化沥青以及沥青还原剂(再生剂),技术指标详见现行《公路沥青路面施工技术规范》(JTG F40)。

4.3.3.2 固封还原

1)适用范围

固封还原技术适用于处理路面使用过程中出现的路表沥青老化、细料剥落、透水增大、非结构裂纹等初步路面性能衰退(图4-19)。及时和有效地采用还原固封技术,可以实现路表1.0cm以上老化沥青还原、透水通道封闭、微裂纹愈合、胶结料对骨料黏结加强(类似健龈固齿作用),可减少一次常规铣刨罩面作业。

图4-19 还原固封技术施工

2)原材料技术指标及要求

(1)原材料主要为保养剂和保护剂,其技术指标要求见表4-6和表4-7;

保养剂技术指标要求　　表4-6

测试指标	测试方法	要　　求
物理形态	—	黄色等浅色水性液体
气味	—	石油基基质,无煤焦油气味
恩格拉黏度@25℃,恩格拉度	T 0622	3~20
残留物(%)	T 0651	≥60
过筛测试(%)	T 0652	≤0.1
粒子电荷试验	T 0653	阳离子带正电(+)

保护剂技术指标要求　　表4-7

测试指标	测试方法	要　　求
物理形态	—	深褐色水性液体
气味	—	石油基基质,无煤焦油气味
恩格拉黏度@25℃,恩格拉度	T 0622	2~30
残留物(%)	T 0651	≥60
过筛测试(%)	T 0652	≤0.1
粒子电荷试验	T 0653	阳离子带正电(+)

(2)施工设备:雾化效果较好的智能洒布设备。

4.3.3.3 微表处

1)适用范围

微表处是一种功能完善的路面养护处治技术,可以迅速恢复和改善路面老化、抗滑不足等病害,提高路面的抗滑性和耐久性(图4-20)。微表处主要功能表现在两个方面:一是作封水处理,处治路面水损害;二是处治抗滑不足和轻微车辙,恢复路面服务功能。

a)　　　　　　　　　　　　　　　　b)

图4-20　微表处

2)原材料技术指标及要求

微表处所采用的原材料技术指标及要求应满足《微表处和稀浆封层技术指南》的要求。

4.3.3.4 复合封层

1)适用范围

复合封层是指由两层(常用)及以上的各类封层和罩面(如碎石封层、薄浆封层、薄层罩面等)组合而成的封层(图4-21),按设计层次与组合可分为碎石封层(含纤维封层)+薄层罩面、碎石封层(含纤维封层)+薄浆封层等。

a)　　　　　　　　　　　　　　　　b)

图4-21　复合封层

2)原材料技术指标及要求

(1)施工设备

①采用碎石封层(含纤维封层)+薄层罩面时,应配备碎石撒布车、沥青洒布车、8~10t轮胎压路机、路面清扫车、摊铺机、双钢振动轮压路机等。

②采用碎石封层(含纤维封层)+薄浆封层时,应配备碎石撒布车、沥青洒布车、8~10t轮胎压路机、路面清扫车、微表处摊铺车等。

(2)原材料

①碎石封层用材料。改性沥青、橡胶沥青或者普通石油沥青应符合现行《公路沥青路面施工技术规范》(JTG F40)的要求;10~20mm单一粒径的集料应符合现行《公路沥青路面施工技术规范》(JTG F40)的要求;碎石封层用集料质量应满足表4-8的要求,且0.075mm通过率不宜超过1%。

	碎石封层用集料技术要求		表4-8
材料名称	项目	技术要求	试验方法
粗集料	石料压碎值不大于(%)	26	T 0316
	洛杉矶磨耗损失不大于(%)	28	T 0317
	石料磨光值不小于(BPN)	42	T 0321
	坚固性不大于(%)	12	T 0314
	针片状含量不大于(%)	15	T 0312

②薄层罩面用材料。薄层罩面所用的沥青、石料等材料应符合现行《公路沥青路面施工技术规范》(JTG F40)的有关要求。

③薄浆封层用材料。薄浆封层应使用微表处技术,其材料要求应满足《微表处和稀浆封层技术指南》的要求。

4.3.3.5 NovaChip(超薄磨耗层)

1)适用范围

NovaChip 系统是一种主要应用于高等级公路、城市道路养护的专有技术。它使用专用设备 NovaPaver 进行施工,施工过程包括 NovaBond 改性乳化沥青喷洒、NovaBinder 改性沥青混合料的摊铺以及压路机碾压成型(图4-22)。

a)　　　　　　　　　　　　　　　　b)

图 4-22　超薄磨耗层

2)原材料技术指标及要求

NovaChip(超薄磨耗层)原材料技术指标及要求详见《壳牌超薄磨耗层 NovaChip 系统施工设计技术指南》。

4.3.3.6 沥青混凝土罩面

罩面厚度应根据路段的交通量、公路等级、路面状况、使用功能等综合考虑确定。当路面损坏状况指数、行驶质量指数在中、良等级,路面仅有轻度网裂时,可采用较薄的罩面层(厚10~30mm)。路面破损、平整度、抗滑三项指标都在中等以下,要求恢复到优、良等级时,应采用较厚的罩面层(厚30~50mm)。一般情况下,高速公路罩面宜采用40~50mm 的厚度。

(1)表面层应以横向力系数 SFC_{60} 和路面宏观构造深度 TD(mm)为主要控制指标(表4-9)。

	抗滑技术指标		表4-9
年平均降雨量 (mm)	交工检测指标值		
	横向力系数 SFC_{60}	构造深度 TD(mm)	
>1000	≥54	≥0.55	
500~1000	≥50	≥0.50	
250~500	≥45	≥0.45	

(2)面层用热拌沥青混合料按设计空隙率可分为密级配和开级配两种:

①密级配沥青混合料是最常用的,设计空隙率一般控制在3%~5%。可分为连续级配和间断级配:

连续密级配沥青混合料可分为粗型密级配(C型)和细型密级配(F型)两种;间断级配沥青混合料最典型的是沥青玛蹄脂碎石混合料(SMA)。

②开级配沥青混合料主要由粗集料组成,只有少量的细集料,同时沥青用量较少,空隙率略大。常用以下两种混合料:一种是用于路面表面的排水式大空隙沥青混合料(OGFC),另一种是铺筑在沥青层下部的排水式沥青碎石混合料(ATPB)。沥青混合料类型的选取应根据使用要求、气候特点、交通条件、结构层功能等因素,结合沥青层厚度和当地实践经验,进行合理选择。表面层宜选用沥青玛蹄脂碎石(SMA)或密级配粗型沥青混合料(AC-C),有条件时可采用开级配表层(OGFC)。

(3)沥青混合料配合比设计应选择工程用的材料,并参照规范级配范围和实践经验,选择几条级配曲线,进行配合比设计、沥青混合料性能试验和设计参数的测试,根据试验结果确定目标配合比范围。沥青混合料配合比设计宜用马歇尔试验方法,有条件时也可选用 GTM 或 Superpave 等其他配合比设计方法。

(4)沥青混合料的高温稳定性以动稳定度来评价。

中等交通以上的公路表面层和中面层沥青混合料,其动稳定度可参照现行《公路沥青路面施工技术规范》(JTG F40)并根据当地的工程经验确定设计值。对炎热地区、重交通、特重交通,连续长、陡纵坡路段,桥面铺装以及有特殊使用要求时,应提高动稳定度指标的要求。

当需提高沥青混合料的高温稳定性时可采取调整集料级配和沥青用量、提高沥青稠度、选用改性沥青等技术措施。

(5)密级配热拌沥青混合料的水稳定性应符合表4-10的要求。当沥青混合料水稳定性技术指标不满足要求时,应在沥青混合料中掺入适量消石灰或水泥;也可掺入一定量的石灰岩细集料或粗集料,提高其水稳定性。

热拌沥青混合料水稳定性技术要求 表4-10

年降雨量(mm)	≥500	<500	试验方法
冻融劈裂试验劈裂强度比(%)	≥75	≥70	T 0729
浸水马歇尔试验残留稳定度(%)	≥80	≥75	T 0709

(6)对高速公路、一级公路表面层宜在-10℃的低温条件下进行弯曲试验,检验密级配沥青混凝土的低温抗裂性能,其极限破坏应变宜符合表4-11的要求。

沥青混合料低温弯曲试验破坏应变(με)技术指标 表4-11

气候条件及技术指标	年极端最低气温(℃)				试验方法
	< -37.0	-21.5 ~ -37.0	-9.0 ~ -21.5	> -9.0	
极限破坏应变	≥2600	≥2300	≥2000		T 0728

(7)SMA宜采用改性沥青,并掺入纤维稳定剂,剂量应通过试验确定。SMA可采用马歇尔试验等方法进行配合比设计,并检验高温稳定性、低温抗裂性、水稳定性等指标。

(8)OGFC适用于年平均降雨量大于800mm地区的磨耗层和排水路面的表面层。

①开级配沥青混合料磨耗层厚度为20mm左右,排水表面层宜为30~40mm。集料的级配可参照现行《公路沥青路面设计规范》(JTG D50)的要求,结合料应采用高黏度改性沥青,混合料中应掺入适量的消石灰和纤维稳定剂。

②开级配沥青混合料磨耗层或排水表面层下应设置防水层,并将雨水排出路基。

4.3.3.7 薄层热拌沥青混凝土罩面

1)适用范围

薄层罩面是在原路面上加铺一层厚度不超过30mm的沥青混合料。按薄层的厚度,共分为三种:薄沥青混凝土罩面(25~30mm),较薄沥青混凝土罩面(20~25mm),超薄沥青混凝土面层(15~20mm)。薄层罩面技术主要包括密实型沥青混合料AC罩面、沥青玛蹄脂SMA罩面、多碎石沥青混凝土SAC罩面、橡胶沥青混合料罩面等。薄层罩面可以有效防止行驶质量进一步下降,改善路面平整度,修复车辙和路面抗滑能力,对路面的补强也有一定的作用。

2）技术性能

薄层热拌沥青混凝土配合比设计、沥青混凝土性能可参照4.3.3.6执行。

4.3.3.8 戴纳派克双层摊铺机（Double-ply Asphalt Spreader）

戴纳派克双层摊铺机（Double-ply Asphalt Spreader）是戴纳派克公司开发的一种摊铺设备（图4-23）。双层摊铺施工属于创新的摊铺理念，其工作原理是同时进行连接层和磨耗层沥青混合料的摊铺，一次碾压完成，即"热+热"摊铺工艺，用一道工序热铺两层（中面层、上面层）沥青混合料。传统的两层单独铺筑的、含有不同配比组成的沥青混合料通过这个新工艺变成一层施工的复合式沥青混合料。下面就双层摊铺的优点做简要介绍。

a)

b)

图4-23 双层摊铺机

两层不同配比组成的上面层沥青混合料用一个双层摊铺机分层一次完成摊铺。对结构层厚度设计进行调整，上面层由传统的4cm减少到2cm，而中面层相应增加2cm。通过结构层厚度调整使联结层（中面层）加厚，提高了结构稳定性；通过减少磨耗层（上面层）厚度、降低沥青用量提高了路面的使用寿命。相对单层施工，双层摊铺的路面结构在减少一层透层沥青的情况下得到了一个更好的层间联结，又在很大程度上减少了接缝数量。

由于不同配合比组成的混合料同时摊铺产生了一个厚的沥青混合料叠层，将混合料冷却的速度大大延缓，并利用了下一层的余热。在较高的沥青混合料温度下压实，碾压时间相对较长，由此可在同样碾压工作下提高3%左右的压实度，同时可以得到良好的平整度效果。通过把易受变形影响的上面层由4cm减少到2cm及以上，中面层获得的较高压实度，使采用该施工工艺的路面结构变形稳定性相应提高50%~70%。

由于碾压效果非常好，路面内部结构空隙率很小，因此降低了路面结构受水和空气造成沥青的剥落、老化的影响。两层同时摊铺施工时间短、工艺紧凑，有利于施工进度控制，特别适用于急于开放交通的大修工程。

综合来看，双层摊铺工艺有如下优点：降低施工噪声；减少了约50%的磨耗层用料；大幅提高了路面的使用寿命；更好地连接了各摊铺层；提高了路面抗变形能力；降低了路面维护成本。

总之，该施工工艺在同一过程中，使上下两层不同的沥青混凝土面层均是在高温状态同时摊铺的，这项革命性的创新将带来更高的路面抗变形能力和更低的路面维护费用。作为一种更优异的双层连接摊铺方式，双层摊铺技术在河北省的张石高速公路及黄石高速公路中进行了使用，取得了良好的效果，这种全新的技术非常值得关注。

4.3.4 路面再生

沥青路面的再生技术，就是将旧沥青路面经过翻挖、回收、破碎、筛分后，与再生剂、新沥青材料、新集料等按一定比例重新拌和混合料，使之能够满足一定的路用性能并用其重新铺筑路面的一套工艺技术。高速公路路面旧料回收率达到100%，循环利用率达到95%以上。

沥青路面再生利用包括：厂拌热再生、就地热再生、厂拌冷再生、就地冷再生四类技术，其中就地冷再生技术再按照再生材料和厚度的不同可分为沥青层就地冷再生、全深式就地冷再生两种方式。根据河北省的经验，高速公路养护改造常采用的再生方式包括就地热再生、厂拌热再生、厂拌冷再生三种。

4.3.4.1 沥青表层就地热再生

1）适用范围

沥青路面就地热再生,是指采用就地热再生设备对需维修的路面进行就地加热翻松、搅拌、摊铺等连续作业,最后用压路机碾压,一次成型新路面的施工方法(图4-24)。就地热再生一般适用于仅存在浅层轻微病害的高速公路及一、二级公路沥青表面层的就地再生利用,再生层可用作上面层或者中面层。

图4-24 就地热再生

注:图片来源于广州巨盛有限公司。

沥青路面就地热再生主要有以下两种施工工艺:

(1)复拌再生:将旧沥青路面加热、铣刨,就地掺加一定数量的再生剂、新沥青、新沥青混合料,经热态拌和、摊铺、压实成型。掺加的新沥青混合料比例一般控制在30%以内。

(2)加铺再生:将旧沥青路面加热、铣刨,就地掺加一定数量的新沥青混合料、再生剂,拌和形成再生沥青混合料,利用再生复拌机的第一熨平板摊铺再生沥青混合料,利用再生复拌机的第二熨平板同时将新沥青混合料摊铺于再生混合料之上,两层一起压实成型。沥青路面就地热再生适用于高速公路沥青路面的预防性养护,以及罩面前原路面的病害处理。

2）施工设备和材料

(1)施工设备:就地热再生机组(包括加热机2台、再生主机1台)、12t以上的钢轮压路机1台、15t以上的轮胎压路机1台。

再生主机配备多组加热元件的加热机,其作用是就地加热沥青路面,使旧路面的材料软化并达到理想的施工温度。加热机按结构不同可分为集中燃烧式和分散燃烧式,按燃料及加热方式的不同可分为红外线辐射式、热风循环式和红外线热风并用式。

在配备加热装置的同时,还配备耙松装置、整平装置、温控系统、拌和装置,以及沥青混合料摊铺装置、沥青罐、骨料仓、新沥青混合料接料斗、牵引头及行走系统和控制系统等。再生主机按施工工艺的不同可分为复拌机和重铺机。复拌机的外形像一台加长的沥青混合料摊铺机,主要包括料斗、刮板输送器、路面加热机、翻松切削器、搅拌器、螺旋布料器、熨平板、行走系统、自动控制系统等装置;重铺机主要由翻松装置、旧混合料摊铺装置、新混合料供给装置、新混合料摊铺装置、行走装置、动力及其传动装置等组成。重铺机与复拌机在整体结构及施工工艺上差别不大,只是复拌机设置了搅拌装置,而重铺机设有新沥青混合料摊铺装置。目前,一般复拌机都具有复拌、重铺两种功能。在进行重铺作业时,将复拌机的刮板给料器底板的专用出料口关闭,新沥青混合料不进入搅拌器,而直接输送到第二组熨平装置面前,摊铺出新的沥青混凝土面层。

(2)原材料:

①再生剂。沥青再生剂宜满足表4-12的要求。

沥青再生剂质量要求 表4-12

检验项目	RA-1	RA-5	RA-25	RA-75	RA-250	RA-500	试验方法
60℃黏度(cSt)	50~175	176~900	901~4500	4501~12500	12501~37500	37501~60000	T 0619
闪点(℃)	≥220	≥220	≥220	≥220	≥220	≥220	T 0663
饱和分含量(%)	≤30	≤30	≤30	≤30	≤30	≤30	T 0618
芳香分含量(%)	实测记录	实测记录	实测记录	实测记录	实测记录	实测记录	T 0618
薄膜烘箱前后黏度比	≤3	≤3	≤3	≤3	≤3	≤3	T 0619
薄膜烘箱后质量变化(%)	≤4,≥-4	≤4,≥-4	≤3,≥-3	≤3,≥-3	≤3,≥-3	≤3,≥-3	T 0609 或 T 0610
15℃密度	实测记录	实测记录	实测记录	实测记录	实测记录	实测记录	T 0603

②回收沥青路面材料(RAP)样品,应按照表4-13所列各项技术指标进行检测。

热再生时RAP检测项目与质量要求 表4-13

材料	检测项目	技术要求	试验方法
RAP	含水量	实测	现行《公路沥青路面再生技术规范》(JTG F41)附录A
	RAP级配	实测	
	沥青含量	实测	
	砂当量(%)	>55	
RAP中的沥青	针入度(0.1mm)	>20	抽提,现行《公路工程沥青及沥青混合料试验规程》(JTG E20)
	60℃黏度	实测	
	软化点	实测	
	15℃延度	实测	
RAP中的粗集料	针片状颗粒含量、压碎值	实测	抽提,现行《公路工程集料试验规程》(JTG E42)
RAP中的细集料	棱角性	实测	

③粗细集料质量应满足现行《公路沥青路面施工技术规范》(JTG F40)的要求。单一粗细集料质量不能满足要求,但集料混合料性能满足要求的,可以使用。

④热再生混合料中新旧集料混合后的集料混合料质量应满足现行《公路沥青路面施工技术规范》(JTG F40)的要求。

⑤就地热再生混合料设计可按照现行《公路沥青路面再生技术规范》(JTG F41)附录C的设计方法进行。

⑥就地热再生混合料矿料级配工程设计级配范围的确定,以及就地热再生混合料技术要求和性能检验,应满足现行《公路沥青路面施工技术规范》(JTG F40)对热拌沥青混合料的相关要求。

4.3.4.2 沥青路面厂拌热再生

厂拌热再生法就是将旧沥青路面经过翻挖后运回拌和厂,再集中破碎,根据路面不同层次的质量要求,进行配比设计,确定旧沥青混合料的添加比例,并将再生剂、新沥青材料、新集料等在拌和机中按一定比例重新拌和成新的混合料,铺筑成再生沥青路面。利用这种方法,可以方便对已被翻挖的基层甚至路基进行有效的补强,再生沥青混合料的摊铺与新建路段施工相同,分别按下面层、中面层、上面层(磨耗层)的不同技术要求进行配合比设计,确定旧沥青回收料的添加比例。

厂拌热再生适用于各等级公路回收沥青路面材料进行热拌再生利用,再生后的沥青混合料根据其性能和工程情况,可用于各等级公路的沥青面层及柔性基层。

厂拌热再生混合料设计可按照现行《公路沥青路面再生技术规范》(JTG F41)附录B的设计方法进行;厂拌热再生混合料矿料级配工程设计范围的确定,以及厂拌热再生混合料技术要求和性能检验,应符合现行《公路沥青路面施工技术规范》(JTG F40)中关于热拌沥青混合料的相关技术规定。

4.3.4.3 沥青路面厂拌冷再生

厂拌冷再生是将回收沥青路面材料运至拌和厂,经破碎、筛分后,以一定的比例与新集料、活性填料、水分进行常温拌和,常温铺筑形成路面结构层的沥青路面再生技术,主要用于高等级公路的基层或底基层。厂拌冷再生对于不能热再生回收的旧料(如改性沥青混合料、老化严重难于再生的混合料),可以有效解决旧料废弃和环境污染问题,在国外被普遍采用,实践证明具有相当重要的应用价值。

厂拌冷再生可使用乳化沥青或者泡沫沥青作为再生结合料。

1)泡沫沥青冷再生

(1)路况调查

原有路面的路况调查按照现行《公路沥青路面设计规范》(JTG D50)中关于改建路面设计的调查内容进行,应重点调查各路段路面损坏的层位(或深度)、各层顶面的强度及各层路面材料的性状。

将原路面划分为若干路段,每个路段应分别开挖探坑。探坑应选择在具有代表性的地点,如果路况比较复杂宜多开挖几处探坑。通过对开挖探坑的调查,完成探坑分析表,探坑分析表应包括:探坑的位置、探坑区域产生的病害、铣刨次数及深度、每层材料的形状分析(材料的类型、含水量、塑性指数、铣刨后级配、抽提后级配、沥青含量等)、每次铣刨后路面结构的描述、每次铣刨后路面结构的回弹模量等。

(2)路面结构设计

泡沫沥青冷再生路面结构由沥青面层(磨耗层)、泡沫沥青冷再生层、剩余路面结构层(包括原有路面的部分基层、底基层、垫层和路基等)等多层结构组成。再生层应具有足够的强度和稳定性,可以为单层或双层。当再生层用于三、四级公路沥青路面的上面层时,应采用稀浆封层或碎石封层或微表处等做上封层。当再生层作基层或下面层时,沥青面层与泡沫沥青冷再生层之间也应设置封层。

泡沫沥青冷再生层的下承层应当具有良好的承载能力,当下承层不满足设计承载力要求时,必须进行补强处理。

沥青面层类型应与公路等级、使用要求、交通条件相适应,沥青面层宜选用密级配的材料或通过设置防水层起到隔水作用。

(3)结构设计方法及推荐结构形式

①泡沫沥青冷再生路面结构可按现行《公路沥青路面设计规范》(JTG D50)中改建路面结构厚度的设计方法进行,其中路面结构类型系数 A_b 取值为1.6。

对泡沫沥青冷再生层的抗拉强度结构系数,可按式(4-1)计算:

$$K_s = \frac{0.0039}{A_c} N_e^{0.43} \tag{4-1}$$

式中:A_c——公路等级系数,高速公路、一级公路为1.0,二级公路为1.1,三、四级公路为1.2;

N_e——设计年限内一个车道累计当量轴次(次/车道)。

泡沫沥青冷再生材料的极限劈裂强度 σ_s,是指15℃时的极限劈裂强度。

②泡沫沥青冷再生路面常用结构厚度按表4-14选用。

泡沫沥青冷再生路面常用结构厚度　　　　　表4-14

交通等级	特重交通	重交通	中等交通	轻交通
沥青面层厚度(cm)	10	5	4	—
再生层厚度(cm)	15~30	15~25	12~25	12~25
下承层强度 σ_E(MPa)	250	200	150	100

2)乳化沥青冷再生

(1)路况调查

沥青路面再生工程实施前,应对原路面历史信息、技术状况、交通量、气象资料等进行详细调查,作为冷再生混合料配合比设计和路面结构设计的依据。

资料调查主要包括原始设计资料(路面结构组成和厚度,各结构层材料组成及指标)、竣工资料(原材料、混合料组成设计、现场质量验收等施工记录)、竣工资料[历次养护维修竣(交)工资料;施工作业的时间、位置、规模、所用材料及混合料组成、结构层厚度等]、历史交通量资料(年平均日交通量、车型构成比例、交通量增长率等)、气象资料(温度、湿度、降水量、最大冻深等)。

乳化沥青再生混合料配比设计流程见图4-25。

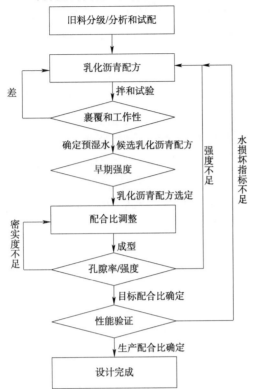

图4-25 乳化沥青冷再生混合料配合比设计流程图

根据现行《公路沥青路面养护技术规范》(JTJ 073.2)和《公路技术状况评定标准》(JTG H20)对路况进行调查与评价，主要对路面车辙、裂缝、抗滑、结构承载能力进行检测，并钻芯取样进行混合料试验分析。结合路面检测和试验结果对路面破损原因进行系统分析，确定路面维修设计方案。

(2) 路面结构设计

结合原沥青路面划分的路段和施工期气候条件，应分别进行乳化沥青配伍性设计和乳化沥青冷再生混合料的配合比设计。

乳化沥青冷再生混合料适用于高速公路和一级公路下面层或基层，以及其他等级公路的热拌沥青磨耗层或表面处治层之下的沥青路面各结构层。

(3) 工程级配设计

乳化沥青冷再生混合料的配伍性设计和配合比设计可参照现行《公路沥青路面乳化沥青冷再生施工技术规范》(DB13/T 2020)进行。

4.3.5 路面改造为水泥混凝土路面

(1) 当旧沥青路面已出现较严重的结构性损坏，路面承载能力较差时，选用水泥混凝土路面加铺层结构是一种可行的技术方案，可提高路面的结构承载力、延长路面的使用寿命。对于旧沥青路面较严重的车辙、拥包等病害应进行铣刨，坑槽和网裂较严重的路段进行结构补强，并设置调平层，再按新建水泥混凝土路面进行加铺层设计。

(2) 在旧沥青面层与水泥混凝土加铺层之间应设置调平层，调平层材料可选用沥青混凝土等。

(3) 加铺层可采用普通混凝土、钢纤维混凝土、钢筋混凝土和连续配筋混凝土。普通混凝土、钢筋混凝土和连续配筋混凝土加铺层的厚度不宜小于180mm，钢纤维混凝土加铺层的厚度不宜小于140mm。

(4) 旧沥青路面顶面的当量回弹模量可按现行《公路水泥混凝土路面设计规范》(JTG D40)计算确定，并按照新建水泥混凝土路面进行加铺层设计。

(5) 当旧沥青路面和水泥混凝土之间黏结状况良好，且旧沥青路面有较强的结构承载力时，超薄水泥混凝土加铺层可以提供一个可靠的、持久的路面。超薄水泥混凝土加铺层已在美国得到了成功的应用，目前主要用于路面车辙严重地区，包括高等级公路的出入口及匝道、城市道路、县乡道路和汽车停车区等。

结合式加铺层的厚度小，加铺层与旧沥青混凝土面层的黏结便成为这种加铺形式成功的关键。因此在完成对旧路面的修补后，需彻底清理旧沥青面层表面的污垢和泥土等，并使表面粗糙。在黏结加铺层之前，务必保持旧路表面的干燥、清洁。沥青层的刨铣厚度按损坏类型、严重程度及原沥青层的厚度确定。刨铣后的沥青混凝土面层应保留80~100mm的厚度，因为旧路面仍要承担大部分荷载作用。

(6) 超薄水泥混凝土加铺层的厚度宜为80~130mm，为降低水泥混凝土板收缩和翘曲所产生的应力，超薄水泥混凝土板的平面尺寸宜为2.5m×1.0m，通常取面板厚度的10~20倍，切缝深度宜为面层板厚的1/4~1/3，缝宽宜为3~5mm，无须封缝；此外，纵缝应尽量避免设计在轮迹带处。

4.4 水泥混凝土路面

4.4.1 路面病害治理

4.4.1.1 常见路面病害类型分析

水泥混凝土路面损坏可分为：断裂类、竖向位移类、接缝类和表层类四种类型。断裂类主要指纵、横、斜向裂缝和交叉裂缝、断裂板等;竖向位移类主要指沉陷和胀起;接缝类主要指裂缝的填缝料损坏、唧泥、错台和拱起等;表层类主要指坑洞、露骨、网裂和起皮、粗集料冻融裂纹、修补损坏等。

1)断裂类病害

(1)横向裂缝

由于水泥混凝土失水干缩、冷缩、切缝不及时等原因导致水泥混凝土路面产生垂直于路线方向的有规则的裂缝。

(2)纵向裂缝

由于路基体填料、施工方法不当等,导致路基不均匀沉降,使路面板在自重和行车压力作用下产生跟路线走向平行或基本平行的裂缝。

(3)交叉裂缝

交叉裂缝和破碎板是水泥混凝土路面的一种严重破坏形式,对行车的安全和舒适性产生较大的影响。公路运输超载严重,路面板厚度不足或强度偏低,板底脱空,基层松散或强度不够,土基的不均匀沉降、地下水位过高、路基液化等都可能导致路面板出现交叉裂缝或破碎板。另外,当路面出现纵向、横向、斜向等各种裂缝时,如果养护不及时,路表水沿缝隙进入基层或路基,导致基层和路基浸水软化,在重载反复作用下,裂缝会进一步扩展,如此循环,久而久之,路面就会产生交叉裂缝,甚至出现破碎现象。

(4)板角断裂

由于板角处受连续荷载作用、基础支撑强度不足及翘曲应力等因素综合作用而产生与板角两边接缝相等的贯穿水泥混凝土路面板全厚度的裂缝。

2)竖向位移类

竖向位移类主要是指错台与板块拱起两种现象。

错台是指在混凝土路面接缝或裂缝处,两侧的混凝土板存在台阶,车辆通过时发生跳车,影响行车的舒适性与安全性。当基层或路基压实不均匀时,会使相邻水泥混凝土路面板在车辆的重复荷载作用下,产生不均匀沉降,导致相邻水泥混凝土路面板在接缝处产生的垂直高差。

拱起的产生原因是胀缝被硬物阻塞,或胀缝设置过少,使路面板受热时不能自由伸张导致横缝两侧的混凝土路面板板体发生明显抬高。沉陷的产生原因是填缝料损坏导致雨水从接缝处下渗,软化基层,甚至软化路基体,使路面板接缝下方的基层和路基体承载力下降,路面板跟着下沉,两侧的混凝土路面板板体发生明显下沉。

3)接缝病害

接缝病害主要包括接缝破碎与填缝料散失两种现象。接缝破碎是指临近横向或纵向接缝60cm内,板边混凝土开裂或成碎块;填缝料散失是指填缝料逐渐老化脱落。

(1)填缝料损坏、接缝碎裂。气温上升时填缝料被挤出,气温下降时填缝料不能恢复使缝中形成空隙,泥、砂、石屑等杂物侵入,成为再次胀伸时的障碍,造成路面板接缝处的变形和破损。

(2)唧泥。填缝料破坏,雨水下渗导致唧泥。

4)表层类病害

表层类病害主要包括露骨、坑洞等。露骨是指板块表面细集料散失、粗集料暴露或表层疏松剥落。混凝土路面表面呈现破损和坑洞,主要原因是施工质量差,或混凝土材料中夹带朽木纸张和泥块树叶等杂物;或春季施工时,水中夹带冰块等原因造成的。

4.4.1.2 常见病害处理措施

1)裂缝修补

水泥混凝土路面裂缝形式多样,处治时要根据具体情况采用相应的技术措施。缝宽不足0.5mm的非扩展性表面裂缝,采用压注灌浆法;局部性裂缝,且缝口较宽时,采取扩缝灌浆法;对贯穿全厚的裂缝,采用条带罩面法;对裂缝宽度大于3mm的裂缝,用环氧树脂与固化剂搅拌均匀后直接灌注。

2)接缝修补

接缝施工时,为保证清缝质量,对杂物充填较多的纵缝,必须用切缝机切割,其他缝也应用铁铲对杂物和老化的填料进行清理,然后用高压气体吹净。对加热型填缝材料,按规定进行熔化,使其具有较好的流动性,加热温度不宜过高、过低,时间不宜过长,以避免材料老化或流动性较差。用黄油枪或扁嘴铁壶沿缝方向均匀浇灌加热后的填缝料至缝填满为止(不宜过高或过低),灌缝深度至少应大于1.5cm。灌缝应在路面干燥及路面板下没有积水时进行,保证填料与缝壁黏结牢固且不被高压水剥离、挤出。根据填缝料性质,做好施工交通控制工作,待填缝料冷却后开放交通(一般需30min),以免其被行车粘掉。坚持周期性养护,根据填料有效使用寿命,对全部构造缝进行全面清缝和普灌,其后每年入冬和雨季之前进行补灌,保证构造缝全部密封。

3)局部修补

对出现错台的板块,先采用压浆调整,恢复平顺,调整后仍有高差,且错台量小于10mm,可用建筑磨平机打磨掉或人工凿除高出部分,凿除(打磨)宽度一般为10~30cm。错台量大于10mm的,在低的一侧用沥青砂或细粒式沥青碎石衬平,衬补长度为高差的1%~2%,也可用聚合物水泥砂浆薄层修补,修补前应用钢丝刷将原路面清理干净。大面积麻面、露骨、平整度差等结构性病害,常采用沥青混凝土罩面处理,处理厚度应大于2.5cm,罩面前要对破碎板及整个路面进行修补和压浆处理。一般的麻面可不作处理,只对露骨严重部分作整段处理,可用聚合物砂浆作薄层处理。

4)破碎板块修补

采取换板方式处理水泥混凝土路面严重破碎板,即挖除整块破碎板,然后浇筑水泥混凝土,板厚与原面板厚度一致,但一般不宜小于24cm,否则可采用钢筋混凝土进行修复。板角断裂等破损采用局部修补方式,即对板角断裂的部分凿除成正方形或矩形,在原板壁上加装传力杆后,在凿除位置浇筑混凝土。其具体工艺流程为:板块破碎、凿除→基底清理→补设拉杆、传力杆→混凝土拌和及运输→钢筋网制作→混凝土浇筑→接缝设置→养生。

5)脱空板块处治技术

路面使用期间出现的裂缝、破碎板几乎都与板底脱空有关。即使一些当时看来既没有破碎又没有裂缝的板块,其板底仍可能存在脱空,这种病害较隐蔽,但其危害性却非常之大。在路面修复中,若脱空板不处理,在车辆的作用下极易产生断板。板底脱空可使用钻孔压浆法处理,此法是借鉴后张法预应力构件的孔道压浆原理,在混凝土面板底部有脱空处钻孔,通过孔洞利用高强压力将流质材料压入脱空空隙,流质材料凝固后产生一定的强度,对面板产生均匀承托的作用,进而达到稳固板块的目的。

压浆的首要问题是确定水泥混凝土面板是否脱空,其位置在哪里,范围有多大。可采用目测、弯沉测试、雷达探测等方法。目前,主要采用弯沉测试与目测联合确定压浆的位置。通过确定,将脱空的板块做好记号。一般采用以下方法进行判定:

(1)在雨季,雨天停止后可上路直接观察是否有唧泥现象。

(2)非雨季节可采取以下间接方式进行判断:观测者站在板的边缘感觉重型车辆通过时是否有垂直位移和翘动的板块,若有则判断有脱空存在;相邻板间出现错台时,位置较低的板块一般有脱空存在;板角相邻两条缝填缝材料严重剥落的板块一般有脱空存在;根据经验用木槌或铁锤敲击,根据所发出的声音判断板底是否脱空,如声音较沉闷,有秤砣感,板底则密实,如声音显得空洞、有回声,板底则有空隙。

(3)对外观不易判断的板块,结合弯沉测试确定压浆位置。

(4)水泥混凝土路面板下压浆材料一般由水泥、粉煤灰、砂、外掺剂和水组成。压浆材料质量的优劣直接影响压浆的效果,因此,不管用何种压浆材料都应通过试验来选择。这些材料应具有早期强度高、流动性好、无离析、无泌水、无收缩的特点。

4.4.2 路面抗滑指标不足

4.4.2.1 病害原因分析

水泥路面尤其是长、特长隧道内的水泥混凝土路面均存在抗滑性能不足的情况,原因主要有以下几个方面:

1)大长纵坡影响

山岭重丘区地形地貌复杂,海拔跨度较大,长大纵坡路段车辆制动频繁,再加上载重汽车多采用淋水的方式进行降温,致使路面湿滑,抗滑性能严重不足。

2)路面磨耗

在隧道出入口,"黑洞效应"和"白洞效应"会使驾驶员本能的减速制动,同时,隧道内车速减慢,导致车流密度增大,车辆间的行车干扰诱发车辆在洞内频繁制动,在车轮的磨耗作用下,路面的抗滑性能衰减。

3)路面污染

由于隧道具有封闭性,汽车排放物、滴漏的机油和燃油、带进隧道的尘土等在路面上形成油腻性薄膜层,使路面变光滑。

4)路面潮湿

隧道结构的渗水、车辆轮胎降温洒的水及车辆带进隧道内的雨水等,使隧道路面久湿不干,路面潮湿时,水分与路面污染物相结合形成的水液膜,使轮胎与路面间产生润滑作用,致使附着系数下降,特别是水泥混凝土路面由于亲油性差,在隧道污物与潮湿的综合影响下,抗滑性能降低较快。

4.4.2.2 改造方案设计

根据现行《公路水泥混凝土路面养护技术规范》(JTJ 073.1—2001)的规定:"水泥混凝土路面整条路段出现较大面积的磨损、露骨,应采取铺设沥青磨耗层;对局部路段出现路面磨光,应采取机械刻槽的方法,应恢复水泥混凝土路面的表面平整度和摩擦系数。"

在实际工程应用中,旧水泥混凝土路面防滑处治技术大致可以分为复做防滑构造法及加铺防滑罩面层法两类。

1)复做防滑构造法

复做防滑构造的方法与新建混凝土路面的表面饰纹方法的原理基本一致,是在旧水泥混凝土路面上通过机械、物理、化学等方法达到"凿毛"粗糙化的效果。但在旧路面上复做纹理比新建路面更加困难。路面构造的复做方法主要有人工凿毛、刻槽等传统方法,也包括近年来发展起来的喷射法、酸蚀法等方法。

(1)人工凿毛法

人工凿毛法对恢复路面纹理效果好,既能形成细观构造,也能形成宏观构造。但人工凿毛的方法存在劳动强度大、劳动环境差,且存在凿毛均匀度不宜控制的问题。

(2)刻槽

旧路面刻槽一般使用装有金刚石刀片或碳化钨或碳化硅刀片的刻槽机在旧混凝土路面上铣成槽纹。槽纹可采用横向和纵向两种,槽宽3~6mm,深4~6mm,间距为25~40mm。刻槽法形成的宏观构造纹理清晰,耐磨性好,不影响路面平整度;且外形美观,刻槽边缘整齐,可有效排除路面水分,对路面抗滑性能作用明显。但刻槽法也存在自身的缺点,如施工费用高,效率低,使用的人工多,锯片损耗快等。另外,有观点认为刻槽法对于路面形成宏观构造效果明显,但并不能恢复水泥砂浆和集料被磨平的表面细观构造,刻槽的效果如同"在光滑的玻璃上刻槽",经刻槽处置后抗滑效果得不到保证。

(3)酸蚀方法

酸蚀方法是用50%的盐酸以0.2~0.5L/m²的用量喷洒在路面上,当盐酸和水泥砂浆化学作用15min左右后,用水将溶解的氧化物冲洗掉,腐蚀路面形成麻点,增加路面的粗糙。这种方法施工速度快,恢复路面抗滑构造效果好,但应用成本较高,尚没有大规模使用的经验。

(4)喷射法

喷射法是在一个密封仓内,以一定喷射压力向路面均匀喷射小钢球;之后,将钢球和路面碎屑一同清扫进分离设备,将碎屑与钢球分离开来,碎屑储存在收集罐内,装满后卸到指定地点,钢球可重复使用。

喷射法可产生优异的细观抗滑构造,砂浆表面至少可喷射出0.5mm的小坑,侧向摩擦系数比处理前可提高0.22。喷射不仅打毛了砂浆表面,也对裸露石子的表面光滑面同时打毛,对于恢复习惯构造和宏观构造都有较好的效果。

2)加铺防滑罩面层

近年来,加铺防滑罩面层恢复旧水泥混凝土路面抗滑性能的技术得到了重视和发展,其基本方法为:将旧路面进行凿毛或处理后,清洁路面,然后采用黏结层加铺防滑罩面层。

根据现行《公路养护技术规范》(JTG H10)中规定:"旧水泥混凝土路面上直接加铺的路面类型主要有:素混凝土、钢筋混凝土、钢纤维混凝土、沥青混凝土等,应根据检测、检测结果,针对外部环境和交通量的发展状况,按照经济、合理的原则,选择相应的路面加铺层类型"。同时,规范中还规定,路面加铺普通水泥混凝土层不小于180mm,且水泥混凝土加铺层养护时间长,对交通通行能力影响较大,因此一般仅考虑沥青混凝土加铺层。

(1)加铺沥青混凝土面层

根据规范要求并结合河北省高速公路"白改黑"养护维修方案成功经验,水泥混凝土路面一般采用加铺两层沥青混凝土路面结构。对于旧路面使用状况较好,路面平整度及破损状况均较好的路段,可适当降低加铺沥青层的厚度,既达到了提高路面抗滑性能的目的,又极大的降低了工程造价。但是,旧水泥混凝土路面上存在着接缝和裂缝使得加铺层在车辆荷载和温度的作用下极易出现反射裂缝,处治不当将很快导致加铺层与旧面层的黏结丧失,沥青的剥落,裂缝的碎裂和扩展,使沥青混凝土加铺层出现严重损坏。因此,如降低加铺层厚度就需要适当增加延缓反射裂缝的相关处治措施。基于以上考虑,当加铺单层沥青混凝土时可考虑在其底部增设应力吸收层或微表处,以延缓反射裂缝的出现。

隧道内加铺沥青路面可考虑添加温拌剂、阻燃剂等添加剂,加铺前对原水泥混凝土路面进行1cm的精铣刨。

(2)微表处

基于水泥路面所处的特殊环境条件以及使用过程中出现的问题,结合微表处的功能特点,将微表处技术应用于水泥混凝土路面的功能恢复。该做法的主要功能是建立和恢复路面的表面功能,并起到保护路面结构的作用。

将微表处用于水泥混凝土路面的养护施工,具有以下几个方面的优势:微表处为薄层结构,厚度较薄,材料用量少,对路面高程的增加极少;微表处可以提高水泥混凝土路面的水稳定性,保护路面结构延长路面使用寿命;微表处罩面层具有较高的抗滑性能和耐磨耗性能,能够保证行车安全。

对于非重载交通路段,可采用单层微表处进行摊铺;对于重载交通路段,可采用单层微表处进行摊铺。

4.4.3 路面改造为沥青路面

目前,我国现有的水泥混凝土路面,有相当一部分已接近或超过设计年限,有的虽未达到设计年限,但由于交通量剧增,汽车轴载日益重型化及设计、施工等方面的原因,导致路面损坏、使用性能下降等情况。水泥混凝土路面加铺沥青面层改造可以发挥旧水泥混凝土路面的强度和刚度较高、沥青路面平整舒适的特点,这种路面刚柔相济,可以取得比较好的使用效果。水泥混凝土路面加铺沥青面层改造的关键问题是如何控制路面的反射裂缝。

4.4.3.1 路面调查

水泥混凝土路面加铺沥青面层改造之前,要对路面的情况进行详细的调查,首先要做比较准确的诊断,然后才能采取相应的治疗措施。路面调查主要包括以下几方面:

(1)公路修建和养护技术资料:路面结构和材料组成、接缝构造及养护历史等。

(2)路面破损状况调查。调查路面的各种裂缝、沉陷、错台、唧浆、脱空等病害,关于调查方法,《公路水泥混凝土路面养护技术规范》(JTJ 73.1—2001)中有详细的介绍。根据调查结果,计算出路面的断板率DBL以及路面的状况指数PCI,评定水泥混凝土路面的状况。在调查的过程中,还要分析主要病害产生的原因。

(3)路面结构承载力调查。一般要对路段的弯沉值进行调查,弯沉值反映路段总体的结构承载力状况。弯沉测试主要有两种方法:一种是采用落锤式弯沉仪FWD进行测试,FWD优点是可以利用弯沉盆曲线,反算路面各层的模量,评价各层的承载力状况;另一种就是采用贝克曼梁弯沉仪,值得注意的是,水泥混凝土板是刚性结构,为了减小测量误差,一般采用长臂贝克曼梁(5.4m),减少板块效应对测量的影响。

(4)接缝传荷能力调查。普通水泥混凝土路面,是一个个不连续的板块,当行车荷载作用于路面时,尤其是作用在接缝处时,两个板块间的传荷效果,直接影响接缝处加铺层的应力状况。荷载作用下接缝处的竖向位移差是产生裂缝最重要的原因。

(5)水泥混凝土强度测试。取芯进行强度测试,主要是反映旧混凝土路面的强度特性。

(6)行驶质量的测试和抗滑能力的测试。评价路面的行车舒适性和行车安全。

(7)交通的状况调查。目前,很多水泥混凝土路面的损坏,实际上跟交通荷载有非常密切的关系,尤其是和车辆的超载有密切的关系。与沥青路面相比,水泥混凝土路面对超载的反应更为敏感,超载一倍时,沥青路面累计当量轴次仅为16倍多,而水泥混凝土路面累计当量轴次则增加到65536倍。在交通组成的调查中,要重点调查货车交通量,尤其是超载的比例。

(8)水泥混凝土路面中常见的唧浆、脱空现象与路面内部排水不良有关。

(9)桥隧净空:沿线跨线桥、隧道的净空要求等。

(10)加铺层设计应包括施工期间维持通车的设计方案与交通安全组织管理等。

(11)废旧路面材料应充分利用,减少对环境的不利影响。

4.4.3.2 改造类型

(1)对板块进行维修后,加铺薄层罩面(图4-26),并对罩面层切缝、灌缝。由于罩面层比较薄,一般只有4~6cm,罩面层在短时间内会出现裂缝,对应的措施就是在罩面之后,在旧水泥混凝土路面的接缝处进行切缝后对其进行灌缝。

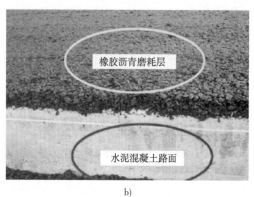

a)　　　　　　　　　　　　　　　　b)

图4-26　面层加铺

(2)维修之后加铺较厚的面层,面层厚度一般10cm以上。这种类型对旧路面技术状况要求较高,如果加铺层的厚度不够的话,仍然会出现一定的反射裂缝。

(3)破碎板的方式:将原来的板块破碎,作为基层,然后在其上加铺沥青混凝土面层。板块破碎的方法有打裂压稳、碎石化等,破碎机类型见图4-27。

打裂压稳方案:打裂后应使75%以上的旧混凝土板产生不规则开裂,相邻裂缝形成的块状面积为0.4~0.6m²。打裂时应避免过度破坏,不宜使路面面板产生过大位移及大量的碎屑,打裂后旧路面顶面的回弹模量一般不小于300MPa。

碎石化方案:破碎后应使75%以上的旧混凝土板破碎成最大尺寸小于400mm的颗粒。其中,表面最大尺寸不应超过75mm,中间层不应超过225mm,底部不应超过375mm。碎石化后旧路面顶面的回弹模量一般不小于300MPa。

(4)对于如何控制路面的反射裂缝,可以通过加筋、应力吸收层等措施来延缓,常用的措施有:

①增加罩面层的厚度、采用改性沥青和添加一些添加剂提高混合料的变形能力或强度、采用沥青含量比较高的混合料类型,提高路面的变性能力。

②采用玻纤格栅、玻纤布等土工织物,提高面层的抗拉强度,起到一定延缓反射裂缝的作用;或采用低模量的夹层,如应力吸收薄膜夹层。

a)门(铡)刀式冲击破碎机

b)共振破碎机

c)多锤头破碎机

d)Z型压路机

图4-27 破碎机类型

注:图片来源于网络。

③当旧的水泥混凝土路面破损严重或道路的交通量较大,就要在沥青罩面层和处治后或破碎后的混凝土路面之间增加一层柔性基层,增加加铺层的厚度,减少反射裂缝发生的概率。

4.5 路面附属工程

路面附属工程主要包括路肩石、路缘石的养护施工,路肩石、路缘石的施工工艺主要分为预制路缘石与现浇路缘石,养护工程的维修主要以预制路肩石更换为主。对于张家口、承德等冬季降雪量较大的区域,可以考虑采用石质路缘石或路肩石。

路肩石一般采用C25混凝土预制构件,路缘石一般采用C30混凝土预制构件,路肩石、路缘石安装时,预制块间应采用M7.5号水泥砂浆黏接。路缘石重量较大,预制前应在路缘石内预埋钢筋挂钩,方便吊装运输和安装。

路侧路缘石的施工中应注意排水孔的畅通,安装过程中应避免砂浆对路面的污染。

5 桥梁、涵洞

目前,在高速公路运营过程中,五轴及以上车型比例逐年提高,桥梁、涵洞等构造物承受着繁重的交通荷载。此外,钢筋混凝土结构的耐久性劣化速度快于人们的预期值,导致桥涵使用状态的劣化速度加快。鉴于以上两点,桥梁、涵洞等构造物的维修、加固、改造成为公路养护中的重点工作。根据近年来河北省各类桥梁、涵洞等构造物的养护经验,本章主要介绍公路桥涵的养护设计原则、常见病害调查及成因分析、设计方案的采用等,旨在为桥涵专业技术人员进行设计、施工提供参考。

5.1 基本原则

桥涵养护设计作为一项复杂的系统工程,需要全面考虑养护全过程。通过必要的检测,对桥涵的损伤状态做出准确的判断,在充分利用现有完好结构的基础上制定合理的养护加固方案。

(1)桥涵养护设计应首先保证原结构满足原设计车辆荷载等级的承载要求及设计交通量的通行要求。其次根据交通发展的需要,可通过改造和改建来提高其承载能力和通行能力。

(2)制定养护设计方案时,对新建桥涵(含拼接新建部分)应满足现行设计标准的要求;对直接利用的原有桥涵,应进行检测评估并满足原设计荷载标准要求;拼接加宽利用的原有桥涵,应进行检测评估并满足原设计荷载标准要求,且其极限承载能力应满足或采取加固措施后满足现行标准的要求。

(3)养护设计方案应遵循因地制宜、就地取材和方便施工的原则,充分考虑养护的便利性和养护费用,交通组织设计应遵循不中断交通或中断交通时间最短的原则。

(4)养护设计方案应使原桥涵满足可修、可检、可换的原则。在养护设计过程中,尽量避免破坏原有桥涵的整体结构,避免不必要的拆除和更换,防止造成新的结构损伤或病害。

(5)养护设计方案应切实贯彻"科技兴交、科学养路"的方针,鼓励推广和应用新技术、新材料、新工艺和新设备。

(6)在桥梁加固过程中,方案选择要充分考虑经济效益并保持与原结构形式的协调统一。

(7)重要桥梁在技术防范措施设计上应满足相关行业的安保规定。

(8)桥涵预防性养护计划应依据历年的桥涵总体及构件的评定状况及病害发展趋势制定和实施。

5.2 调查与检查

5.2.1 桥涵调查

(1)资料收集

桥涵养护设计一般需要收集以下资料:原桥涵竣工图纸、历年桥涵改造资料、历年养护检查资料、项目区域路网调查资料、路网交通组成及交通量调查资料、桥址区地形、地貌、气象、地震、工程地质和水文地质资料等。

(2)实地调查

对桥涵结构的状况,病害的位置、类型、程度、影响使用情况、桥涵周边环境等进行详细调查,并填写完整相应的调查记录表,根据情况采取必要的检测仪器及设备。

5.2.2 桥涵检查

桥涵检查,主要是对技术状况的调查,即缺陷和损伤的性质、部位、严重程度及发展趋势,找出产生缺陷和损伤的主要原因,分析和评价其对结构和使用承载能力的影响,为维修和加固设计提供可靠的技术数据和依据。因此,桥涵检查是在进行养护、维修与加固之前必须进行的工作,是桥涵评定、养护、维修与加固工作中必不可少的重要组成部分。

桥涵检查分为经常检查、定期检查和特殊检查。

(1)经常检查:主要指对桥面设施、上部结构、下部结构及附属构造物的技术状况进行的检查(图5-1、图5-2),一般采用目测或配以简单仪器进行测量(图5-3)。检查周期根据桥梁技术状况而定,一般每月不少于一次,为编制辖区内的桥梁小修保养计划提供依据。在经常检查过程中发现桥梁重要部件存在明显缺陷时,须立即进行定期检查。

图 5-1　梁底检查(一)

图 5-2　梁底检查(二)

a)

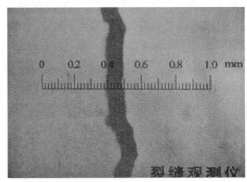

b)

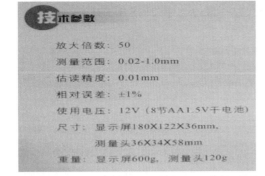

c)

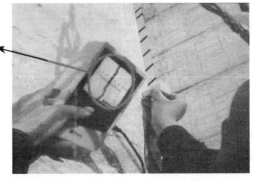

d)

图 5-3　裂缝观测仪的参数及其使用

(2)定期检查:是通过对结构物进行彻底的、系统的检查,建立结构管理和养护档案,是桥梁养护管理系统中采集结构技术状况动态数据的工作。定期检查周期视桥梁技术状况而定,最长不得超过3年。新建桥梁缺陷责任期满时,进行第一次全面检查,临时性桥梁每年检查不少于一次。通过定期检查可以对结构的损坏做出评估,评定结构构件和整体结构的技术状况,为桥涵养护设计方案的制定提供依据。

(3)特殊检查:是由具有检测资质的专业单位,根据桥梁破损状况和性质,采用仪器设备进行现场测试、荷载试验及其他辅助实验(图5-4、图5-5),针对桥梁现状进行检算分析,依据《公路桥梁技术状况评定标准》(JTG/T H21—2011)确定桥梁的技术状况,以便采取相应的改造及加固措施。

对于以下四种情况应做特殊检查:

①常规检查中难以判明损坏原因及程度的桥梁;

图 5-4　静载试验场地　　　　　　　　　　图 5-5　挠度计

②按《公路桥梁技术状况评定标准》(JTG/T H21—2011)评定出的四、五类桥；
③拟通过加固手段提高荷载等级的桥梁；
④条件许可时，特殊重要的桥梁在正常使用期间可进行周期性荷载试验。

桥梁遭受洪水、流冰、滑坡、地震、风灾、火灾等自然灾害或遭受漂流物撞击，因特殊载重车辆通过或其他异常情况影响造成损害时，应立即进行特殊检查。

桥梁特殊检查应根据需要对桥梁结构材料缺损状况、桥梁结构承载能力、桥梁防灾能力三个方面做出鉴定结果，对于通过检测数据进行检算分析仍无法明确评定桥梁承载能力时，需通过桥梁荷载试验测定桥梁承载能力是否满足要求(图 5-6、图 5-7)。

图 5-6　粘贴应变片　　　　　　　　　　图 5-7　加载车辆

5.3　常见病害及成因分析

5.3.1　上部结构常见病害及成因分析

1）梁体混凝土局部松散、缺损

病害产生的主要原因为梁体截面尺寸较小，钢筋较密，混凝土浇筑时不易振实或有漏振现象；浇筑时混凝土供料不及时或模板接缝不密贴，发生漏浆，导致出现松散、缺损病害(图 5-8、图 5-9)。

图 5-8　梁体局部松散　　　　　　　　　　图 5-9　梁体局部松散缺损

2) 梁体混凝土保护层开裂及剥落

病害产生的主要原因为局部钢筋紧靠模板或钢筋绑扣较松,振捣时发生钢筋移位,导致钢筋净保护层较小。外界水或腐蚀性盐更容易与钢筋接触引起钢筋锈蚀,锈蚀的钢筋体积发生膨胀导致混凝土保护层开裂(图 5-10),病害发展严重时出现剥落现象(图 5-11)。

图 5-10 混凝土保护层开裂

图 5-11 混凝土保护层剥落

3) 梁体混凝土碱蚀及开裂

病害主要产生于空心板梁或箱形梁,由于在使用过程中桥面漏水或梁端封头损坏,雨水逐渐渗入梁体空心内,未被及时排出的雨水通过混凝土表面细微裂缝进入混凝土内部,从而促进了碱骨料反应生成吸水膨胀钙化物,膨胀的钙化物对周围产生压力,由于板底结构较薄弱不能约束钙化物的膨胀,致使混凝土表面出现碱蚀裂缝(图 5-12),病害严重或伴有冻胀现象时会出现劈裂剥落现象(图 5-13)。

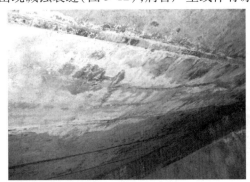
图 5-12 混凝土碱蚀裂缝

图 5-13 混凝土劈裂剥蚀

4) 梁体结构性裂缝

结构性裂缝是由于混凝土受拉应变超过极限应变而出现的开裂现象(图 5-14 ~ 图 5-19),一般情况下裂缝方向与最大应力方向垂直,这些裂缝不仅会削弱梁体的刚度和强度等力学性能,还会加速钢筋锈蚀降低材料的耐久性能。该类病害产生原因比较复杂,外部原因如车辆荷载严重超出其所能承受的荷载;自身原因如截面、钢筋、预应力或材料强度偏差较大,或者如结构构造、主拉应力偏差较大等原因。结构裂缝的出现预示着其承载能力的劣化,该类问题存在引发桥梁破坏事故的风险。

图 5-14 梁底跨中横缝(一)

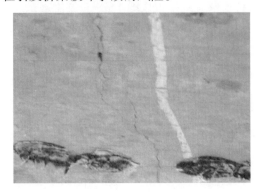
图 5-15 梁底跨中横缝(二)

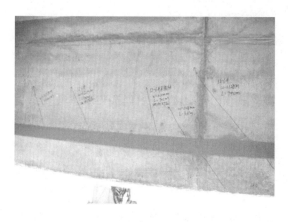
图 5-16　T 形梁腹板裂缝

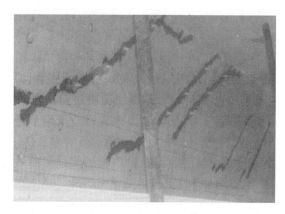
图 5-17　箱形梁腹板裂缝

图 5-18　梁端剪切裂缝

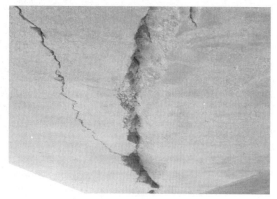
图 5-19　梁底纵向裂缝

5）预制装配式梁（板）间横向联系失效病害

预制装配式梁（板）间横向联系采用企口铰缝或空心横隔板联结，梁（板）间横向连接构造的破坏是预制装配式桥梁上部结构常见的病害（图 5-20、图 5-21）。病害产生的主要原因是由于该处构造断面较小，且连接钢筋和钢板较密，施工振捣操作较困难，影响混凝土密实度及强度；运营期间在活载作用下，梁体间横向连接构造发生剪切开裂，横向联系的削弱直接影响上部结构的承载能力。

图 5-20　铰缝开裂

图 5-21　横隔板开裂

6）梁板底剐蹭及撞击病害

病害主要产生在桥下净空不足的分离式立交或通道的梁板底面或侧面，由于汽车运载货物高度超出桥梁最大净高限制，造成运载的货物与梁板底面或侧面剐蹭（图 5-22、图 5-23）。对于超高路段或纵断变化较大路段的桥梁和通道，由于进出口的高度相差较大，容易造成局部梁板受到剐蹭。长期或猛烈的剐蹭会使梁底混凝土剥落或碎裂，严重时会将钢筋或预应力钢束撞断，造成梁体永久损伤。

图 5-22　板底严重剐蹭

图 5-23　腹板撞击破坏

5.3.2　下部结构常见病害及成因分析

1）盖梁裂缝

盖梁是典型的以弯剪受力为主的构件，承受着自重、上部结构荷载、桥面系及附属结构等荷载和车辆荷载。在使用阶段随着交通量的增加，特别是严重超载车辆的增加，盖梁在荷载的频繁作用下，致使混凝土盖梁发生弯曲和剪切裂缝（图 5-24、图 5-25）。结构裂缝的出现预示着其承载能力的劣化，同时存在引发桥梁破坏事故的风险。

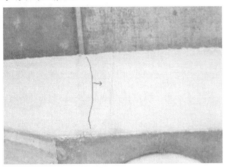
图 5-24　盖梁竖向裂缝（一）

图 5-25　盖梁竖向裂缝（二）

2）墩身混凝土病害

病害主要表现形式为混凝土开裂：柱式墩常见环形裂缝（图 5-26），薄壁墩常见横向、纵向裂缝，实体墩常见竖向裂缝（图 5-27）、斜向裂缝和网状裂缝。柱式墩环形裂缝多表现为闭合或半闭合状态，主要产生原因分为施工质量和外部荷载两方面。施工质量原因一般是因施工中过度振捣造成骨料聚集，出现在箍筋处形成环状水平裂纹；外部荷载原因一般是因墩身受水平方向外力，使桥墩产生弯拉变形而出现多条垂直轴向的环形裂缝。实体或薄壁墩身竖向裂缝多表现为两侧无明显错台且发展较缓慢，一般是由于荷载情况、结构构造、主拉应力等出现较大差异，结构配筋相对不足而产生的；墩身网状裂缝一般是由于混凝土内部水化热、外部气温的温差、昼夜气温变化影响和日照影响而产生的温变裂缝。

图 5-26　墩柱环向裂缝

图 5-27　实体墩竖向裂缝

3）轻型桥台裂缝

常见的病害是台身横、竖向裂缝且裂缝两侧无明显错台（图 5-28），发展速度较缓慢或无明显变化，一般原因是台身缺少防收缩钢筋而产生混凝土收缩裂缝。特殊情况下台身会产生横、斜向的荷载裂缝（图5-29），主要原因是由于台背主动土压力过大、台身配筋量不足、台身截面尺寸偏小等因素导致结构不能满足抗弯刚度所致，该类病害一般发展速度较快且出现明显位移，应引起高度重视。

 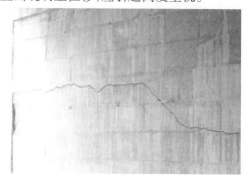

图5-28　桥台竖向裂缝　　　　　　　　　图5-29　桥台横向裂缝

4）桩基裸露

桩基裸露通常是人为非法采砂石、野蛮疏通桥下河道、下挖桥下道路或局部强冲刷而形成的（图5-30、图5-31）。桥下局部冲刷主要是基础埋置深度较浅或置于如软土地基、浅层卵石土等不良地质上，同时缺乏防护、导流、调治等工程，当遭遇强降雨时，水流在桥墩周围产生强烈涡流而引起的局部冲刷。若桩基裸露深度过大将影响到周围桩基的承载能力从而产生位移突变，进一步影响整体结构的安全，应引起重视。

图5-30　采砂引起的桩基裸露　　　　　　图5-31　局部强冲刷引起的桩基裸露

5）墩柱混凝土腐蚀、剥落

病害产生的主要原因是桥梁墩柱处于腐蚀性环境中，且未及时有效地对构件进行防腐处理，造成混凝土或钢筋发生化学反应，出现蜂窝麻面、剥落、钢筋化学腐蚀等病害（图5-32）。另外，墩柱根部混凝土局部烧蚀也是一种常见现象，一般是由于墩柱附近人为焚烧秸秆或垃圾时，造成局部混凝土因高温而出现崩裂和剥落导致结构钢筋裸露（图5-33）。

图5-32　墩柱混凝土腐蚀麻面　　　　　　图5-33　墩柱混凝土烧蚀剥落

6）扩大基础的不均匀沉降

病害产生的原因一般是地基存在软弱夹层等不均匀地质层或基础位于砂岩、泥岩等水稳性能差的地基之上，由于积水的浸泡使得地基承载能力急剧下降，从而发生局部沉降（图5-34、图5-35）。一般情况下不均匀沉降是沿预设的沉降缝而发生的；特殊情况会出现斜向或纵向裂缝，此类裂缝对结构本身会造成一定的影响，严重时影响结构的承载能力，应引起高度重视。

图5-34　混凝土拱涵不均匀沉降

图5-35　石拱涵不均匀沉降

5.3.3　附属设施常见病害及成因分析

1）桥面铺装

由于桥面铺装承受动荷载的垂直力和水平力的反复作用，铺装层内将产生压缩、剪切及振动等复杂应力应变行为；同时桥面敞露在大气环境内，发生温湿循环变化，并受到日照光老化的破坏作用，容易导致材料的过早衰变。

沥青混凝土桥面铺装的常见病害包括：温变引起的横向裂缝；疲劳引起的纵、横或网状裂缝（图5-36、图5-37）；在车辆荷载作用下材料本身黏塑性和流变性引起的车辙推移（或波浪）和拥包破坏；车辆荷载反复作用产生的坑槽破坏；材料老化引起的松散（剥离）、泛油、集料磨光、脱层等病害。水泥混凝土桥面铺装病害常见包括：温变引起的纵、横密集裂缝；受车辆荷载的冲击作用，导致铺装层啃边断板、沿梁板间铰缝纵向开裂、局部坑槽等（图5-38、图5-39）。桥面铺装作为桥梁上部结构的"保护层"，其病害的发展将直接影响桥梁上部结构的耐久性。

图5-36　沥青桥面铺装病害

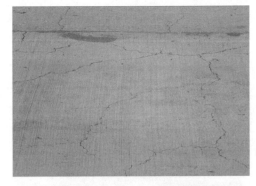

图5-37　混凝土桥面铺装病害

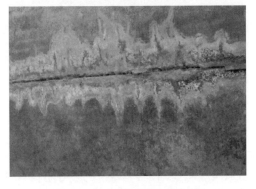

图5-38　桥面病害处铰缝渗水渗泥

图5-39　桥面防水混凝土病害

钢桥桥面铺装所处的环境以及使用条件均与其他类型的桥面铺装存在显著的差异,主要原因是钢桥的主梁变形较大,且变形复杂,铺装材料对钢板的变形追从性较差,将可能产生以下类型的破坏:

(1)铺装层与钢板之间相互错动产生的剪切破坏,该现象主要存在于黏结层中。

(2)铺装层的弯曲破坏,主要是铺装强度与刚度较差使轮迹带的混合料产生挤压破坏。

(3)在车辆荷载作用下,正交异性板上的钢桥桥面铺装位于网络状的肋条部位,将形成较大拉应力的反复作用,容易导致铺装的疲劳开裂。

(4)在同样气候条件下,钢桥桥面铺装的实际温度高于普通沥青路面,因而钢板与铺装之间模量存在较大差距,在载重车辆以及车辆超载的不利因素作用下,铺装层和钢板之间以铺装层的剪切作用更为显著。以我国钢桥桥面铺装的破坏情况来看,因热稳定性及高温抗剪能力较差而导致的铺装产生车辙、推挤及拥包等常见现象。

(5)在车辆荷载作用下,与荷载作用区域相邻的U形加劲肋肋顶的桥面铺装表面将出现最大横向拉应力,相邻的横隔板顶部的铺装表面出现最大纵向拉应力。而钢板的温度收缩系数与沥青混凝土的收缩系数相差较大,二者的导热性能也存在较大差异,因此铺装层出现温度收缩裂缝。

(6)钢板与防水胶层之间、防水胶层与沥青铺装主层之间黏结层失效或高温稳定性差,以使各层无法形成牢固的整体。

(7)铺装层的厚度选择不当。铺装层过厚,则难以保证铺装层的变形追从性;过薄则失去足够的强度、刚度、荷载分散能力及抗疲劳性能。在实际工程中,铺装层厚度的确定还必须考虑到施工摊铺与压实的可行性。

2)伸缩装置

伸缩装置病害主要为型钢形伸缩装置的断裂,其破坏关系到高速行车的舒适性和安全性。破坏原因主要是安装时焊缝焊接质量不达标或车辆荷载及车流量较大,远超出其承载能力,伸缩装置钢梁在车辆荷载反复冲击下钢梁沿焊接缝断裂(图5-40)。伸缩装置锚固区混凝土破坏主要是由于其强度较低,未添加抗裂剂或养生期未达到要求而开放交通等因素引起的(图5-41)。

图5-40 伸缩装置钢梁断裂

图5-41 伸缩装置锚固混凝土开裂

3)护栏与泄水管

混凝土护栏病害一般表现为表面混凝土剥落、钢筋锈蚀及泄水管锈蚀(图5-42、图5-43),主要是由于冬季除冰盐的侵蚀造成混凝土表面剥落,直接影响桥梁的美观。桥梁泄水管病害除锈蚀外主要表现为堵塞与损坏,直接影响桥面排水效果,造成铺装层内的空隙积水。在使用中还常见铺装层内长期有自由水溢出的现象。在车辆荷载作用下,孔隙水压显著增大,低温地区孔隙水会形成冻胀力,对铺装结构的破坏作用极大。上述病害直接影响到混凝土护栏钢筋或桥面铺装材料的耐久性。

4)支座与挡块

支座作为桥梁结构上下部连接的重要构件,承担着将上部结构荷载传递给墩台,并具备适应减振、隔振、结构荷载和温度变化引起的结构变形的功能。支座病害一般是由材质本身的缺陷或耐久性较差而引起的,常见为铸钢支座易产生锈蚀、损伤、断裂、锚固件及定位构件失效等病害(图5-44);板式橡胶支座易产生橡胶老化开裂、钢板外露、剪切变形、脱空及中间鼓凸;盆式橡胶支座易产生钢件裂缝、脱焊、锈蚀、支座位移超限等病害;在支座安装中由于环境温度过高或过低、桥梁纵坡过大及施工中落梁精度误差较大等问题也会造成支座出现剪切变形较大的问题;此外,在温度荷载或汽车制动力的作用下,支座易产生较大移位、局部脱空等现象。

墩台盖梁挡块常见病害为混凝土构件开裂(图5-45),其原因是施工中过度振捣造成骨料聚集,常表现于盖梁与挡块连接处形成斜向裂纹。另外,部分桥梁上部结构主梁在温度或活载作用下产生横向位移导致边梁与挡块之间相互挤压,从而造成挡块损坏。上述病害直接影响到盖梁结构的耐久性。

图5-42　护栏混凝土剥落

图5-43　泄水管锈蚀

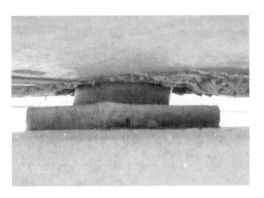

图5-44　支座剪切变形

图5-45　混凝土挡块开裂

5)翼墙与锥坡

翼墙倾斜开裂(图5-46)、锥坡护面坍塌(图5-47)等病害直接影响到局部路基的稳定性。一般是由于桥头排水不畅,在降雨的反复冲蚀下造成的水损害。

图5-46　翼墙倾斜开裂

图5-47　锥坡护面坍塌

6)桥下铺砌与洞口防护

桥下铺砌、洞口防护的破坏威胁着桥梁墩台基础的稳定性,关系到桥梁整体安全。桥下铺砌水毁的产生一般是由于实际流量超出设计流量或构造物压缩过水断面导致桥下流速增大而引起桥下河床断面的冲刷(图5-48);洞口防护水毁主要是改变水流方向后,当遇强降水时出水口周围会产生强烈涡流而引起冲刷(图5-49)。

图 5-48 桥下铺砌水毁

图 5-49 洞口防护水毁

5.4 预防性养护

在养护工作中,对于现役桥涵而言,在其构件没有发生明显损坏,仅存在表面状态劣化或轻微病害迹象,桥梁使用状态尚满足功能要求的情况下,对相关构件进行有计划的主动性养护即预防性养护。

预防性养护的目的在于维持良好的桥梁使用功能,延缓桥梁使用性能的衰减,阻止轻微病害的进一步扩展,从而延长桥梁使用寿命,减少或推迟桥梁病害矫正养护,减少桥梁全寿命周期内投入的养护总费用。

预防性养护方案应考虑桥涵结构类型、自然环境、通车使用年限、交通量及组成、技术成熟度、施工影响及保畅等因素,通过综合比选确定最佳的预防性养护时机及方案。

预防性养护重点内容如下:

1)上部结构

(1)横向联系

对横隔板等横向联系构件及时进行裂缝处治,必要时增加横向联系。横隔板连接钢部件若发生开焊,应及时补修。若开焊处较多时,应采用湿接头的方法维修。

(2)支座

及时清理支座周围的杂物、支座除锈刷漆、支座润滑、支座更换、支座重新安装及墩台清扫等。

(3)封闭梁体裂缝

对贯通的裂缝或宽度较宽的裂缝采用环氧树脂等材料进行封闭或封闭后再粘贴碳纤维布处理。

(4)混凝土表面病害

桥梁构件混凝土腐蚀的碱迹、开裂、剥落、钢筋锈蚀等缺陷,及时采取裂缝封闭、混凝土缺陷表面修补等处理措施。

(5)预应力梁

预应力筋锚固端混凝土开裂、剥落,暴露预应力锚具,应及时对预应力锚具作防腐处理,并封堵锚头。预应力孔道位置出现碱迹时,应查找进水的源头,重新做好桥面或构件的防水层。

2)下部结构构件

(1)增设围挡加强保护墩台,维修或更换受损的桥墩基础,桥梁基础坍塌应及时处理。

(2)及时修复桥下损毁的调治结构物,清除调治构造物上的漂浮物,及时维修调治构造物出现的空洞缺损、塌陷和松散等。

(3)排水沟被洪水损毁后应进行重新设计,完善排水设施、加强排水能力。

(4)对墩台身及基础四周有异常冲刷的水流应及时修建导流结构;渡槽、排水沟被水流冲刷缺损后,应进行修复。

(5)墩柱表面涂抹保护性涂料,通过阴极保护、电化学置换氯离子等措施保护墩、台、桩。

(6)对于钢筋混凝土墩(台)身裂缝,应根据裂缝发展程度确定裂缝处理方法。

(7)对翼墙裂缝、倾斜,如果仅有裂缝,应对裂缝进行封闭处理;如果翼墙已经倾斜,应进行维修。

3）桥面系构件

（1）桥面渗水

桥面重新铺设防水层，或做微表处进行处治。

（2）伸缩缝

①堵塞时应及时清除杂物；

②对出现渗漏、变形、开裂、行车有异常响声、跳车等现象时应及时维修；

③异型钢类伸缩装置的密封橡胶带损坏后应及时更换；

④及时封灌伸缩缝装置锚固混凝土上的裂缝。

4）桥面铺装

对老化的沥青混凝土桥面进行铣刨更新处理，按原有桥面高程、纵坡及横坡修复。桥面多处出现裂缝、坑槽及露筋时应及时处治。

5）栏杆和护栏

（1）钢筋混凝土护栏如有裂缝、饰面破损及剥落的应按原饰面修复；

（2）金属护栏应经常清洗，对油漆损伤部分进行补涂，根据油漆品种和老化程度进行周期性防腐处理；

（3）护栏被撞有严重变形、断裂和残损现象时，应及时按原结构进行恢复。

6）排水设施

清理疏通泄水管，损坏要及时修补，接头不牢或脱落要重新安装，损坏严重的要予以更换。

5.5 典型病害养护及加固设计

5.5.1 梁、板加固设计

5.5.1.1 增加截面

增加截面法是通过增加原构件的受力钢筋，同时在外侧重新浇筑混凝土以增加构件的截面尺寸，来达到提高结构承载力的目的。该方法可以有效地提高构件的抗弯、抗压、抗剪及抗拉等能力，同时也可以用来修复已经受损伤的混凝土截面，提高其耐久性。常用加固方法如下：

1）加厚桥面板法

当桥梁上部结构的承载力不足，截面面积过小，而墩台及基础状态较好，承载力储备较大时，为了方便施工，可将原有桥面铺装层凿除，在梁板上浇筑一层新的钢筋混凝土补强层，用以提高桥梁的抗弯刚度（图5-50）。

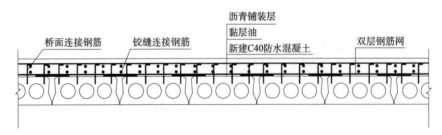

图5-50 加厚桥面板示意图

为保证加固后新老构件整体参与受力，设计中需明确以下内容：

（1）为保证新旧混凝土结合良好，设计中应明确梁板表面凿毛的要求，同时每隔一定的距离要设置齿形剪力槽或埋设桩状（钢筋柱）剪力键（图5-51），特殊情况也可用环氧树脂作为胶结层；

（2）新建桥面板中应设置钢筋网（图5-52），以增强桥面板的整体性和抗压能力和防止新浇筑的混凝土结构层开裂，钢筋网的直径和间距应根据板的受力要求来确定；

（3）对于加固后的桥梁上部结构，应重新铺设桥面的铺装层；

图 5-51 板顶植筋

图 5-52 桥面钢筋网(双层)

(4)在加固前应对梁(板)的受力状况进行详细分析和计算,以梁(板)下翼缘强度容许的限度控制桥面的加厚高度。

此加固方法一般适用跨径较小的 T 形梁桥或板梁桥。

2)加厚主梁腹板法

箱形梁的病害常发生在腹板上,加厚腹板即为最有效的加固方案(图 5-53),在加固断面内适当配置抗弯钢束,不但能提高箱梁的抗剪能力,也在一定程度上补强了其抗弯能力,从而全面提高了箱梁的承载能力。

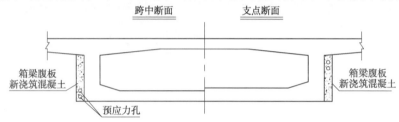
图 5-53 加厚主梁腹板示意图

为保证新加混凝土的正常工作,设计中应注意以下构造措施:

(1)对锚下混凝土易出现劈裂裂缝的情况,可在加厚层内布设预应力钢束对裂缝进行约束加固;

(2)可通过在悬臂板和腹板处进行植筋,促使加厚腹板与原来箱形梁截面有效地连接(图 5-54);

(3)必要时在腹板内布置钢筋网,以减少后浇混凝土的收缩裂缝和增加腹板的抗主拉应力(图 5-55);

(4)对于有锚头存在的部位,为了提高锚头处新旧混凝土的结合,可以在顶板下缘和腹板上开设剪力槽,对于无法开设剪力槽处可加密植筋。

此加固方法一般适用现浇混凝土箱形梁桥。

图 5-54 腹板加强及体外束转向块

图 5-55 锚固齿板

5.5.1.2 粘贴纤维复合材料

粘贴纤维复合材料加固法是应用纤维复合材料对构件或结构进行修复、加固的技术。该技术是将抗拉性能优良的纤维片用黏结材料粘贴到构件表面(如梁体底面、箱梁内壁)(图 5-56~图 5-61),使其与原结构一同参与受力,即纤维材料可以与原结构内的钢筋共同承受拉力,限制裂缝病害的发展,以提高构件的承载能力和耐久性。

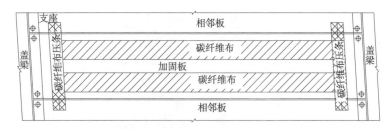

图 5-56　粘贴布材示意图(单位:cm)

图 5-57　梁(板)底贴碳纤维布施工

图 5-58　梁(板)底贴碳纤维布完成后

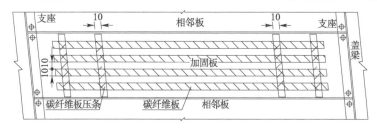

图 5-59　粘贴板材示意图(单位:cm)

图 5-60　梁(板)底贴碳纤维板施工

图 5-61　梁(板)底贴碳纤维板完成后

常见加固混凝土结构用的纤维材料主要有三种:碳纤维、玻璃纤维和芳纶纤维。

(1)碳纤维具有许多优良性能,其轴向高强度、高模量,自身密度低、无蠕变及耐疲劳等优于钢材的特性而被广泛应用于上部结构或构件的受力裂缝病害处治及加固中;

(2)玻璃纤维、芳纶纤维的轴向强度及模量虽然逊于碳纤材料,但其具有造价低的优势,主要用于下部结构如墩柱的裂缝病害治理。

设计采用粘贴纤维材料方案时,需明确以下内容:

(1)在加固之前应首先排出梁体内积水,并保证梁底通气孔(排水孔)畅通,避免出现梁内积水现象而影响粘贴效果。

(2)注明设计选用纤维材料的力学性能及主要参数指标及黏合剂、保护涂装的主要材料特性和技术指标。

(3)沿桥梁的主拉应力方向(或与裂缝正交方向)粘贴纤维材料时,两端分别设置锚固端,粘贴方案应满足可检性要求,方便观测后期裂缝的发展情况。

(4)目前,市场上在售的工程加固用的纤维材料有单向纤维布、单向纤维交织布、双向纤维交织布及单向纤维层压材料等,设计时可根据不同的结构部位和受力特性与方向,选择相应的碳纤维布进行加固。

(5)纤维布加固混凝土构件,在提高其受弯承载力的同时还可能影响受弯构件的破坏形态。当纤维布用量过多时,构件的破坏形态将由纤维被拉断引起的破坏转变为混凝土被突然压碎破坏。与此同时,由于纤维为完全弹性材料,它与钢筋的共同作用会减弱钢筋塑性性能对构件延性的影响。纤维布用量过多,构件延性将有所降低。因此,纤维布用于钢筋混凝土梁式桥的加固补强时,应根据实际情况合理使用。

(6)采用纤维加固后的构件在最后破坏时的突然性拉断或剥离等脆性破坏,其承载力极限状态不能按普通钢筋混凝土的定义,一般应按纤维抗拉强度的 2/3 进行抗弯承载力计算。

5.5.1.3 粘贴钢板

粘贴钢板法是粘贴加固中使用较早的一种方法,该法采用环氧树脂系列黏结剂将钢板粘贴在构件的受拉区表面或薄弱部位,使之与原构件结合成一个整体构件,用以代替补强钢筋并与原结构钢筋共同受力,从而提高构件的强度和刚度,改善其受力状态,限制裂缝的开展,从而提高旧桥的承载能力和耐久性(图 5-62 ~ 图 5-64)。

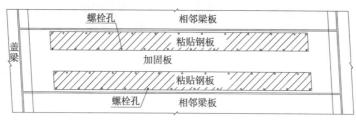

图 5-62　粘贴钢板示意图

图 5-63　梁(板)底贴钢板施工

图 5-64　梁(板)底贴钢板完成后

对于抗弯能力不足的钢筋混凝土梁,可以通过结构胶将钢板粘贴在混凝土梁受拉区的外边缘,利用钢板来补充原构件钢筋的不足,使更多的混凝土参与受压,提高梁的抗弯承载力,达到结构补强的目的。

设计采用粘贴钢板加固方案时,应注意以下构造措施:

(1)充分调查被加固构件的预应力钢筋及其他钢筋分布情况;

(2)设计中应注明预埋螺栓及植筋、植筋胶的技术要求;

(3)设计中应注明黏合剂、保护涂装的主要材料特性和技术指标。

5.5.1.4　增加体外预应力

上部结构增加预应力,是在增设的构件或原有构件(如梁体)中施加了一定初始应力(即预应力)的一种加固方法。对于钢筋混凝土或预应力混凝土梁(板),采用对受拉区施以预加压力可以抵消部分恒载应力,起到卸载作用,从而能较大幅度地提高梁(板)的承载能力。采用体外预应力方法加固桥梁结构时,改变了原结构内力分布,降低原结构应力水平,减少结构变形,能使病害裂缝宽度缩小甚至闭合。

体外预应力系统由体外预应力束、锚固系统、联结转向装置及防腐系统组成(图 5-65)。增加体外预应力加固是一个复杂的系统工程,必须对其适用性进行充分论证。

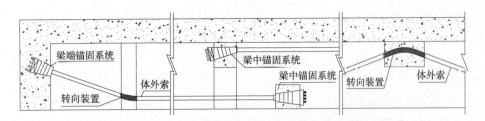

图 5-65　体外预应力系统构造示意图

体外预应力系统的优点有:

(1) 预应力索布置在构造截面外,其状态便于检查,可修可换(图5-66、图5-67);

图 5-66　包裹高密度聚乙烯钢绞线

图 5-67　梁(板)底贴钢板完成后

(2) 预应力索的应力沿长度方向分布均匀,变化幅度小,由于应力变化引起的疲劳应力小;

(3) 可较大幅度提高结构的承载能力与刚度;

(4) 能够有效地控制原结构的裂缝与挠度,使裂缝部分或全部闭合,能够控制与调校体外索的应力。

体外预应力系统的缺点主要源于自身的缺陷:

(1) 体外预应力索无混凝土保护易受到剐蹭、火灾等外因影响;

(2) 转向和锚固装置因承受着巨大的纵、横向力而比较笨重;

(3) 对于体外预应力结构,锚固失效则意味着预应力的失效,所以对锚具与原结构间的联结和锚具防腐要求较高;

(4) 承载能力极限状态下,体外预应力结构的抗弯能力小于普通预应力结构;

(5) 体外预应力结构在极限状态下可能因延性不足而产生没有预兆的失效。

对现有结构或构件增加体外预应力,按体外束布置在原有结构上的位置分为顶板体外索、腹板体外索及底板体外索(图5-68～图5-71),按锚具锚固的形式分为钢结构锚固和混凝土锚固(图5-72、图5-73)。

图 5-68　板底增加预应力钢绞线加固

图 5-69　预应力钢绞线锚固端

对于既有结构加固工程中体外预应力设计可采用以下张拉方式:

(1) 横向收紧张拉法,即钢筋混凝土或预应力梁的梁端间隙小,加固时为了避免在梁的端部张拉,而采用横向收紧张拉(图5-74)。

(2) 纵向张拉法,即沿拉杆的轴线施加拉力,采用纵向张拉法加固时,拉杆钢筋仍沿梁底布置,到梁的两端再向上弯起（图5-75）。该法将斜筋的上端锚固在梁顶，在梁顶沿斜筋方向张拉或者锚固在梁的腹板上，在梁底沿桥梁纵向张拉，以减小梁端的剪力。

图5-70　板底增加预应力钢丝加固

图5-71　预应力钢丝锚固端

图5-72　预应力碳板加固（夹具）

图5-73　预应力碳板施工完成

图5-74　横向体外预应力索

图5-75　纵向体外预应力索

（3）竖向张拉法，该法采用在梁肋两侧对称布置粗钢筋，一般在梁端肋侧锚固，在粗钢筋中部竖直向下张拉，在梁肋底部用小横梁（垫梁）固定预应力。这种方法增大了张拉行程、减小了张拉力（一般为纵向张拉法张拉力的1/4以下），也减小了张拉时的应力损失，同时可以对预应力筋施加较高的预应力，能有效弥合旧桥梁体原有的裂缝。

5.5.1.5　改变结构体系

改变结构体系加固方法，实际就是通过改变结构的受力体系，有效地降低构件弯矩以减少梁内应力，提高结构构件的承载力，达到加强原结构的目的，如：在简支梁下增设支架或桥墩；把简支梁与简支梁加以连接，从而由简支梁变为连续梁；在梁下增设钢桁架（等）的加劲梁或叠合梁。按增设支点的支撑刚度的不同，分为刚性支点和弹性支点；按支撑的受力情况，分为预应力支撑和非预应力支撑。

常用改变体系的加固方法有：

（1）变简支梁为连续梁。在多跨简支梁的梁端增加承受负弯矩的钢筋后，把简支梁连接起来变为连续梁，在活荷载作用下，梁中的弯矩将按连续梁分布，由于连续梁跨中的正弯矩比简支梁小，因此将简支梁改为连续梁后,可以有效地减小梁的弯矩,从而到提高桥梁的承载能力。

(2)简支梁设置八字斜撑。在简支梁桥孔增设八字支撑,为原桥上部构造提供了两个支撑,使原桥由一跨变成三跨,支点处将产生负弯矩。此法由于缩短了桥梁跨径,使桥梁承载能力得到提高。八字撑一般用钢筋混凝土或型钢制成,两撑之间可设托梁或不设托梁。斜撑的位置由梁截面所容许承担的弯矩和剪力来确定。

(3)梁拱组合加固。对于梁桥,当原桥承载能力不足,需要较大幅度地提高荷载等级,而原桥墩台地基应力及稳定性均满足要求时,可采用对梁式体系加入拱式体系而改变为梁拱组合的加固法,对梁桥进行加固改造。在拱肋(拱圈)上设直立柱盖梁支撑原主梁,改变原梁简支体系,减小梁的跨径及荷载作用下跨中的弯矩,从而可以提高承载能力。

改变体系的加固方法,要求墩台地基足够满足新结构对地基承载能力的要求。当基础承载力不足时,必须同时对基础采取加固措施。

5.5.2 墩、台身及盖梁养护加固设计

5.5.2.1 盖梁

根据桥墩盖梁发生弯曲和剪切裂缝的病害程度,可采用体外预应力法和粘贴钢板或纤维复合材料法进行加固(图5-76、图5-77)。

图5-76　粘贴钢板加固盖梁　　　　图5-77　粘贴碳纤维布加固盖梁

体外预应力法一般适用于竖向裂缝比较严重且原构件刚度或抗弯抗剪能力不足的盖梁加固。该方法通过增加预应力筋对受拉区施以预加压力的方法,改变结构内力和改善结构受力性能,从而提高结构承载能力,减小或闭合病害裂缝宽度。

粘贴钢板或纤维复合材料法一般适用于盖梁存在竖向裂缝,但其刚度或抗弯抗剪能力尚能满足使用要求的盖梁加固。该方法是将钢板或纤维复合材料通过环氧树脂胶粘贴于构件受拉部位的关键截面,用以限制结构裂缝发展,同时在一定程度上提高其承载能力。

设计注意事项可参考上部结构加固设计方案。

5.5.2.2 桥梁墩、台

墩台身由于自身体积相对较大,收缩徐变裂缝是其常见多发病害,这种裂缝发展缓慢,但直接影响混凝土的耐久性,应及时进行封闭治理。

封闭裂缝的方案(图5-78)主要是根据裂缝宽度选取,对于裂缝宽度小于0.15mm时,在混凝土表面涂刷环氧树脂浆液进行裂缝封闭,一般情况下浆液每隔3~5min涂刷一次,最终涂层厚度达到1mm为止;对于裂缝宽度大于0.15mm时,采用灌浆处理,灌浆处理是把按比例配置的胶液通过压力灌入结构物缝隙内,起到填塞裂缝并对结构进行补强的作用。当采用灌浆处理时,设计说明中应注明灌浆压力和灌浆密实性的检验方法。

此外,通过在墩台上粘贴纤维复合材料或钢板能有效限制墩台上裂缝的发展(图5-79、图5-80)。粘贴钢板法是采用黏结剂和锚栓钢筋将钢板粘贴固定在墩台结构物的受拉边缘或薄弱部位,对结构进行补强。为保证钢板或纤维复合材料与原混凝土的有效黏结,钢板粘贴位置必须保证混凝土表层已凿除且表面平整、粗糙。对于粘贴面与加固材料间的空隙可采用压力灌胶的方法密闭。

图 5-78 墩台身裂缝封闭

图 5-79 粘贴钢板加固墩台

对发展比较严重存在贯通裂缝的病害,可根据病害实际程度选择钢套箍或钢筋混凝土护套加固(图 5-81)。选择钢套箍方案一般选择在墩台身的上、中、下部位等间距分设三道带箍,带箍的宽度宜为墩台高度的 1/10,带箍钢板厚度宜为 10~20mm。若采用围绕整个墩台身设置钢筋混凝土护套加固法,须保证被加固混凝土表面的清洁及强度,可通过植筋确保新老混凝土的有效黏结,同时宜采用微膨胀混凝土确保新浇筑构件表面不出现松散及空洞等新增病害。

图 5-80 墩台身粘贴碳纤维布加固

图 5-81 墩台身钢板箍加固

5.5.3 基础加固设计

5.5.3.1 桩基础

由河道的冲蚀或采挖砂石出现的桩基裸露病害,一般采用对裸露部分桩基增加混凝土护筒的方式进行防护。

设计采用增加混凝土护筒方案时,应注意以下构造措施:

(1)混凝土护筒一般采用 C30 混凝土现浇而成,厚度为 15~20cm。

(2)为保证护筒与原桩基混凝土紧密连接,应对原桩基表面附着的砂石彻底清除并对混凝土进行凿毛。表面存在裂缝的应进行灌缝及封闭处理,如有钢筋外露生锈,应对钢筋进行除锈防腐处理。

(3)为防止护筒混凝土收缩开裂,应设置钢筋网片,新增钢筋网片与原桩基通过植筋连接。

(4)必要时应考虑河道渠化工程,防止进一步冲刷。

对于桩式基础承载能力不足的问题,可采用增补桩基加固法(图 5-82、图 5-83),即在现有桩式基础周围补加钻孔桩或打入钢筋混凝土预制桩并与原承台联结,以提高基础承载力,增加基础稳定性。

设计采用增补桩基加固方案时,应注意以下问题:

(1)对单排架桩式桥墩采用打桩(或钻孔灌注桩)加固时,如在桩间加桩,必须检查原有盖梁在加桩顶部能否承受与原来方向相反的弯矩,如不能,则必须加固原有盖梁或重新浇筑盖梁;

(2)如原桩距较小时,可在原桩基顺桥向两侧适当位置增加桩基,成为多排式的墩桩;

(3)对承载力不足的桥墩台,一般可在台前增加一排桩并浇筑盖梁,以分担上部结构传来的荷载,增加的盖梁可单独受力,也可联结在一起使旧盖梁、旧桩及新桩共同受力;

(4)确定加固方案时要考虑桥下净空及桥下环境的影响。

图 5-82　增加承台施工　　　　　　　　　图 5-83　增加桩基施工

5.5.3.2　扩大基础

当桥涵扩大基础因地基承载力发生较大变化或因冲蚀而造成墩台不均匀沉降的病害时,可采用在刚性实体式基础周围加石砌圬工或混凝土以扩大基础的承载面积,从而提高基础的承载能力(图5-84、图5-85)。

图 5-84　台身扩大截面　　　　　　　　　图 5-85　基础扩大截面

设计方案制定前应对桥下地质进行必要的勘查,如发现墩台基底地基承载能力不满足要求,应根据勘查结果采用旋喷桩、CFG桩、注浆及碎石桩等地基加固措施。另外在开挖基础周边地基土时,应明确保护旧墩台安全的措施和要求。

5.5.4　附属设施维修加固设计

5.5.4.1　桥面铺装层病害

桥面铺装层材料一般为沥青混凝土和水泥混凝土两大类,主要病害表现为沥青混凝土推移、拥包、车辙、松散及防水层乳化(图5-86、图5-87),水泥混凝土铺装层开裂、坑槽(图5-88、图5-89)等。

图 5-86　桥面沥青层坑槽　　　　　　　　图 5-87　桥面沥青层网裂

桥面铺装层作为与活载的直接接触层,其病害形式是最显而易见的。养护实践证明及时有效地处理桥面铺装层裂缝、坑槽等早期的病害,可以延缓其劣化速度,增加桥梁的耐久性。针对不同阶段的病害形式一般采用以下方法:

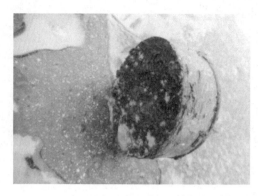
图 5-88 防水层乳化

图 5-89 水泥混凝土桥面坑槽

1) 灌缝法

对于沥青铺装层早期的轻度裂缝,清除缝内杂物并吹干缝内水分,灌注热改性沥青,以减少水分的渗入。对于温缩应力造成的横向开裂,一般在秋末冬初气温降低后进行灌缝。

2) 局部挖补法

铺装层沥青混凝土损坏时,将损坏部位切成规则的矩形,水泥混凝土桥面要认真清理凿毛,有条件可采用 5~10mm 精铣刨。喷洒足量的黏层沥青,坑槽四壁涂抹热沥青确保黏结良好,用路面养护车进行加热确保混合料的摊铺温度,铺筑沥青混合料与桥面高程保持一致碾压成型;对于防水混凝土铺装层出现局部破损时,首先应划定病害范围,采用小型机械或人工将破损区域水泥混凝土铺装层凿除,凿除时注意保留原铺装层钢筋。水泥混凝土铺装层回补时宜选用高强灌浆料现场拌和回补,待达到要求设计强度后再进行沥青桥面铺装层回补。此办法适用于桥面局部拥包、坑槽等病害程度较轻微的情况。

3) 铺装层改造法

主要针对桥面纵向裂缝并伴随其他病害的情况,首先应对病害原因进行详细分析,对由于横向联系减弱所造成的纵向开裂,一般宜采用桥面铺装层改造(凿除原铺装层,重做铰缝,板顶植筋,加厚钢筋混凝土铺装层)的方法进行处理,从根本上改善桥梁整体受力功能。中桥及以上桥梁桥面铺装改建为保证桥面平整度和行车舒适性宜采用沥青混凝土加防水混凝土的结构形式,沥青混凝土桥面铺装改建应加强桥面防排水设计。

铺装层改造法的主要技术要求如下:

(1) 水泥混凝土桥面铺装层改造时(图 5-90)厚度一般不宜小于 10cm,强度不低于 C40 防水混凝土,当水泥混凝土桥面铺装层厚度≥15cm 时,宜采用双层钢筋网。钢筋直径一般不小于 12mm,梁(板)顶设置剪力锚筋,必要时增设铰缝钢筋及横向连接钢筋。

(2) 不能断交施工时,严禁将施工缝设置在铰缝或行车轮迹带位置,且在设施工缝的关联梁板下采用整体支架进行支护,支承位置应与原支座位置相同,支架基础应满足强度要求。

(3) 防水混凝土层要高出设计高程 1cm,计列相关工程量。在混凝土强度达到设计强度标准值 100% 后,采用铣刨机精铣刨至设计高程。

(4) 防水黏结层应具有良好的防水效果及黏结能力,起到加强刚、柔结构间的协同工作能力,满足层间抗剪要求,并满足高温稳定性、低温抗裂性和施工及运营后的承压要求。一般采用 SBS 改性沥青防水黏结层、环氧沥青防水黏结层等。

(5) 沥青混凝土桥面铺装(图 5-91)横向排水侧可设置碎石盲沟。

(6) 微表处及沥青混凝土的相关技术要求参见本书第 4 章。

5.5.4.2 桥面排水设施

桥面排水设施是为了迅速地排除桥面积水,防止雨水积滞于桥面并渗入梁体而影响梁板的耐久性。桥面上除设置纵、横坡进行排水外,一般还设置一定数量的泄水管道,以便组成一个完整的排水系统,泄水管的形式一般有铸铁泄水管、PVC 材料泄水管等形式。病害主要表现为堵塞、严重锈蚀及破损脱落(图 5-92、图 5-93)。

图 5-90 改造后的水泥铺装

图 5-91 沥青桥面铺装改造

图 5-92 铸铁泄水管严重锈蚀

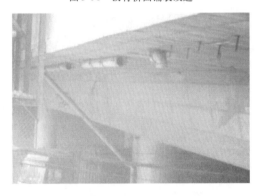
图 5-93 PVC 泄水管破损脱落

针对不同阶段的病害形式一般采用以下方法：
(1)桥面的排水设施定期清理、疏通等预防性养护；
(2)对松动的接头或已脱落的泄水管,应进行维修或更换新管。

5.5.4.3 桥梁支座

桥梁支座病害主要包括支座表面老化开裂、钢板锈蚀、橡胶外凸、支座脱空、支座剪切超限等形式(图5-94、图5-95)。桥梁支座出现缺陷或发生破坏时,首先要进行原因分析,评估其病害程度,确定进行维修或更换,以保证上部结构的安全和正常运营。

图 5-94 支座钢制材质锈蚀滑动失效

图 5-95 支座橡胶材质老化开裂

支座维修主要包括钢板除锈、涂抹润滑剂、除尘、更换防尘罩等。支座更换应进行必要的检查与论证,特别是由于材料缺陷而引起的更换支座,应分析材料缺陷类型属表层还是整体,评估其剩余寿命,做出科学决策。支座更换应避免"新旧配"的情况发生。

整体更换支座方案应明确以下问题：
(1)应通过计算确定更换支座的批次,顶、落梁的位移量及工序；
(2)需搭设临时支架的,临时支架应满足强度、刚度及稳定性要求；
(3)支座更换时应依据环境温度进行支座偏移量的验算,设计文件中应明确施工时的温度范围；
(4)对新、旧支座的高度差进行测量,确保梁体、桥面高程符合加固设计要求；

(5)设计文件中要明确横向同步,宜整联顶升(图5-96、图5-97)的相关内容;
(6)对于连续梁不能整联顶升的应进行核算。

图5-96 支座顶升施工

图5-97 千斤顶油压控制设备

5.5.4.4 桥梁伸缩装置

桥梁伸缩装置直接接受车轮荷载冲击,属于易损易坏构件,伸缩装置缺陷及病害对桥梁使用性能影响较大。伸缩装置病害形式主要包括:橡胶止水带老化损坏、锚固区混凝土破损、异型钢变形及断裂(图5-98)等。当锚固区混凝土出现破损时,要更换锚固区混凝土;橡胶止水带出现破损(图5-99)或缺失要及时更换橡胶条,更换橡胶条时宜将橡胶条两端分别加长足够长度将雨水导出桥外,避免导出的雨水冲刷、侵蚀台帽和边梁;对于钢梁变形严重、出现断裂的需要更换伸缩装置。

图5-98 型钢断裂

图5-99 止水带破损

伸缩装置更换设计中,应强调以下内容:

(1)更换伸缩缝时应核算并合理选择伸缩装置类型,设计图纸中要明确伸缩装置的"安装温度与缝宽控制要求"。

(2)设计图纸中要明确伸缩装置锚固混凝土的养生要求,一般是为保证养生期间车辆的正常运行,在初凝后的混凝土表面覆盖塑料薄膜,并在其上安置钢板(钢板厚度不应小于2cm),从而有效防止车辆对伸缩缝的碾压破坏,以保证伸缩缝维修后的使用寿命。

由于异型钢伸缩装置易损易坏易堵塞,给管养人员带来很大的工作负担。近年来,桥梁工程师们在养护实践中对伸缩装置进行了研发改进,一定程度上避免了现有伸缩装置的一些弊端,在伸缩装置的全寿命周期中节约了养护成本,有代表性的主要有以下几种:

1)高弹无缝式桥梁伸缩缝

高弹无缝式桥梁伸缩缝的主要材料是高分子聚合体改性沥青,又称弹塑体填充式伸缩缝(图5-100)。它具有黏结性强、弹性大、韧性好的特点,免除了传统伸缩缝复杂的锚固结构,与路面衔接平整(图5-101)。能保证5~8年的使用寿命,免保养,可用于在适应50mm伸缩量范围内的各种桥梁。

2)模数式梳齿板桥梁伸缩装置

模数式梳齿板伸缩装置(图5-102、图5-103)由若干组标准模块组成。顺桥宽方向一般以1m为1个模块,化整为零,可实现局部维修,实现安装、更换方便的优点。目前,常见的伸缩范围为80~3000mm,其中伸缩量范围在80~1000mm时采用跨缝式构造,即伸缩装置的伸缩梳齿完全在伸缩缝一侧而用跨缝板跨越伸缩缝;当伸缩量范围在1080~3000mm时采用骑缝式构造,即伸缩装置的活动梳齿直接跨越伸缩缝。

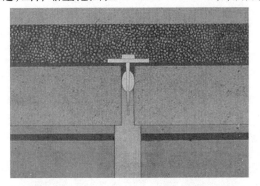
图5-100 高弹无缝式伸缩缝构造

图5-101 高弹无缝式伸缩缝安装效果

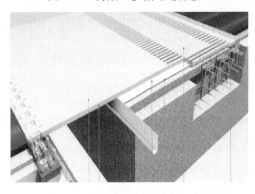
图5-102 模数式梳齿板伸缩装置构造

图5-103 模数式梳齿板伸缩装置安装效果

5.5.4.5 桥头锥坡、翼墙、洞口防护

桥头锥坡、翼墙及洞口防护的主要病害形式表现为:圬工砌体受洪水的冲蚀、地基受水浸泡而出现的不均匀沉降、开裂及坍塌等现象(图5-104、图5-105)。

图5-104 锥坡及洞口水毁

图5-105 翼墙倾斜

根据桥头(洞口)结构特点及用途,可采取预制框架内撑和拆除重砌两种方法进行永久处理。其中,框架内撑法是在八字翼墙净空范围内预制钢筋混凝土框架抵紧八字翼墙,对抗八字翼墙背后的路基土压力,其施工工艺简单,不影响道路行车安全,但要压缩净宽度或减小桥涵过水断面,该方法适用于过水桥和翼墙较高的构造物。拆除重砌法不存在上述缺陷,但开挖施工会影响路基的稳定性,适用于翼墙高度较低的结构。

5.5.4.6 桥下铺砌、调治构造物

桥下铺砌、调治构造物的主要病害形式表现为:圬工砌体受洪水的冲蚀、地基受水浸泡而出现的不均匀沉降、开裂、坍塌等现象(图5-106、图5-107)。

1)桥下铺砌的维修

铺砌下土方回填密实性不好或铺砌沉降缝处渗水,使铺砌下出现局部沉陷,造成桥下铺砌沉陷、开裂影响使用功能和危害基础安全。

图 5-106　河道调治构造物水毁　　　　　　　　　图 5-107　桥下铺砌沉陷

对桥下铺砌的维修设计中,应明确回填材料的水稳性能,对铺砌层的构造提出具体要求:

(1)铺砌下土方回填应明确如"粗砂水沉"法等确保回填密实度的方法;明确铺砌材料的强度,选用块石、片石时应明确规格、材质及强度;

(2)在涵底铺砌与台身接触面处采用涂刷多道热沥青再砌筑铺砌,完成后铺砌层与台身间缝隙采用沥青麻絮封缝,防止接触面处渗水;

(3)沉降缝的设置应与下部结构沉降缝对应设置,并做好沉降缝的封水措施。

2)调治构造物的修理与加固

(1)调治构造物的加固高度按其形式确定,一般淹没式的,应加固至坝顶;非淹没式的,应高于设计洪水位以上至少50cm。

(2)调治构造物的设置位置及数量、长度应充分论证,避免因调制构造物而出现涡流、斜流加重冲刷程度。

(3)治理河床冲刷病害时,应根据流速及流量选择防护形式,在流量较小的河道可对河床做单层或双层片块石铺砌;当河水较深流速较大,可用沉石笼或抛石护基等方法;如流速较大或河床纵坡过大,冲刷很严重且不通航的小河流,可在下游适当地点修筑拦沙坝,以缓和流速,使河床断面逐渐恢复原状;当河道变迁,流向不顺,或因桥梁上下游河道弯曲,形成斜流或涡流危及桥梁墩台和基础、桥头引道时,应因地制宜地增设导流堤、丁坝等调治构造物,以维护桥头河床稳定和桥梁安全。

5.5.4.7　桥梁踏步

桥梁踏步的设置主要是为了便于桥梁养护人员从桥面到桥下检查桥梁板底、桥墩及支座等结构部件的工作状态。

桥梁踏步存在的主要问题包括:已有踏步的塌陷、破损等病害(图5-108、图5-109),踏步设置数量及形式无法满足使用要求。

图 5-108　踏步混凝土破损　　　　　　　　　图 5-109　踏步混凝土风化

增设桥梁踏步应结合以下情况综合考虑进行设置,一般设置方式为:

(1)对于特大桥和跨河流、水渠、铁路、匝道等桥下不方便通行情况的桥梁、分离式立交桥考虑在桥梁四个桥头均设置踏步。

(2)大、中和小桥及净高超过3.5m的通道、箱涵考虑对角桥头设置踏步。

（3）增设桥头踏步应结合防护排水工程统筹考虑，并宜考虑兼顾排水功能；桥头路基过高时可以设置为"之"字形，并增设栏杆扶手；桥头踏步采用宽度为一人通过为宜，不宜过宽。

（4）当踏步兼顾排水功能时，应合理选择踏步设置位置，避免高速路面水顺踏步流入通道内，造成通道积水。

5.5.4.8 通道积水

为了避免高路基带来的病害或考虑降低工程造价，平原区高速公路在设计时将部分通道考虑下挖。通过对平原区运营高速公路的调查，目前通道缺少排水设施或排水设施损坏现象比较普遍，导致雨季通道内出现积水（图5-110），积水长时间存留在通道内不能排出，造成当地居民、车辆无法正常通行，给居民的生产生活造成一定的影响。

a) b)

图5-110 通道下挖、积水较多

积水通道应根据现场情况采取合理的治理措施，一般设置纵向人行平台（图5-111），并在洞口台身设置警示水深标尺（图5-112）。积水严重的通道考虑在通道两侧主线占地范围内设置蒸发池，通过排水沟将通道内积水引入蒸发池。蒸发池设置要求参见本书第3章。

a) b)

图5-111 设置人行平台、洞外设排水沟

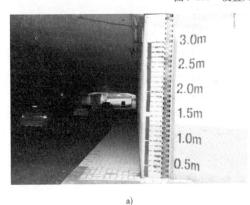

a) b)

图5-112 洞口设置标尺

5.5.4.9 构件防腐

1）混凝土防腐

钢筋混凝土或预应力钢筋混凝土梁式桥,构件中的混凝土作为主要的受压材料,对结构的承载力有很大的影响;混凝土的病害将直接影响到桥梁结构的耐久性。最常见的混凝土腐蚀为盐碱腐蚀。此类腐蚀具有发展速度快的特点,对桥涵结构安全构成一定的威胁,应及时有效地进行治理、修复并采取预防性的防腐措施。

混凝土构件防腐是将混凝土表面的浮尘、浮浆、夹渣清理干净,凿除存在蜂窝、露石、空鼓、疏松等的混凝土,如存在钢筋锈蚀现象,应对钢筋进行除锈处理,然后涂抹混凝土界面剂,用聚合物砂浆修补后,对混凝土结构进行防腐处理。防腐蚀涂料应具有抗 CO_2 渗透性和防碳化能力;具有对水、氧气、氯离子等腐蚀因子很好的屏蔽性能;具有良好的力学性能,能够适应混凝土的形变;具有相应的耐候性能(图5-113、图5-114)。

 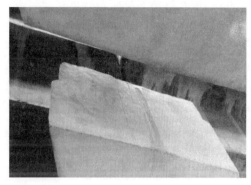

图5-113　梁板混凝土防腐　　　　　　　　图5-114　下部混凝土防腐

为降低冬季除雪撒盐及其他原因给桥梁混凝土结构带来的危害,保障桥梁混凝土结构的寿命周期,涂层体系性能指标及涂层的性能应满足《混凝土桥梁结构表面涂层防腐技术条件》(JT/T 695)规定中的要求。

2）钢构件防腐

钢箱梁及混凝土桥梁加固钢板的病害形式主要是钢材表面涂层脱落、锈蚀等情况(图5-115)。钢构件除锈方法和除锈等级应符合设计规定,其质量要求应符合现行《涂覆涂料前钢材表面处理 表面清洁度的目视评定 第1部分:未涂覆过的钢材表面和全面清除原有涂层后的钢材表面的锈蚀等级和处理等级》(GB/T 8923.1)的规定(表5-1)。钢管构件表面应喷涂防锈漆进行防腐,质量要求应满足防腐规范要求。

涂装前钢管表面除锈应符合设计要求和国家现行有关标准和规定,处理后的钢管表面不应有焊渣、焊疤、灰尘、油污、水和毛刺等(图5-116)。

图5-115　钢板局部位置表层防腐涂料脱落　　　　图5-116　钢箱梁防腐

涂层干漆膜总厚度:室外应为150μm,室内应为125μm,其允许偏差为-25μm。每遍涂层干漆膜厚度的允许偏差-5μm。构件表面不应误漆、漏涂,涂层不应脱皮和返锈等。涂层应均匀、无明显皱皮、流坠、针眼和气泡等。当钢结构处在有腐蚀介质环境或外露且设计有要求时,应进行涂层附着力测试,在检测处范围内,当涂层完整程度达到70%以上时,涂层附着力达到合格质量标准的要求。

各种底漆或防锈漆要求最低的除锈等级　　表 5-1

涂料品种	除锈等级
油性酚醛、醇酸等底漆或防锈漆	St2
高氯化聚乙烯、氯化橡胶、氯磺化聚乙烯、环氧树脂、聚氨酯等底漆或防锈漆	Sa2
无机富锌、有机硅、过氯乙烯等底漆	Sa2 1/2

5.5.5 拱桥加固设计

5.5.5.1 石拱

由于太行山和燕山山脉纵贯河北省西部，西部地区石料资源丰富，因此该地区高速公路中的小跨径拱桥常采用石拱桥（涵）。按拱圈的静力体系划分，其属于无铰拱，即拱圈两端固结于桥台，结构简单、变形小、施工方便，但对地基承载能力要求较高。拱桥病害一般包括主拱圈表面风化、主拱圈渗水、主拱圈拱顶下挠、拱圈裂缝等形式，其中拱圈裂缝是石拱桥常见病害，主要表现为横向裂缝和纵向裂缝，主拱圈的开裂严重影响结构的安全性，常见的处置方案有以下几种：

1）主拱圈断面加强法

（1）拱下加设拱圈加固法：当石拱桥主拱圈为等截面或变截面的实体板拱时，且下部构造无病害，同时桥下净空与泄水面积容许部分压缩时，可在原主拱圈腹面下增设一层新拱圈，即紧贴原拱圈底面，喷射钢丝网水泥拱圈或浇筑钢筋混凝土新拱圈。

（2）拱上加设拱圈加固法：从拱圈上面加设一层新拱圈，即开挖原拱顶填土层直到拱背，并对拱背修补、凿毛、加筑新拱圈。采用此加固方案不仅加固了拱圈，而且将原有开裂的拱连在一起，也利于桥梁排水。

（3）板肋拱改板拱加强法：先清除拱圈上的杂物，挖除拱顶实腹段拱板上的肋间填料，将拱背的拱板表面与拱肋的侧面凿毛，在中间部位先植筋，再浇筑混凝土将拱板加高与拱肋平，将拱圈由板肋拱加固改造为板拱。主拱圈拱腹部位如有砂浆缺失，应采用1∶2水泥砂浆进行修补，对应裂缝部位，采用砂浆泵进行压力注浆，待修补完后再浇筑拱肋间的混凝土。

对主拱圈进行加固时，原拱圈如有损坏，应先用喷注高标号水泥砂浆等方法修补后再砌新拱圈。在考虑加固拱圈时，应同时考虑墩台受力是否安全等因素。当多孔石拱桥需全部加固新拱圈时，在拆除拱上填料时，须特别注意保持对称、同时进行，以确保连拱作用的均匀受力。

2）灌浆加固法

把按一定比例配制的水泥（砂）浆、环氧树脂（砂）浆、沥青浆，通过喷浆机按一定压力灌入结构或构件内部裂缝中，以达到封闭裂缝，提高主拱圈的整体性，恢复并提高结构耐久性和抗渗性能的一种修补方法。灌浆加固法用胶结材料把结构的裂缝填满，一般用于块石砌筑砂浆不饱满、砂浆强度低、需提高整体性的主拱圈。常用的灌浆材料有水泥浆、水泥砂浆、水泥黏土、石灰水泥浆、水玻璃浆、丙烯酰胺浆、环氧树脂浆、环氧树脂砂浆、沥青浆等。通常水泥（砂）浆用于石砌拱圈裂缝和墩、台裂缝，由裂缝的大小来决定灌浆中是否掺砂，采用水泥（砂）浆造价低、效果好；环氧树脂浆一般常用于拱圈加固，黏结性好。灌浆加固法是综合处治的方法之一，在一定程度上能够增加结构强度，用得比较普遍，效果较好。

3）粘贴加固法

一般采用环氧树脂或建筑结构胶将钢板、钢筋、玻璃钢、碳纤维等抗拉强度高的材料粘贴在主拱圈表面，使之与结构物形成整体，从而达到提高主拱圈的抗弯、抗剪能力，以及抑制裂缝扩展的目的。结合石拱桥的特点，在实际加固增强工程中常采用粘贴钢板加固石拱桥，特别是针对需要临时通过大件荷载的老石拱桥因其加固效果显著、施工工期极短，尤其适用于小跨径板拱桥和肋拱桥。

4）调整拱上建筑恒载加固法

调整拱上建筑恒载加固法是将石拱桥的拱上建筑拆除，在主拱圈上修建钢筋混凝土刚架或桁架式等其他类型的轻型拱上建筑，以减少主拱圈承担的恒载质量，留出主拱圈承载能力的空间，从而提高原桥的承载力，即通过改变结构体系的方法，将拱式拱上建筑改为轻型的梁板式拱上建筑。例如，旧石拱桥无铰拱的拱上横墙尺寸一般都比较大，部分横墙也没有设置横桥向小拱，故自重较大，如果将腹拱的重力式横墙挖空,设置横桥向小拱或用钢筋混凝土立柱,取代重力式横墙,则可在一定程度上减轻拱上建筑的自重,提高原石拱桥的承载能力。

5.5.5.2 钢筋混凝土拱

拱圈材料为钢筋混凝土的拱桥也是比较常见的拱桥结构,其主要优点是不受材料限制并且施工方便,在运营中拱圈在外力作用下除了对基底产生竖向作用力外还会对涵台产生较大的水平推力。若前后两侧涵台产生不均匀沉降,会引起拱脚水平位移差和竖向位移差,拱脚发生水平位移差引起拱圈内弯矩增大,产生拉应力,导致拱圈开裂,且裂缝开裂区偏离拱顶偏向水平位移侧。

对于拱涵基础的不均匀沉降常采用注浆法处理。对拱圈开裂严重无法采用裂缝修补处理时,常采用钢筋混凝土拱涵套拱,即在原拱涵内侧增设钢筋混凝土套拱,套拱涵长两侧均比原涵长要长,凿毛原拱圈两侧,焊接架立钢筋,将套拱拱圈与原拱圈浇为一体。

5.5.6 涵洞加固设计

涵洞作为迅速排除公路沿线的地表水,以保证路基安全的结构物,是公路工程中的重要组成部分之一。涵洞在公路工程中占较大比例,是公路工程的重要组成部分,主要表现在工程数量和工程造价上。涵洞工程数量占桥涵总数的60%~70%,在平原地区,每千米有1~3座;在山岭重丘区,每千米平均有4~6座。涵洞工程造价约占到桥涵总额的40%,一般情况下涵洞结构坚固、养护费用较少,但由于自然灾害、车辆荷载、构造缺陷等产生的病害在混凝土涵洞中还是比较常见的。

5.5.6.1 板涵

板涵一般指洞身为钢筋混凝土板作为顶盖的涵洞,其构造简单,容易维修。对其加固应注意:

(1)尽量采用与原结构相同的材料加固。

(2)盖板加固,应先将原盖板凿毛,洗刷干净。当考虑弹性地基的作用进行验算时,可按《公路小桥涵勘测设计》或《公路桥涵设计手册》的方法计算。

5.5.6.2 箱涵

箱涵指的是洞身以钢筋混凝土箱形管节修建的涵洞。箱涵由一个或多个方形或矩形断面组成,一般由钢筋混凝土或圬工制成,常见跨径为2~6m时,钢筋混凝土箱涵一般是整体浇筑而成,构造简单,结构坚固,其常见病害为混凝土裂缝类影响结构耐久性的病害。

一般的病害处置方案为,对已开裂的混凝土进行化学灌浆处理,防渗堵漏和补强加固。目前,灌浆材料主要有环氧树脂和聚氨酯两大类,处理方法主要有开槽埋管法、打斜孔埋管法和无损贴嘴法。防渗堵漏要求缝面灌浆后具有较高的抗渗性和抗老化性能,能阻止外来水汽碳化混凝土和锈蚀钢筋;满足结构耐久性和安全运行,补强加固要求缝面浆液固化后有较高的黏结强度;要求能恢复混凝土结构的整体性。

5.6 桥梁受损应急处治

5.6.1 常见突发受损处理

5.6.1.1 水毁

洪水对桥涵的损坏主要是进水口圬工部分、河底铺砌以及护栏,部分漫水桥由于墩台基底被冲刷发生倒塌(图5-117、图5-118)。桥涵的损坏原因主要是:泄洪标准低,洪水从桥孔中不能顺畅下泄,造成堵塞进而冲毁构造物及路基;漫水桥的损坏主要是洪水携带的漂浮物以及下滚的巨石对栏杆及桥面的撞毁,以及位于河道范围内的路基受洪水冲刷发生坍塌。

桥梁水毁防治措施如下:

(1)稳定、次稳定河段上桥梁水毁防治措施,可根据调整桥下滩流、河床冲淤分布的实际需要以及水流流向等情况选择修建调治构造物。

图 5-117 桥下防护冲毁

图 5-118 桥墩桩基裸露

（2）在不稳定河段上，桥梁水毁防治可根据河岸条件、河床地貌以及桥孔位置等分情况修建调治结构物。

（3）根据跨径大小、墩台基础埋置深度、桥位河段稳定情况，增建基础防护构造物。河床稳定，冲刷范围较小时，宜采用立面防护措施；河床稳定，冲刷范围较大时，宜采用平面防护措施。

5.6.1.2 撞桥

桥梁撞击（图 5-119、图 5-120）应根据桥梁检测情况分析判断原桥或原构件是否可利用，可利用的考虑合理的加固方案进行加固利用。对于损坏严重不能使用或加固费用昂贵（远超过重建费用）时，可以实施拆除重建。

图 5-119 桥梁桥墩被撞

图 5-120 桥梁梁板被撞

重建决策应包含经济分析，即计算各种选择（含保留原有结构）的生命周期费用。经济分析应基于桥梁检测所获得的现有状态，以及所推荐的养护、维修和加固措施。

5.6.1.3 火灾

当桥梁发生因自然或人为因素产生的火灾造成桥梁损坏（图 5-121、图 5-122），严重损坏影响交通或造成人身伤害时，应积极采取应急措施，避免灾害扩大，做好灾后工程修复工作。

图 5-121 桥梁火灾

图 5-122 桥梁梁板烧伤

火灾在导致桥梁结构中混凝土强度及弹性模量降低、钢筋力学性能变差的同时，还会因混凝土碱性降低，使钢筋防锈能力下降，钢筋与混凝土间的黏结力减小等，这些不利因素均给结构的安全及耐久性产生影响,而这些影响又具有一定的不确定性,更难于直接、准确的评估,因此检测中采用多种方法进行比较和分析,对桥梁的灾后处理非常必要。

针对桥梁结构及构件的受力及受损特点,严格按照国家现行的相关标准规范,合理选用加固处理方式或拆除新建。

5.6.2 应急保通措施

桥梁应急项目在确定维修加固方案之前,一般都需要在短时间内采用快速、安全、有效的应急措施,首先保障应急路段的安全畅通,才能争取到更多时间对桥梁进行全面细致的检测评估。

5.6.2.1 桥面应急保通措施

若桥面系或主梁受灾较为严重,对结构的安全运营构成一定的隐患,而桥梁墩台等主要下部支撑受力构件经过初步判断仍能满足荷载使用要求。可采取以下措施:

(1)对桥梁部分车道进行交通管制,仅允许单车道通行;

(2)封闭半幅车道,在桥梁两头设置中央分隔带开口,改变交通流向(图5-123);

(3)若条件允许,亦可采用修建辅道方式。

若桥梁墩台的承载能力状况不能快速判断,还应在桥梁墩台处设置临时支架。

5.6.2.2 桥下应急措施

若桥梁灾后上部结构各构件状况良好,下部结构墩柱等主要承重构件损伤较为严重,对结构的安全运营构成一定隐患的,可采取桥下增设支架等支撑的方式(图5-124),支撑受损主梁,承担上部结构的汽车活载内力,来保证路面运营畅通。

图5-123 中央分隔带开口改变交通流

图5-124 桥下应急措施

若该桥梁所处路段地质状况较差,应对地基进行处理或采取辅助措施,支撑形式可分为满堂支撑和点式支撑。

5.6.3 桥梁损害应急预案

为了确保高速公路的畅通和桥梁通行安全,高效有序地做好桥梁损害的预防和处置工作,科学有效地应对和解决公路桥梁突发事件可能出现的公路交通中断、运输不畅、旅客滞留等事件,最大限度地减少桥梁突发事件造成的影响和损失,保障高速公路安全畅通和人民群众生命财产安全,提高桥梁使用安全性能和公路交通应急保障能力,需制定桥梁损害应急预案并进行演练。

事故应急处置要坚持"以人为本"的原则,首先采取应急措施,抢救伤员、疏散人群,划出隔离带和警戒线,保护好现场。事故现场应急指挥领导小组应根据规程和现场情况提供技术支持,防止二次事故的发生。

桥梁突发事件发生后,高速公路应急工作应在上报信息的同时,迅速派出应急工作小组先行到达现场开展应急工作,及时控制局面,减少伤亡和损失,防止事态进一步扩大。应急小组的应急工作步骤如下:

(1)当确认桥梁突发事件即将或已经发生时,应急工作组立即做出响应,按照"统一指挥、属地为主、专业处置"的要求,成立现场指挥部,确定联系人和通信方式,协调当地有关单位和指挥本单位应急队、医疗急救队等部门先期开展救援行动,组织、动员和帮助职工群众开展应急救援工作,控制事态。

(2)现场指挥部应维护好事发地公共秩序,做好交通保障、人员疏散、群众安置等各项工作,尽全力防止紧急事态的进一步扩大。及时掌握事件进展情况,随时上报。同时结合现场实际情况,尽快研究确定现场应急突发事件处置方案。

(3)参与桥梁突发事件处置的各相关单位和部门,应立即调动有关人员和处置队伍赶赴现场,在现场指挥部的统一指挥下,按照桥梁突发事件应急预案分工和事件处置规程要求,相互配合、密切协作,共同开展应急处置和救援工作。

(4)应急领导组应根据上报和收集掌握的情况,对整个事件进行分析判断和事态评估,研究并提出应急救援的处置措施,为现场指挥部提供决策咨询。

(5)现场指挥部应随时跟踪事态的进展情况,一旦发现事态有进一步扩大的趋势,有可能超出自身的控制能力时,应立即向桥梁突发事件应急指挥部和应急办发出请求。

(6)与桥梁突发事件有关的各单位和部门,应主动向现场指挥部提供与应急处置有关的基础资料,尽全力为实施应急处置服务。

6 隧道(土建结构)

在河北省北部、西部及西南地区的高速公路建有大量隧道,这些隧道大多在2010年后修建,在使用过程中,隧道的衬砌、路面、防排水等设施会因外界自然因素、过往车辆荷载等多种因素的影响,技术状况逐渐衰减,各种结构病害也逐年增多。本章针对隧道土建结构的常见病害,通过总结国内外经验教训,结合河北省实际情况,提出安全适用、技术可靠、经济合理、环保节能的加固技术。

6.1 基本原则

(1)隧道加固设计前,应对结构及使用状态进行检测,结合对设计、施工及运营等情况的调查,查明病害原因及其发展程度,对其安全性做出评价;
(2)针对病害产生的原因及围岩地质条件等实际情况,综合运用现有的各种整治技术,有针对性地选择安全可靠、经久耐用、经济环保的养护方案;
(3)尽量不破坏现有二次衬砌,及现有结构的防水体系,防止隧道漏水;
(4)加固所用材料类型与原结构相同时,其强度等级不应低于原结构材料的实际强度等级;
(5)病害防治应尽量采用不中断运营或尽量减少对运营影响的方案;
(6)病害治理方案应尽量考虑利用既有的临时设施,如便道、房屋、水池等,以降低费用。

6.2 结构检查及常见病害

6.2.1 土建结构检查

(1)隧道结构检查及技术状况评定是隧道加固维修的依据,因此在隧道加固前应根据现行《公路隧道养护技术规范》(JTG H12)中结构检查的规定,查清隧道病害的种类、数量、严重程度,更要查明病害产生的原因及其发展性,根据缺陷及病害的分布情况,及隧道所在的环境状况,分段评定隧道状态等级,以便做到"对症下药",采取合理、有效的加固措施。
(2)根据现行《公路隧道养护技术规范》(JTG H12)的规定,土建结构的检查工作分为经常检查、定期检查、应急检查和专项检查四类,本章中所言的检查一般指专项检查。
(3)根据规范要求,土建结构技术状况评定应分为:1类、2类、3类、4类和5类。评定应先逐洞、逐段对隧道土建结构各分项技术状况进行状况值评定,在此基础上确定各分项技术状况,再进行土建结构技术状况评定。
(4)对评定划定的各类隧道土建结构,应分别采取不同的养护措施:
①1类隧道应进行正常养护;
②2类隧道或存在评定状况值为1的分项时,应按需进行保养维修;
③3类隧道或存在评定状况值为2的分项时,应对局部实施病害处治;
④4类隧道应进行交通管制,尽快实施病害处治;
⑤5类隧道应及时关闭,然后实施病害处治;
⑥重要分项以外的其他分项评定状况值为3或4时,应尽快实施病害处治。

6.2.2 常见病害和灾害

6.2.2.1 衬砌裂损

隧道衬砌裂损的类型主要有:衬砌变形、衬砌开裂、衬砌背后空洞、拱脚下沉以及仰拱破碎(进而引起路基下沉、路面翻浆冒泥)等(图6-1、图6-2)。

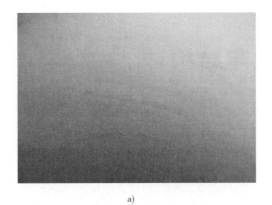

图 6-1 衬砌裂缝

图 6-2 衬砌塌落

6.2.2.2 渗漏水

隧道渗漏水主要指隧道围岩的地下水或部分地表水,以渗漏或涌出方式进入隧道内造成的危害,包括隧道渗漏水和涌水等(图6-3)。

a)隧道内轻度渗漏水

b)隧道内较严重渗漏水

c)隧道内严重渗漏水

d)隧道内涌水

图 6-3 隧道渗漏水病害

6.2.2.3 衬砌腐蚀

隧道衬砌腐蚀使混凝土变酥松,强度下降,降低衬砌的承载能力,还会导致衬砌钢筋及钢构件的腐蚀,主要分为物理性侵蚀和化学性腐蚀两类(图6-4)。

a)　　　　　　　　　　　　　　　　　　b)

图6-4　衬砌腐蚀

6.2.2.4 冻害

隧道冻害指隧道内水流和围岩积水冻结,引起隧道拱部挂冰、边墙结冰、洞内网线设备挂冰、围岩冻胀、衬砌胀裂、隧底冰锥、水沟冻塞、路面结冰等,影响到安全运营和正常使用的各种病害(图6-5)。

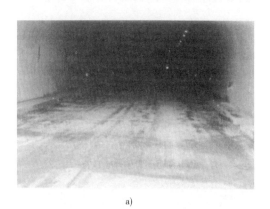
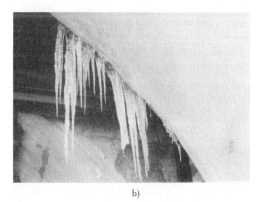

a)　　　　　　　　　　　　　　　　　　b)

图6-5　隧道冻害

6.2.2.5 火灾

隧道火灾的特点是:事发突然、持续时间长、范围大、升温快、温度在隧道断面分布不均匀,最高温可到1000℃以上,消防灭火困难。火灾除了对隧道内人员、设备造成严重伤害外,还会对衬砌结构产生不同程度的损伤,严重降低结构的安全性,还可导致隧道防排水系统失效,造成渗漏和涌水(图6-6)。

a)　　　　　　　　　　　　　　　　　　b)

图　6-6

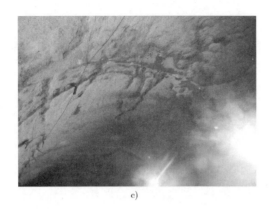
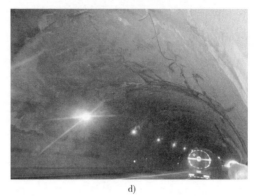

图 6-6 隧道火灾

6.2.2.6 洞口病害

隧道洞口一般包括主要包括明洞、端墙、边仰坡及附属工程、安全影响区域等多个组成部分和因素。根据病害所处位置的不同,可归纳为工程自身病害与外因造成的被动病害。

常见的工程自身病害有:边仰坡裂缝、垮塌、失稳;洞门端墙下沉、变形、裂缝;明洞变形、裂缝;洞顶截水天沟变形、破坏等(图6-7)。

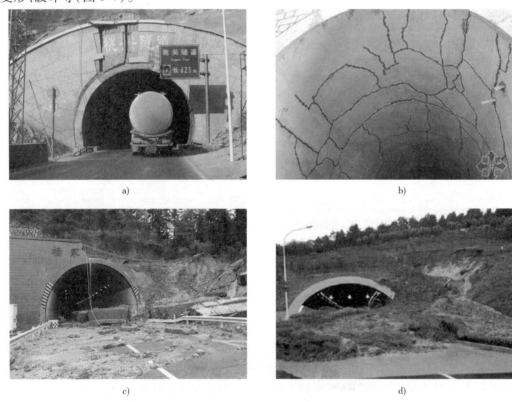

图 6-7 隧道洞口病害

常见外因造成的被动病害有:自然山坡崩塌、落石、滑坡、流泥漫道,旱灾、水毁,引道路基各种病害等。

6.3 土建结构预防性养护

6.3.1 预防性养护的目的

隧道预防性养护目的在于维持隧道良好的使用功能,延缓隧道使用功能的衰减,防止隧道结构出现病害或延缓轻微病害的进一步扩展,保持隧道技术状况良好,延长隧道使用寿命,降低隧道全寿命周期内的养护成本。

6.3.2 预防性养护条件

6.3.2.1 技术状况评定结果

根据隧道技术状况评定结果,当隧道结构检查评定类别为 1 类或 2 类,分项技术状况评定值为 1、2 时,考虑进行预防性养护。

6.3.2.2 对应病害程度及表现

当隧道检测符合表 6-1 的条件时,宜考虑制定具体的预防性养护方案。

隧道土建结构预防性养护病害 表 6-1

部 位		对应病害程度及表现
洞口		①山体及岩体、挡土墙、护坡等有轻微裂缝产生,排水设施存在轻微破坏; ②山体及岩体裂缝发育,存在滑坡、崩塌的初步迹象,坡面树木或电线杆轻微倾斜,挡土墙、护坡等产生开裂、变形,土石零星掉落,排水设施存在一定裂损、阻塞
洞门		①墙身存在轻微的开裂、起层、剥落; ②墙身结构局部开裂,墙身轻微倾斜、沉陷或错台,壁面轻微渗水,尚未妨害交通
衬砌	外荷载作用	①出现变形、位移、沉降和裂缝,但无发展或已停止发展; ②出现变形、位移、沉降和裂缝,发展缓慢,边墙衬砌背后存在空隙,有扩大的可能
	材料劣化	①存在材料劣化,钢筋表面局部腐蚀,衬砌无起层、剥落,对断面强度几乎无影响; ②材料劣化明显,钢筋表面全部生锈、腐蚀,断面强度有所下降,结构物功能可能受到损害
	渗漏水	①衬砌表面存在浸渗,对行车无影响; ②衬砌拱部有滴漏,侧墙有小股涌流,路面有浸渗但无积水,拱部、边墙因渗水少量挂冰,边墙脚积冰,不久可能会影响行车安全
检修道		①护栏变形、路缘石或检修道面板少量缺角、缺损,金属有局部锈蚀,尚未影响其使用性能,护栏、面板、路缘石损坏长度≤10%,缺失长度≤30%; ②护栏变形损坏,螺栓松动、扭曲,金属表面锈蚀,部分路缘石或检修道面板缺损、开裂,部分功能丧失,可能会影响行人和交通安全。护栏、面板、路缘石损坏长度>10%且≤20%,缺失长度>3%且≤10%
排水设施		①结构有轻微破损,但排水功能正常; ②轻微淤积,结构有破损,暴雨季节出现溢水,可能会影响交通安全

注:摘自河南省地方标准《高速公路隧道预防性养护技术规范》(DB41/T 896—2014)。

6.3.3 预防性养护方案和设计

6.3.3.1 一般规定

(1)方案选择应考虑隧道技术状况、通车年限、地质状况、交通组成、养护资金等,通过综合评定选择最佳的预防性养护方案;

(2)隧道预防性养护设计应参考历年来的隧道检测数据和近期隧道检测数据、病害检测结果、养护历史;

(3)方案选择应进行多种方案比选,通过经济效益分析选择最优的方案;

(4)预防性养护设计包括短期预防性养护方案设计和中长期预防性养护规划设计。

6.3.3.2 常见病害的预防性养护方案

高速公路隧道常见病害的预防性养护方案见表 6-2。

常见病害预防性养护方案 表 6-2

部位	病 害	预防性养护方案
洞口	局部开裂、倾斜、沉陷	封闭灌浆、喷射混凝土、灌浆锚固、围岩压浆
	山体滑坡、崩塌	加防落网、锚杆加固、抗滑锚固桩、挡墙
	边坡、碎落台、护坡道有缺口、冲沟、涌水、深陷、塌落	修整后喷射混凝土、加防落网
	护坡有轻微裂缝、断裂、倾斜、鼓肚、滑动、下沉、表面风化	护坡修整、锚杆加固、加防落网、挡墙
	泄水孔堵塞、墙后积水	疏通泄水孔
	周围地基错台、空隙	注浆、围岩压浆

续上表

部位	病害	预防性养护方案
洞门	侧墙开裂、渗水	封闭灌浆、喷射混凝土
	墙身倾斜、沉陷、错台	灌浆锚固、围岩压浆
	衬砌起层、剥落	防护网、喷射混凝土、更换衬砌
	混凝土钢筋轻微外露	喷射混凝土
衬砌	衬砌起层、侧壁剥落	防护网、套拱、更换衬砌
	衬砌空隙、空洞	注浆
	洞顶渗水、挂冰	封闭灌浆
	拱顶、拱腰裂缝	封闭灌浆、更换衬砌、围岩压浆、灌浆锚固
	墙身施工缝开裂、错位	灌浆、更换衬砌、灌浆锚固
检修道	栏杆变形、损坏、锈蚀	栏杆修理、更换、除锈
	道板、盖板缺损	更换道板、盖板
	道路局部破损	修补道路
排水设施	中央窨井盖、边沟盖板破损	更换中央窨井盖、边沟盖板
	沟管开裂、漏水	封闭灌浆
	排水沟、积水井淤积堵塞、沉沙、积水	疏通排水沟、积水井

注:摘自河南省地方标准《高速公路隧道预防性养护技术规范》(DB41/T 896—2014)。

6.4 土建结构典型病害加固设计

6.4.1 常见病害成因分析

(1)隧道病害发生较多的地段,从地质情况看,一般是断层破碎带、风化变质岩地带、裂隙发育的岩体、岩溶地层、软弱围岩地层等;从地形情况看,多发生在斜坡、滑坡构造地带、岩堆崩坍地带等。

(2)隧道内各种病害一般不是单独存在的,而是互相影响、互相作用的。隧道由于渗漏水、积水,将会造成衬砌开裂或使原有裂缝发展扩大,加重衬砌裂损;当地下水有侵蚀性时,会使衬砌混凝土产生侵蚀,并随着渗漏水的不断发展,使混凝土侵蚀日益严重;在寒冷地区,水是影响隧道围岩冻胀和导致衬砌开裂的重要因素;隧道水害还会增加隧道内湿度,造成电路短路等事故,危及运输安全。

(3)常见病害成因的分析见表6-3。

隧道常见病害成因分析　　　表6-3

病害或灾害	成因分析
衬砌裂损	由于隧道工程处于复杂的围岩地质体中,受到变形压力、松动压力作用、底层沿隧道纵向分布的力学性态的不均匀作用、温度和收缩应力的作用、膨胀围岩压力作用、腐蚀性介质作用、运营车辆的循环荷载作用等,使隧道衬砌结构物产生裂缝和变形,进而导致隧道更大灾害隐患的发生
水 害	由于在隧道修建过程中,破坏了原始围岩体的水系平衡,隧道成为所穿过山体附近地下水汇集的通道,当隧道围岩与含水地层连通,而衬砌的防排水设施不完善或老化时,隧道水害就必然发生了,也存在设计时对防排水考虑不周,施工不当以及防排水设施年久失效等原因
冻 害	在寒冷地区的隧道,主要受寒冷气温的作用和季节性冻结圈的作用,另外与隧道围岩的岩性有关,如果围岩是非冻胀性土,则发生这种病害的可能性较小
衬砌腐蚀	主要受衬砌圬工的质量和水泥的品种,渗流到衬砌内部的环境水含侵蚀性介质的种类和浓度,环境的温度和湿度等自然条件的影响
火 灾	由于隧道内通道狭窄,照明状况不良而发生车祸,车上易燃易爆物品(特别是油罐车)燃烧发生火灾,或者是隧道条件较差,某些易燃气体或电缆、电器短路引发火灾
洞 口	洞口设计"晚进早出",使其处于深挖路堑位置,严重切割山体坡脚,使山体容易失去平衡;洞口位置水文、地质情况较差,山体覆盖层厚,岩质松软,或挡墙基础未落到完整的基岩上,或隧道洞口排水不良,基底土壤浸水软化,造成基础承压能力不足,致使洞门及洞口段衬砌下沉开裂;结构抗滑力不足,隧道洞口地段有滑坡、崩塌时,衬砌承受(偏)压力大,易使洞门及明洞开裂下沉

注:摘自陈洪凯、李明所著《公路隧道健康研究趋势与现状》一文。

6.4.2 加固设计计算

6.4.2.1 一般原则

（1）隧道结构在经过技术评定和承载力验算，认为加固后能达到承载力要求的，方可进行加固设计。

（2）隧道结构内力计算可采用荷载—结构法［详见《公路隧道设计规范 第二册 交通工程与附属设施》(JTG D70/2—2014)］，在此法的基础上，可建立病害模型以研究病害对隧道整体承载能力和结构安全性的影响。

（3）加固设计计算应结合隧道的龄期、设计标准、材料性能等进行计算，同时还应考虑现有病害的影响，依据对隧道结构的检测、评估，得出当前的隧道实际状态参数，例如隧道衬砌的检测强度、实际厚度、截面有效面积、背后空洞范围等，再进行计算分析。

（4）加固计算时，需要考虑其分阶段的受力。在加固材料与原构件有效结合前，构件按原构件截面计算，荷载应考虑加固时包括原构件自重、围岩压力、水压力等在内的恒载、加固材料自重及施工荷载。有效结合后，构件按加固后整体截面计算，作用（或荷载）应考虑包括加固后构件自重在内的永久荷载以及可变、偶然荷载等。采用注浆加固时要考虑注浆压力的荷载作用。

6.4.2.2 各种病害的计算模型

荷载结构法中利用梁单元模拟衬砌结构承受轴向荷载、剪切荷载与弯曲荷载的能力，在建立隧道加固计算模型时，应重点考虑存在对梁单元上述三种承载能力的影响。

根据病害类型和特点，可建立衬砌裂缝、厚度不足、材料劣化、衬砌背后空洞、附加荷载等五类计算模型。

（1）裂缝计算模型

设计中可认为已开裂的混凝土只能承受压应力和部分剪应力，不能承受拉应力。其中，素混凝土衬砌受拉区开裂后，其开裂部分不能承受拉应力，进行计算时应采用有效面积；钢筋混凝土衬砌受拉区开裂后，开裂部分拉应力全部由钢筋承担，该部分混凝土不承受拉应力。

（2）厚度不足计算模型

衬砌厚度不足后造成结构承载能力降低。在经过检测后，将模型中梁单元的厚度按照实际衬砌结构的厚度进行计算。

（3）材料劣化计算模型

衬砌材料劣化对结构的影响主要有两方面：一是会引起混凝土材料的强度低于设计强度，导致结构整体承载力不足；二是会引起结构刚度不足，造成结构变形超限。在进行加固设计计算前，应进行采样实验，测出实际的混凝土弹性模量、材料抗压强度和单轴抗拉强度来进行计算。

（4）背后空洞计算模型

背后空洞可能引起应力集中，导致衬砌结构承载不均衡，产生结构裂缝。荷载结构法通过围岩压力与地弹簧模拟围岩与衬砌结构的相互作用，可以认为在背后空洞的宽度范围内，围岩和衬砌结构之间没有接触和约束作用，在计算中不计空洞处的围岩压力和地层抗力。

（5）附加荷载计算模型

某些病害（如偏压、冻害）的存在，会使衬砌结构上的围岩压力的大小和分布规模发生改变，给结构的安全带来不利影响。可通过埋置比较完备的监测设备，测量到二次衬砌和初期支护间的压力，可直接将此压力作为围岩压力进行计算，此时模型中不再需要施加围岩抗力来约束变形。

6.4.3 衬砌裂损加固

隧道衬砌加固的常用方法有：表面裂缝修补法、压浆灌缝法、锚喷加固发、套拱加固法、注浆加固法及更换衬砌等方法。

6.4.3.1 表面裂缝修补

1）一般规定

（1）表面修补法是一种简单、常见的维修方案，用于稳定和对结构承载能力没有影响的表面裂缝以及深进裂缝的处理,也适用于大面积裂缝的防渗、防漏处理。

(2)常见的处理措施包括表面封闭法、凿槽嵌补法、粘贴纤维复合材料法、粘贴钢板法等方法。

(3)混凝土裂缝根据成因,可分为非结构性裂缝和结构性裂缝;根据其活动状态,可分为静止裂缝和活动裂缝。对裂缝进行处理前,应分析其成因、判定其活动状态。结构性裂缝应采取加固补强措施后,方可采取修补措施;活动裂缝应在分析并控制发展,使其稳定后,方可进行修补处理。

(4)渗漏水裂缝应经渗漏水处治完成后,方可进行表面修补。当裂缝区出现钢筋锈蚀时,应对钢筋进行除锈,再进行修补处理。

2)表面封闭法

(1)本方法适用于修补静止裂缝,且裂缝宽度较细(宽度小于0.5mm)、较浅,不影响结构安全和正常使用,可采用直接涂抹的方式。

(2)当表面裂缝不多时,可将裂缝清洗干净后,涂刷水泥浆;或将混凝土表面清洗干净并干燥后,涂刷环氧树脂水泥。

(3)当表面有较多裂缝时,可在沿裂缝附近用钢丝刷刷净再用高压水清洗并湿润基面后,用水泥砂浆抹平,或在表面刷洗干净并干燥后涂抹2~3mm厚的环氧树脂水泥[图6-8a)]。

(4)对于有防水抗渗漏要求的迎水面(如水沟),可在混凝土表面刷洗干净并干燥后,粘贴2~3层环氧树脂玻璃布或碳纤维布等封闭裂缝[图6-8b)]。

图6-8　表面处理法修补裂缝示意图(单位:mm)

注:摘自《混凝土结构构造手册》(第三版),中国建筑工业出版社,2003。

3)凿槽充填法

(1)本方法适用于修补裂缝宽度在0.5~1.0mm之间的中等宽度裂缝。

(2)修补时应沿裂缝用机械开凿或用手工剔凿,凿成"V"或"U"形,槽宽和槽深刻根据裂缝深度和有利于封缝来确定,槽深最大不超过2/3衬砌厚度。"V"形槽适合于树脂类的填充料,其宽度和深度一般为30~50mm[图6-9a)];"U"形槽适合于水泥砂浆类的填充料,其上口宽度一般为60~80mm[图6-9b)]。

(3)当裂缝为静止裂缝时,可采用刚性材料填充[图6-9a)、图6-9b)];当裂缝为活动裂缝时,可采用弹性材料填充密封,这种凿槽的槽口要大一些,以适应裂缝活动的需要,槽口两侧应凿毛,槽底应平整光滑并设隔离层[图6-9c)]。

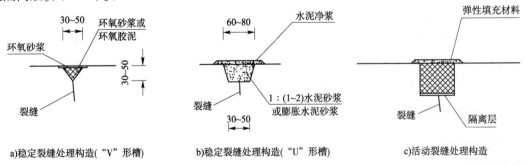

图6-9　凿槽充填法处理裂缝示意图(单位:mm)

注:摘自《混凝土结构构造手册》(第三版),中国建筑工业出版社,2003。

(4)用配置好的接缝材料进行填缝,并捣固密实,填缝的主要材料有聚合物水泥砂浆、环氧砂浆、环氧胶泥、沥青胶泥类等。

(5)用环氧砂浆或水泥净浆等材料将裂缝表面抹平,并进行合理的养护。

(6)凿槽充填效率较低,但对隧道净空影响小,适用于无偏压或结构性受力造成的裂缝。

4)粘贴纤维复合材料加固

(1)当衬砌因材料劣化,在比较小的范围内衬砌有掉块的可能,但没有漏水,且净空富余较小的场合可采用粘贴纤维复合材料的方法进行加固,防止衬砌掉块、剥落、剥离以及衬砌材料的继续劣化。本方法仅适用于钢筋混凝土衬砌加固。

(2)按现场检测结果确定的原衬砌混凝土强度不应低于C20。

(3)纤维复合材料宜粘贴呈条带状,板材不宜超过2层,布材不宜超过3层。应采用配套树脂类黏结材料将其可靠的粘贴于衬砌表面,协调变形,共同受力。

(4)纤维复合材料沿纤维受力方向的搭接长度不应小于100mm;当采用多条或多层纤维复合材料加固时,其搭接位置应相互错开。

(5)粘贴多层纤维复合材料加固时,宜将纤维复合材料逐层截断,并在每层截断处最外侧加压条,其粘贴形式采用内短外长式(图6-10、图6-11)。

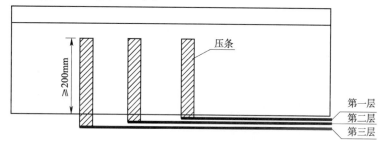

图6-10 多层纤维复合材料粘贴构造

(6)应按现行《建筑设计防火规范》(GB 50016)规定的耐火等级及耐火极限要求,对纤维复合材料进行防护。

(7)必要时应采取可靠的锚固措施。可采用相同纤维材料做成压条进行锚固,也可将钢板或角钢等先粘贴在纤维复合材料的外表,再用锚栓锚固于混凝土中,锚栓的数量及布置方式应根据锚固区受力大小确定。钢板压条不宜小于3mm,锚栓规格不宜小于M6。设计时,还应考虑因采取附加锚固措施而造成的纤维复合材料损伤对加固效果的影响。

5)粘贴钢板

(1)当衬砌因材料劣化,在比较小的范围内衬砌有掉块的可能,但没有漏水,且净空富余较小的场合,可采用粘贴钢板的方法进行加固,防止衬砌掉块、剥落、剥离以及衬砌材料的继续劣化;一般用于紧急补强和补修。

图6-11 粘贴纤维复合材料施工

(2)按现场检测结果确定的原衬砌混凝土强度不应低于C20,二衬厚度不得低于30cm。

(3)采用直接涂胶粘贴的钢板厚度不应大于5mm,宜使用螺栓进行锚固。钢板厚度大于5mm时,应采用压力注胶黏结。

(4)压贴钢板采用方木、角钢和固定螺栓等均匀的加压进行压贴,养生到所要求的时间,拆除压贴用的方木、角钢等支架材料。

(5)对钢筋混凝土受弯构件进行加固时,钢板宜采用条带粘贴,钢板的宽厚比不应大于50。

(6)钢板外表面应进行防腐蚀、防锈蚀及防火处理,如涂刷铅丹或其他防锈漆等,表面防护材料对钢板及胶黏剂应无害。

(7)处于特殊环境(如高温、高湿、介质侵蚀等)的隧道衬砌采用本方法加固时,除应按国家现行标准的规定采取相应的防护措施外,尚应采用耐环境因素作用的胶黏剂,并按专门的工艺要求进行粘贴。

(8)必要时采取可靠的锚固措施。

6.4.3.2 压浆灌缝

1) 一般规定

(1) 本方法适用于较深、较宽的裂缝处理,可分为水泥注浆法和化学注浆法。压力注浆根据裂缝形式可以采用骑缝注浆或斜缝注浆两种注浆孔布置方式。

(2) 水泥注浆法,适用于处理较宽的稳定裂缝,一般裂缝宽度大于1mm时才能较好地保证注浆的质量。化学注浆法,适用于较细的裂缝修补,裂缝宽度≥0.3mm时宜采用。

(3) 骑缝注浆,适用于延伸方向基本与衬砌表面垂直的裂缝;斜缝注浆,适用于延伸方向与衬砌表面有一定角度的裂缝。

(4) 压力注浆前,应采用砂浆将裂缝表面封闭,通常沿裂缝方向开一宽6cm、深5cm的矩形槽,然后在槽内采用环氧树脂、环氧砂浆封闭裂缝(图6-12)。

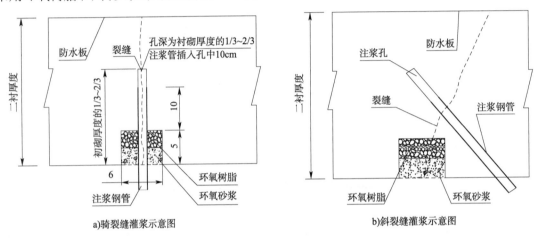

图6-12 骑缝注浆和斜缝注浆示意图(单位:cm)

2) 裂缝修补材料

(1) 隧道裂缝注射或压力灌注用宜选用修补胶。

(2) 结构性裂缝注浆宜选用水泥基注浆液,有补强要求时可选用改性环氧树脂注浆材料,裂缝堵水注浆宜选用聚氨酯或丙烯酸盐等化学浆液。

(3) 隧道衬砌混凝土裂缝修补宜选用聚合物水泥注浆料,聚合物水泥注浆料的劈裂抗拉强度、抗折强度、注浆料与混凝土的正拉黏结强度应分别按照现行《混凝土结构加固设计规范》(GB 50367)中附录G、附录H与附录F的有关规定进行测定;其他指标的测定参照现行国家相关标准的规定执行。

(4) 环氧树脂注浆材料只适用于干燥或潮湿的裂缝。

6.4.3.3 喷锚加固

1) 一般规定

(1) 对于裂缝较多,但是裂缝深度较浅,裂缝发展缓慢的局部破损,可以仅采用喷射混凝土的方法进行加固(图6-13)。当裂损严重时,喷射混凝土可与钢筋网、锚杆结合使用。

(2) 下列情况下不适合采用喷锚支护:

① 地下水发育或大面积淋水地段;

② 易造成衬砌腐蚀或膨胀性围岩的地段;

③ 月平均最低气温低于-5℃地区的冻害地段;

④ 有其他特殊要求的隧道。

2) 构造要求

(1) 加固采用的喷射混凝土强度等级不应低于C20,喷射混凝土厚度不应小于50mm,最大不宜超过300mm。为提高喷射混凝土的抗裂性能,可采用钢纤维或合成纤维喷射混凝土(图6-14)。

(2) 喷射混凝土、钢筋网、锚杆、钢纤维、合成纤维的设计应符合现行《公路隧道设计规范》(JTG D70)的相关规定。

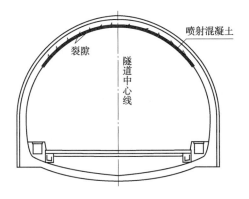

图 6-13 喷混凝土加固隧道衬砌裂损示意图　　图 6-14 喷混凝土加固隧道衬砌裂损

(3)对所加固的结构表面,宜采用涂刷界面剂或植入锚固筋的方法增强新旧结构层的黏结。

(4)喷射混凝土加固前应将有缺陷的混凝土剔除,并应将原衬砌表面凿成凹凸差不小于 6mm 的粗糙面。

(5)喷射混凝土必须有足够的强度和附着率,其配合比应通过试验确定。

(6)喷射混凝土终凝 2h 后应喷水养护,养护时间应不少于 7d;当隧道内相对湿度大于 85% 时,可采用自然养护,寒冷地区的养护应按相关规范进行。

(7)当喷射混凝土作业完成后,应对喷射混凝土层进行检测,强度指标应达到设计要求。

(8)采用锚杆加固设计时,应查明衬砌实际厚度及拱背超挖回填情况,锚杆有效长度应穿过回填材料到达稳定围岩体内一定深度。

(9)在打入锚杆之前,应先对衬砌背后空洞或松散体进行注浆填充,并在两周之后再进行锚杆施工。

6.4.3.4 套拱加固

1)一般规定

(1)隧道结构承载力不足,而且净空断面缩减的余地时,可采用套拱加固进行补强。

(2)套拱不得侵入建筑限界。隧道有渗漏水病害或套拱厚度较大时,可在套拱和原衬砌间设置防水层或排水措施。

(3)为确保衬砌与套拱结合牢固,施工前应凿除衬砌劣化部分,衬砌内面应涂抹界面剂,并设置联系钢筋。隧道衬砌背后有空洞、离析、脱空现象时应进行注浆加固充填。

(4)套拱一般采用钢筋混凝土套拱,新增混凝土强度比原混凝土构件强度高一个等级,且不低于 C30。

(5)采用钢筋混凝土套拱加固隧道衬砌时,需按下列两个阶段进行计算:

第一阶段:新浇混凝土层达到强度标准值之前,构件按原构件截面计算,荷载应考虑加固时包括原构件自重、围岩压力、水压力等在内的恒载、现浇混凝土层自重及施工荷载。

第二阶段:新浇混凝土层达到强度标准值后,构件按加固后整体截面计算,作用(或荷载)应考虑包括加固后构件自重在内的永久荷载以及可变、偶然荷载等。

2)构造要求

(1)套拱厚度根据病害严重程度确定,一般为 20~35cm。

(2)钢筋混凝土套拱采用的受力钢筋直径不应小于 12mm,U 形箍直径应与原箍筋直径相同,分布筋直径不应小于 6mm。

(3)套拱混凝土浇筑前,须对原衬砌侵限部分进行凿除;新老混凝土的结合面,原衬砌的表面应凿成不小于 6mm 的粗糙面。

(4)套拱中的主筋也可用钢拱架、格栅来代替,间距一般为 50~80cm,纵向设置连接钢筋。

(5)套拱拆模后要进行压浆,以填充其背后空隙,使新旧拱圈连成整体。

(6)在完成钢筋混凝土施工后,应对钢筋混凝土平整度、强度、厚度进行检测。

以福州金鸡山隧道为案例的钢拱架加固施工图见图 6-15。

图 6-15　福州金鸡山隧道钢拱架加固施工

6.4.3.5　注浆加固

1) 一般规定

(1) 注浆加固适用于因衬砌背后空洞、围岩松弛、偏压、滑坡等引起的衬砌开裂、变形等病害的治理。注浆加固措施主要有衬砌背后空洞注浆、围岩注浆、灌浆锚固。

(2) 注浆加固应尽量避免破坏隧道防排水体系；当注浆加固与防排水体系冲突，且结构安全受到影响时，应先确保结构安全，再完善防排水补救措施。

(3) 衬砌使用功能失效时，宜采用围岩注浆加固，再配合其他支护措施进行拆除、更换重建。

(4) 隧道注浆加固宜结合其他补强方式联合使用。

(5) 注浆加固应避免影响隧道机电设施的使用功能。

(6) 靠近水源处进行化学注浆加固时，应避免污染水质，扩散到水源中的有害物质浓度应符合国家标准。

(7) 注浆压力宜根据加固措施进行选择，在注浆过程中应加强监测，当发生衬砌变形或排水系统堵塞等异常情况时，可降低注浆压力或采用间歇注浆，直到停止注浆。

(8) 注浆顺序应适合于地层条件、现场环境及注浆目的，一般注浆顺序宜采用先外后内、先上后下的方式；注浆时宜隔孔注浆，以防止串浆。

(9) 注浆效果检查可采取钻孔取芯、超声波或雷达检测等方法。

2) 衬砌背面注浆

(1) 衬砌背面注浆是治理衬砌背后空洞引起隧道病害的基本对策，通过注浆填充了衬砌后空洞、胶结破碎围岩，改善了隧道衬砌结构的受力状态，有效避免了二次衬砌的进一步开裂和变形。

(2) 衬砌背后空洞常见有脱空、空洞和离析三种形式（图 6-16～图 6-18）。

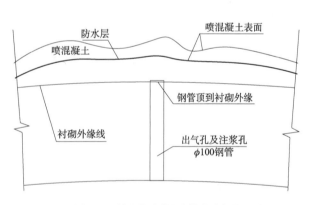

图 6-16　衬砌背后脱空注浆孔示意图

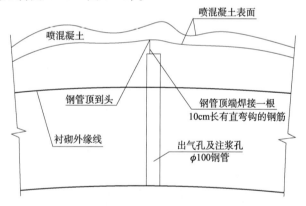

图 6-17　衬砌背后空洞注浆孔示意图

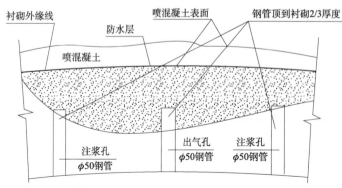

图 6-18　衬砌背后离析注浆孔示意图

(3) 衬砌背后空洞、脱空注浆宜采用水泥浆或水泥砂浆；采用水泥砂浆注浆后，宜再用纯水泥浆复注一遍;注浆压力一般控制在 0.3～0.5MPa。

(4)当拱顶、拱背的空洞较大时,宜在隧道拱部开 60cm×60cm 的天窗,采用喷 C25 混凝土或 1:1 水泥砂浆填充密实空洞,再采用微膨胀水泥封闭拱顶天窗。

(5)衬砌离析注浆宜采用超细水泥浆填充,且注浆孔深不宜超过衬砌厚度的 2/3,注浆压力不宜超过 0.5MPa。

(6)以下情况不宜采用衬砌后空洞注浆:

①衬砌材质劣化、厚度严重不足、开裂严重、结构失效需要拆除重建时,不宜采用衬砌后注浆;

②衬砌背后局部有空洞但结构安全时,注浆可能堵塞排水系统,可能诱发其他隧道病害。

(7)衬砌后空洞注浆设计注意事项:

①注浆材料宜根据衬砌背后空隙的大小、涌水状况、经济性等因素选择注浆材料;注浆材料宜具有充分的流动性、可控硬化时间的注浆材料,一般宜选择水泥系、水玻璃系。

②注浆孔布设应根据衬砌背后空洞分布范围、大小、埋深及施工便利性,综合确定布设方案,一般注浆孔布设以拱顶为中心,在拱顶中部 90°范围内梅花形布置注浆孔,或根据空洞分布情况沿空洞周边设置;注浆孔深度可根据隧道衬砌厚度、空洞状况及围岩情况综合确定。注浆管一般采用钢管或硬质塑料管,管径 30～50mm,间距 1.2～1.5m。

③注浆压力宜按照不影响隧道衬砌及排水系统控制,结合注浆材料和施工方法,合理确定注浆压力,具体宜控制在 0.5MPa 以下,并应控制注浆影响范围。

④衬砌有水压的地段,应先设置排水孔降低水压,然后再进行注浆处理。

⑤注浆顺序应先从拱部开始注浆,待衬砌背后积水从两侧边墙泄水孔排出,再依次向两侧边墙进行注浆。

3)围岩注浆

(1)围岩注浆是利用注浆材料填充、胶结、密实松散体及围岩松动圈,提高围岩的自承能力,改善二衬受力状态。

(2)衬砌后空洞易形成围岩松动圈,一般围岩注浆应结合衬砌背面注浆综合处治;围岩松动圈可采用折射波法确定其厚度。

(3)采用围岩注浆应与隧道排水降压处理综合考虑,当衬砌背后存在松散体时且裂隙水发育时,隧道围岩注浆应满足加固围岩和堵水要求。

(4)注浆孔布设一般采用梅花形布设,位置应避开预埋管线;注浆管采用 $\phi42$ 或 $\phi50$ 小导管,长 3～5m,间距 1.0～2.0m。

(5)注浆材料宜采用水泥浆液、超细水泥浆液、自流平水泥浆液等。

(6)注浆压力应综合考虑水孔隙压力、浆液种类、地质条件等因素,通过试验确定。

(7)围岩注浆时,宜根据衬砌背后水的大小和压力决定泄水孔的直径和布置方式。

(8)当衬砌背后有着较好连通性的溶洞、溶槽、裂隙、土洞等地质条件,应首先考虑碎石混凝土、粉煤灰等材料进行填充,等填充达到一定强度后,再利用流动性浆液进行补注浆。

(9)围岩注浆可采取钻孔取芯法对注浆效果进行检查,必要时进行压(抽)水试验。

(10)注浆结束后,应将注浆孔及检查孔封填密实,对衬砌进行表面封闭或加固。

4)灌浆锚固

(1)灌浆锚固是利用长锚杆对隧道偏压、滑坡、膨胀性围岩及软岩流变等塑性地压的特殊加固措施;利用锚杆与围岩间的摩擦力,控制围岩的变形,提高岩体的抗剪强度和黏结力,从而有效缓解围岩变形对隧道衬砌的不利影响。

(2)当衬砌出现裂缝时,应先行衬砌加固,再进行灌浆锚固,灌浆锚固应与隧道排水降压处理综合考虑。

(3)灌浆锚固不适合应用于黏土化软弱破碎带等极端软弱围岩,为确保加固后取得足够的围岩锚固力,灌浆锚固前应确认围岩松动圈范围。

(4)灌浆材料宜采用 42.5 号普通硅酸盐水泥、环氧树脂等浆液;灌浆压力宜控制在 0.5～1.0MPa,灌浆比级采用3:1、1:1和0.8:1,从稀到浓,逐级灌注。

(5)灌浆锚杆直径不宜小于25mm,锚杆长度应超出围岩松动圈2~3m,一般可取6~12m;锚杆间距一般采用1~1.5m。

(6)当围岩裂隙水具有腐蚀性时,应根据围岩裂隙水的赋存及衬砌腐蚀情况,向衬砌背后注浆防蚀浆液,锚杆应涂防腐材料,避免地下水侵蚀锚杆和衬砌。

(7)浆液灌注方法宜采用孔内循环式灌浆法、循环式与泵送水玻璃灌注法等。

(8)闭浆时间宜根据实际地质情况做现场试验确定,一般可按照每分钟灌浆量小于5~6L,再延续20~40min结束。

(9)灌浆锚固完成后,需对锚杆端头进行特殊处理,尽量减少加固处理对隧道建筑限界的影响。

6.4.3.6 更换衬砌

1)一般规定

(1)更换衬砌加固是清除劣化部分衬砌,用混凝土等置换,来维持衬砌承载力、耐久性的方法。适用于衬砌开裂、错动、剥落等衬砌材料劣化程度显著,且深及内部的衬砌病害。

(2)确定更换衬砌加固方案应先确定隧道衬砌劣化、变形的原因。

(3)更换衬砌加固设计应体现动态设计与信息化施工的思想,制定地质观察和监控量测的总体方案。地质条件复杂的隧道,应制定地质预测方案,并及时评判设计的合理性,调整结构参数与施工方案。通过动态设计使加固方案适应于现场实际情况,更加安全、经济。

(4)拆除衬砌时,应根据围岩的地质情况及时进行支撑。

(5)施工前应收集衬砌背面空洞和围岩垮塌资料,必要时可用超声波进行检测。

(6)做好施工期间交通组织设计,选择施工方案时应以保证运营和施工安全为前提,尽量减少对运营的干扰。

(7)更换衬砌加固时须考虑隧道机电工程及其附属。

2)构造要求

(1)衬砌的内轮廓线必须与原衬砌内轮廓线一致。

(2)衬砌结构应在洞口段、浅埋地段、断层破碎带前后、硬软地层分界处及荷载发生较大变化处设置环向变形缝,变形缝纵向距离一般取8~15m。

(3)衬砌材料应符合《公路隧道设计规范 第二册 交通工程与附属设施》(JTG D70/2—2014)和现行《公路隧道设计细则》(JTG/T D70)的相关要求。

(4)结构劣化原因是腐蚀性水(如强酸性水)时,不仅要排水,还要使用树脂砂浆等防腐蚀性材料和防腐蚀性好的防水板敷设在更换衬砌部分背后。

(5)施工时可能会影响到其他段落的衬砌功能时,应采取防护拱架、锚杆等适当的防护措施。以云门隧道为例的新二衬浇筑示意图见图6-19。

图6-19 S215云门隧道新二衬浇筑

6.4.4 渗漏水处治

6.4.4.1 一般规定

(1)采取"以排为主,截、堵、排结合,综合整治"的原则;

(2)渗漏水治理时应掌握工程原防、排水系统的设计、施工、验收资料;

(3)治理施工时应按先拱后墙而后底板的顺序进行,应尽量少破坏原有完好的防水层;

(4)治理渗漏水前宜查找并隔离水源,且施工宜在无水的状态下进行;

(5)若结构仍在变形,未稳定的裂缝应先补强结构,待结构稳定后,再做渗漏水处理;

(6)治理工程中应选用无毒、低污染的材料,以保护施工人员身体和周围环境;

(7)寒冷地区隧道出现冻害时,其渗漏水应按"冻害处治"的要求进行。

6.4.4.2 处治措施

1)综合治理方案

(1)完善或者增加地表和地下截水;

(2)在垭口和地质不利的地方采取截留和引排,使水远离隧道;

(3)贯通隧道内的原有排水系统;

(4)对隧道内的渗漏水部位进行治理,可采用衬砌背面注浆,或在渗漏水的衬砌加设排水设施(如引水管、泄水管和引水渡槽等),或引排和注浆相结合等方法;

(5)在衬砌内贴防水层;

(6)在施工缝和变形缝处用止水带、遇水膨胀橡胶等密封防水材料进行封堵;

(7)对严重漏水的隧道,可采取套拱加固。

2)隧道内渗漏水治理

隧道内渗漏水分为线状漏水和面状漏水两类。针对渗漏水部位的治理方法,主要有导水法、止水法、背后压浆法、降低水位法、喷射法、涂膜法、防水板法、防水膜法和电渗法等。在具体的施作过程中,可根据实际情况选用适当的方法和材料:

(1)导水法是把衬砌施工缝及开裂处的漏水,沿漏水地点成线状的,通过不闭塞的水路引入排水沟的方法。可在衬砌表面安装平行管进行导水,也可在漏水处修"V"形或"U"形沟槽,再用管材或合成橡胶等材料进行导水。

(2)止水法分用止水材料填充沟槽法和注浆止水法。止水材料填充沟槽法是在漏水处挖沟槽,然后在沟槽处用速凝砂浆等非定型材料进行充填;注浆止水法是在漏水开槽,采用小导管对漏水处压浆。

①对渗漏水量较小的裂缝,其施工工序为:凿槽→堵漏→注浆(图6-20)。

②对渗漏水量较大的裂缝,采取凿槽引排处理(图6-21)。

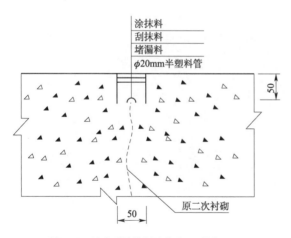

图6-20 渗水裂缝堵漏注浆处理(单位:cm)   图6-21 凿槽引排断面示意图(单位:mm)

③大面积渗水治理:

大面积渗水段,宜采用双液注浆堵水的办法进行治理,其主要施工过程为:钻设泄水孔→钻设注浆孔→安设注浆管→压注水泥—水玻璃双液浆。

压注浆时,注浆压力控制在0.4~0.5MPa。水泥—水玻璃双液浆的配比为:水泥:水玻璃=1:1(体积比),水:水泥=1:1。注浆的顺序为:先拱部,后边墙,全孔一次性注浆。堵水注浆完成后,割除注浆外露部分,涂刷刮抹料与调色料(图6-22)。路面渗水施工缝或伸缩缝注浆管安设见图6-23。

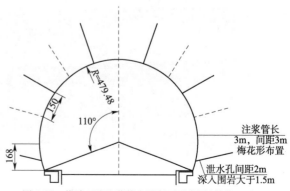

图6-22 拱墙双液注浆管安设断面示意图(单位:cm)

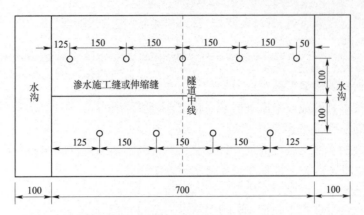

图6-23 路面渗水施工缝或伸缩缝注浆管安设(单位:cm)

（3）背后压注法是指用压注方法充填衬砌背后、隧道周边围岩中的空隙、空洞的方法。

（4）降低水位法是把隧道施工基面附近的地下水位降低，防止隧道漏水的方法，分为：排水孔法、降低排水沟法、增加中央排水沟法、排水钻孔法及井点法。

（5）喷射法和涂膜法是用防水材料喷射或涂抹在衬砌内表面上，形成面状防水层而止水的方法。

（6）防水板法和防水膜法是把防水板或和防水膜贴附在衬砌表面上，形成面状防水层，并从防水板或和防水膜的背后导水。

（7）化灌—电防渗技术简称电渗技术，是对有明流水渗出的地下结构先进行化灌临时止水，再进行MPS系统的安装。利用超低压正负脉冲电流形成磁场，将结构中（如毛细孔、裂缝）水分子电离化。将电离后的水引向负电极方向，即结构外侧，不倒流，使结构变成干燥状态。被电离的水分子移动的能量大于水的自重力和结构中毛细孔的虹吸作用力的能量，能承受高压水作用。只要连续施加正负脉冲电荷，结构内的水就会一直朝着在负电极一侧（结构外侧）移动，会形成一道密闭性防渗屏障，防止水或潮气的渗入结构中。

导水法与止水法相结合的渗漏水治理施工见图6-24，注浆施工现场见图6-25。

a)

b)

图6-24 引排和注浆结合施工

a)

b)

图6-25 注浆施工

6.4.5 衬砌抗腐蚀处理

6.4.5.1 一般规定

（1）在正确判定衬砌混凝土侵蚀程度基础上，因地制宜地采取整治措施。

（2）衬砌受到腐蚀时，应对隧道结构进行补修。若衬砌承载力不能满足要求，应采用其他方法对隧道进行补强加固。

（3）衬砌结构的腐蚀性破坏往往伴随着渗漏水、冻害、结构变形等，应按照相关处治要求进行治理。

6.4.5.2 处治措施

（1）腐蚀产生需要三个条件：腐蚀性介质、易腐蚀的物质及活动性地下水。在进行措施选取时要针对以上要素，结合工程具体情况确定，一般从减少介质或隔断地下水的作用着手，常用整治方法有：喷涂防蚀材料、喷射混凝土或防水砂浆、排水止水、衬砌背面注浆、套拱加固、增设仰拱、更换衬砌等。

（2）向衬砌表面喷涂防腐蚀材料：

①对不需要补强的大面积渗漏水地段，可在凿毛冲洗干净的圬工面上，采用喷涂防水防腐蚀涂料、喷射混凝土或防水砂浆等方法整治。

②衬砌表面涂抹的防水防蚀涂料，常用的有阳离子乳化沥青胶乳涂料、编织乙烯共聚涂料、焦油聚氨酯涂料、RG防水涂料等。

（3）向衬砌背后压注防蚀浆液。针对隧道腐蚀性介质，常用材料有阳离子乳化沥青、沥青水泥浆液等沥青类的乳液，以及高抗硫酸盐、抗硫酸盐水泥类浆液等。

（4）加强衬砌外排水措施如下：

①地下水丰富地区，可用泄水导洞法将地下水引至导洞内。泄水导洞应根据地下水的活动规律和流向，做在主洞的上游，拦截住地下水。

②地下水不发育地区，可在隧道背后做盲沟，将地下水排入盲沟。

③对于拱部质量较差的衬砌（如有裂损、漏水、厚度不足和腐蚀等多种病害），可考虑衬砌背面注浆后，对衬砌仍存的局部渗漏处加强排水止水，并采用喷射混凝土补强堵漏。

（5）采取相关措施对混凝土裂缝进行修补，阻止腐蚀物进入混凝土。

6.4.6 冻害处治

6.4.6.1 一般规定

（1）隧道冻害主要表现在衬砌、路面、洞口处，衬砌包括开裂、剥落、掉块、变形、渗漏水、挂冰等，路面包括溢水结冰、翻浆、开裂等，洞口包括洞门开裂、变形、洞口崩塌、坡面蠕动、热融滑塌，以及洞口风吹雪等。

（2）隧道冻害的根本原因就是围岩地下水的冻结，如果能将水排除在冻结圈以外，杜绝水进入冻结圈，就能达到防治冻害的目的。

（3）隧道冻害处治的原则是以防水为基础、以排水为核心、以保温为关键，三者有机结合综合治理。

（4）对拟采用冻害处治加固方法的隧道，需对隧道所处地区位置的气象资料、隧道内温度场的变化规律等进行测试和调查。

（5）选择时应综合考虑施工难度、施工环境和工程经济性等因素，并且与渗漏水处治、防排水治等理措施综合使用。

6.4.6.2 处治措施

隧道冻害处治的常用措施有：综合治水、增设保温材料防冻、洞口设保温棚等，也可根据实际情况结合运用。

1）综合治水

（1）消灭衬砌漏水缺陷，保证衬砌圬工不再充水受冻。

（2）加强结构层和接缝防水（所用防水材料要有一定的抗冻性），有冻害的段落要保证排水系统畅通,不允许衬砌背后积水,并防止冻结圈外的地下水向冻结圈内迁移。

(3)衬砌背后空隙用砂浆回填密实。

(4)保证排水设施或泄水沟在任何季节,任何条件下不冻结。

(5)由于排水系统冻结造成隧道路面溢水结冰的情况,可采用保温水沟,必要时采用中心深埋水沟、防寒泄水洞等措施。

2)增设保温材料

(1)隔热法是在隧道衬砌表面设置隔热材料,使围岩热量在冬季不逸出隧道衬砌,并保持隔热材料的表面在冰点以上,防治冻害发生。

(2)设置"U"形沟槽:

①适用于发生线状漏水、寒冷程度较小的隧道;

②在接缝、开裂等漏水冻结处凿出"U"形沟槽,将隔热材料嵌入或覆盖在衬砌表面,防止冻结,形成线状导水孔道。

(3)衬砌表面加隔热层:

①一般由导水层、隔热层和防火层三层构成;

②隔热层的材料多为泡沫聚氯乙烯、泡沫聚苯乙烯和泡沫尿烷等。

3)加热法

加热法是采用电热器或者在衬砌表面设置发热体,从而使衬砌表面变热防止冻害发生的方法,常用的有电伴热系统加热(图6-26)。针对隧道内易出现冻害的路段,在衬砌表面安装保温隔热材料的基础上,铺设电伴热系统,能在低温环境下有效地提高衬砌温度,确保衬砌内部不出现负温,避免隧道内部冻害的发生。

4)洞口设保温棚

当隧道洞口处发生风吹雪现象,或者在洞口路面形成积雪,严重影响行车安全时,采用防雪保温棚(图6-27)。

图6-26 隧道壁加热电缆

图6-27 防雪保温棚

6.4.6.3 构造要求

(1)隔热法中使用的防冻隔温层材料,应具有一定的防水性、抗渗透性、防火性和耐久性。

(2)采用表面(喷涂或铺设)隔热法时,防冻隔温层应能承受隧道风荷载的作用而不产生破坏。

(3)防冻隔温层与衬砌的拉伸黏结强度不得小于0.5MPa,不得产生面层剥落、保护层脱落、裂缝等破坏。

(4)防冻隔温层的燃烧性应符合《建筑材料及制品燃烧性能分级》(GB 8624—2012)的要求。

(5)在正常使用和正常维护的条件下,防冻隔温层的正常使用年限不应少于30年。

(6)中心深埋水沟必须设置在最大冻结深度以下,且出水口必须作保温处理。

6.4.7 火灾病害加固

6.4.7.1 一般规定

(1)隧道火灾损伤评定是灾后隧道修复加固技术改造的基本依据,是保证火灾后隧道安全使用的关键。

(2)火灾后隧道衬砌力学性能的降低包括了强度和刚度的损失,受火灾严重部位衬砌混凝土结构的软化致使结构断面不再保持平面。

(3)及时对火灾后隧道衬砌结构的损伤状况做出合理的判断,确定合理的维修加固措施,对减少公路运输的经济损失,确保公路运输的安全与顺利,具有极其重要的意义。

6.4.7.2 火灾损伤分级

对火灾后的隧道调查表明,火灾损坏主要是烧坏支护结构拱部及边墙,拱部较边墙严重,一般衬砌损坏厚度为10~20cm,为隧道衬砌总厚度的1/3~1/2。衬砌混凝土爆裂剥落(剥落深度10~20cm)。结构的破坏表现为衬砌结构严重变形、开裂、衬砌混凝土强度降低,衬砌结构的整体性受到破坏。严重的情况会造成拱顶掉落,边墙倒塌,进而造成整个隧道坍塌。

隧道火灾受损评定,包括隧道火灾后检查和隧道现场试验两个方面:

(1)隧道火灾后检查是指对受火灾隧道各部位的技术状态进行详细的调查研究,从而评估火灾后的现状,为维修加固提供必要依据;

(2)隧道现场试验是指通过现场试验测量与隧道结构性能相关的参数,如强度、变形、沉降、隆起、应变、裂缝、剥落等,从而分析火灾位置结构的强度、刚度、耐火抗裂性能及整体稳定性,以评估火灾后隧道结构的支护承载能力;

(3)隧道火灾受损的分级评定标准见表6-4,此分级建议为中铁西南科学研究院的梅志荣于1999年在总结国内外大量隧道火灾实例的基础上,参考地面建筑物火灾损伤评估标准级损伤程度分类,根据调查统计和实验分析结果而建立起来的分级评定方法。

隧道衬砌结构火灾损伤评定分级建议表　　　　　　　　表6-4

损伤程度	损伤指标特征								
	损伤深度(cm)	酥松深度(cm)	剥落深度(cm)	衬砌混凝土残余强度比	结构残余支承能力(%)	混凝土衬砌声速比	温度指标		表面特征	
							火灾温度(℃)	燃烧时间(h)	混凝土表面颜色	烧伤区混凝土特征
轻度损伤(Ⅰ)	3~6	2~4	基本无	>0.7	>85	>0.8	400 500 600	5~14 1~8 0~3	烟熏黑色	表层混凝土有轻微损伤;整体结构基本无破坏。烧伤区混凝土组织结构基本保持原状
中度损伤(Ⅱ)	6~12	4~7	0~3	0.5~0.7	70~75	0.5~0.8	600 700 800 900	3~19 0~19 0~11 0~1	混凝土烟熏黑色,略带浅红色	表层混凝土剥落和烧酥,烧损的混凝土组织结构发生变化,成褚红色;结构表面有局部0.5~2mm裂纹
严重损伤(Ⅲ)	12~20	7~12	3~7	0.36~0.5	55~70	0.3~0.5	900 1000 1100 1200	1~35 0~26 0~16 0~6	灰白色略带浅红色	表层混凝土剥落和烧酥较为严重,有2~3cm的烧酥层;混凝土组织结构发生了显著变化;结构表面有部分0.5~2mm裂纹

续上表

损伤程度	损伤指标特征							
	损伤深度（cm）	酥松深度（cm）	剥落深度（cm）	衬砌混凝土残余强度比	结构残余支承能力（%）	混凝土衬砌声速比	温度指标 || 表面特征	
							火灾温度（℃）	燃烧时间（h）	混凝土表面颜色	烧伤区混凝土特征
极度损伤（Ⅳ）	20~30	12~30	7~15	0.2~0.36	40~55	0.1~0.3	1200 1300 1400 1500	6~49 0~39 0~30 0~20	灰白色	表层混凝土剥落、烧酥严重，烧酥层厚大于2~3cm；混凝土表面有大于2mm的裂纹
破坏（Ⅴ）	>30	>20	>15	<0.2	<40	<0.1	1200 1300 1400 1500	>49 >39 >30 >30	灰白色	大量破坏性贯穿裂缝，混凝土烧酥，结构局部失稳

6.4.7.3 处治措施

（1）火灾后隧道修复加固工作，包括养护维修和结构加固。

（2）养护维修是灾后一项经常性的工作，一旦隧道产生小的灾后损坏，就必须及时处理，由养护道班工人对损坏缺陷进行修理。养护维修对控制火灾损伤的扩大具有积极的意义。

（3）结构加固是通过加强（加大）隧道支护结构和对火灾重大病害进行彻底整治来提高隧道支护承载能力的措施，表6-5为隧道灾后损伤程度评估分级条件下的衬砌结构修复加固建议方案。

火灾隧道衬砌结构修复加固建议方案 表6-5

损伤程度	修复加固方案	支护参数
轻度损伤（Ⅰ）	素喷混凝土加固	清理表面或局部喷浆活喷混凝土5~8cm防护
中度损伤（Ⅱ）	聚合物纤维 钢纤维 喷混凝土加固	聚合物或钢纤维喷混凝土厚度5~10cm； 网喷混凝土厚度5~12cm； 素喷混凝土厚度5~15cm
严重损伤（Ⅲ）	单筋（锚） 喷混凝土加固	素喷混凝土或钢纤维混凝土，厚度为15~25cm，钢筋网采用φ6~8mm光圆钢筋焊接，钢筋间距100~200mm。局部加强锚杆φ22@100cm
极度损伤（Ⅳ）	套拱 喷混凝土加固	凿除残余衬砌后，喷射混凝土厚度为15~25cm；钢纤维混凝土厚度为20~25cm；设钢架（格栅）支护，钢架间距1~2m，局部设锚杆φ22@100cm
破坏（Ⅴ）	局部重建方案	采用模筑混凝土厚度30~50cm； 或采用网+锚+钢架+喷混凝土+复合衬砌； 衬砌背后进行回填注浆，富水段铺设防水板

注：摘自梅志荣、韩跃《隧道结构火灾损伤评定与修复加固措施的研究》一文。

①喷射混凝土加固包含喷浆、素喷混凝土、聚合物纤维混凝土、钢纤维混凝土、钢筋网喷混凝土等。

②锚喷网加固，喷混凝土同①，锚杆国内普遍采用砂浆锚杆、迈式锚杆等，钢筋网国内普遍采用φ6~8mm光圆钢筋，间距150~300mm。

③钢架（格栅钢架）加固。国内普遍采用凿槽嵌入衬砌方式。

（4）作为隧道灾后修复加固的配合内容，还应将已检修、调试或新购置的通信、给排水、发供电、照明、消防及报警等内部设施，按照修复设计要求妥善安装，并完成运行调试。

6.4.8 洞口病害

（1）洞口加固应根据安全、经济、合理、美观的原则确定相应的加固方案，加固后应保持洞口的整体和谐和美观，应尽量恢复洞口生态绿化。

（2）洞门结构加固应满足结构物的强度、稳定性和抗震性要求，必要时应进行结构验算。基础承载力不够造成洞门墙的开裂,洞门修补前应先加固基础。

（3）正在运营的隧道在对洞口工程进行加固时,应以不危害行车、行人和相邻建筑物的安全为原则,必要时应进行临时的交通管制或断道封闭施工,也可增设临时的挡防设施,确保安全。

（4）接长明洞段的地基承载力须达到设计要求,否则应做地基加固设计。

（5）洞口边仰坡的病害一般表现为坡面破损、局部垮塌和坡体失稳三种形式,加固可分为坡面防护和坡体支挡两种类型,具体方案参考《公路路基设计规范》(JTG D30—2015)及本书第3章。

（6）对隧道洞口病害的治理措施见表6-6。

隧道洞口常见病害及治理措施　　　　　　表6-6

序号	病害类型	成因	加固措施
1	端墙前倾,洞口段衬砌环向裂开	①仰坡山体滑坍;②端墙后岩土冻胀;③端墙强度不足	①清除滑坍土体,必要时修建支挡设施,稳定仰坡;②更换墙后冻胀土,并加强排水;③加厚墙体
2	端墙及洞口段衬砌纵缝	洞口段为土质地基,地表水下渗软化基底,使衬砌下沉	①加固地基,如压浆;②封闭基面,防止地表水下渗;③加固、补强裂损衬砌
3	崩塌落石	隧道洞口在陡峻的山坡下,危石多	①修建支挡墙或喷锚加固危岩;②接长明洞或修建棚洞防护;③清理危石
4	洪水或泥石流掩埋洞口	洞口附近有泥石流沟通过,无可靠的防护措施	①修建拦挡和排导设施;②接长明洞或修建棚洞防护
5	斜交洞口衬砌压裂	山体两侧不均匀,围岩压力挤压	①加固斜交洞口衬砌;②改斜交口为正交洞口;③减载或反压回填
6	边、仰坡裂缝,崩塌	边、仰坡局部、浅层失稳	①加固边、仰坡;②清理塌落体,减载
7	明、棚洞错位,裂缝	①基底承载力、摩擦力不足;②洞顶荷载过大	①加固地基,增设防止明洞转动措施;②洞顶削坡减载

注：摘自夏卫国,张兴来,钟云健《公路隧道洞口病害预防与处治技术探讨》一文。

6.4.9　路面病害

隧道内路面病害治理方案详见本书第4章。

6.5　安全措施

6.5.1　目的

因隧道建设年代不同,相关的警示、提示安全设施建设水平不同,为提升运营安全,对于建设较早的隧道建议增设或补充部分安全设施。通过在隧道内和进入隧道前路段设置相应的警示提示标志、标牌,增设安全设施,安装测速设备等手段,促使驾驶员主动降低车速,分道行驶,提高注意力,达到预防事故的效果。

6.5.2　增设震荡标线

（1）距隧道入口200m开始设置震荡标线,利用震荡标线迫使车速下降(震荡标线尽量密集,具体组数视实际情况而定)。

（2）将隧道内路面中央白色分道标线改为黄色震荡分道标线，并从隧道入口开始向隧道外延伸出50m。

（3）如隧道内有弯道的增加弯道提示牌，在弯道前端设置减速震荡标线。

6.5.3 路面喷涂提示文字

（1）距隧道入口1.5km处，在行车道上喷涂"前方隧道　减速慢行"热熔字。

（2）根据高速公路交通量的车型组成情况，如需要求不同车型进行分道行驶，可在进入隧道前选择合适位置以及进入隧道后每隔1km在行车道上喷涂热熔大字，以作提醒。

6.5.4 其他设施

（1）隧道入口处设置警灯爆闪装置，提示驾驶员提高警惕（可与隧道口设置的限速提示牌安装在一起）（图6-28、图6-29）。

（2）隧道入口处设置遮阳棚、减光格栅（图6-30）。

（3）隧道内加设高音喇叭、信息情报板，循环播放交通安全提示。

（4）为减少夜间驾乘人员因洞内外亮度反差引起的视觉偏差，建议在洞外适当位置设置引道照明。

图6-28　在桥头增加爆闪灯

图6-29　在隧道口两侧增加爆闪灯

a)

b)

图6-30　隧道洞口遮光棚

6.5.5 增设快速预警设施

为减少交通事故的损失和预防次生事故的发生，进入隧道前，在合适位置（可活动中央栅栏掉头口前方300m处为宜）设置声光电一体预警龙门架（图6-31），该龙门架由监控中心远程控制，主要由LED屏、爆闪灯、高音号角系统、卷帘幕条构成（幕条正面为反光材料，并喷涂禁止通行标志），具备警报预警、灯光预警、文字预警、管制设施预警四项功能（图6-32）。

图6-31 声光电一体预警龙门架事故预防、预警设施　　图6-32 隧道入口事故预防、预警设施布设效果图

6.5.6 增设内轮廓反光环

(1)建议在长隧道、特长隧道中设置环形被动反光光环,以改善隧道内的行车诱导效果(图6-33)。

(2)隧道内边界轮廓清晰,可以增强对过往驾乘人员的视觉效果,起到减缓视觉及精神疲劳的作用,也能起到警示和导向效果,在隧道停电的情况下效果尤为突出。

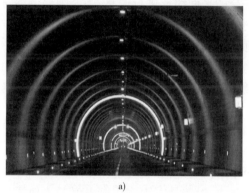

a)　　　　　　　　　　　　　　　　b)

图6-33 隧道反光环布设效果图

(3)可以辅助隧道照明,可降低照明用电量,具有很好的经济、环境和社会价值,提高了隧道的安全系数,保障道路安全畅通。

(4)反光环基板采用长100cm、宽20cm,外形轮廓与隧道内轮廓一致的铝板或不锈钢板制成,迎行车面粘贴一层高性能白色V类反光膜,沿隧道内轮廓安装,采用膨胀螺栓固定;若反光环与隧道内其他设施发生冲突时,可根据具体情况将其断开,确保反光环不得侵入建筑界限或与其他设施发生遮挡。

(5)反光环设置的间距及位置可根据隧道长度、曲线半径、照明等具体情况等间距设置。

7 互通式立交及收费、服务设施改造

互通式立交是高速公路的重要组成部分,是连接高速公路与地方交通路网的节点。互通式立交及收费站的适应性直接影响到交通运行的通畅度和舒适性,也有着较大的社会影响。服务区不仅具备提供短暂休息、加油、加水、住宿、餐饮及停车等功能,也是高速公路形象的直接体现。随着地区经济的发展和交通量的增加、ETC车道的推广以及河北省关于服务区、收费站品质形象提升的要求,为提高路网通行效率、缓解交通拥堵、提高运营服务水平、满足品质形象提升要求,互通式立交、收费站及服务区等均面临着改造需求,本章主要从养护工程设计角度总结互通式立交、收费站及服务区改造的总体原则和相关注意事项,其中涉及的其他专业参见相关章节。

7.1 基本原则

高速公路养护工程设计时,尽量避免对原互通式立交的平面线形进行调整,当必须要调整时需先对原设计与现有规范的符合性和运营安全性进行评价,同时结合养护项目特点,在满足规范和地方文件要求的前提下,合理选择技术标准,降低工程规模。纵断面设计时由于旧路施工误差及后期运营中的不均匀沉降等原因,高程往往不连续,需根据拟合纵断结合实际情况,确定改造部位高程。同样,路面横坡也存在与原设计值不一致的情况,在养护工程设计时,个别路段难以拟合出合适的横坡,此时需在施工时结合现场情况确定。

（1）匝道、服务区出入口、收费站改造等需充分考虑交通需求,尽可能减少实施过程中对道路通行影响。

（2）互通式立交的局部优化和改造,需加强旧路平纵线形的拟合和交通组织设计。

（3）互通、收费站改造工程需加强现状和隐蔽工程调查,对路线平面和纵断改动较大时需采用GPS仪器测量,并按规范要求确定坐标系统和布设测量控制点,保证平、纵拟合精度和后期施工放样的便利,同时结合竣工资料对拟合成果进行调整,必要时增加建设区域地形图测量。

（4）结合被交路的规划,按照规范要求做好平交渠化设计,同时设置适宜、完备的安全设施。

7.2 互通式立交局部改造

7.2.1 互通式立交出入口改造

（1）出入口改造方案须结合现行公路路线设计规范、公路立体交叉设计细则、河北省高速公路勘察设计标准化指南及改造条件综合确定,出入口加减速车道长度和端部设计需满足现行规范要求,在有条件的情况下尽可能满足河北省高速公路勘察设计标准化指南的要求。

（2）一般情况下不改变匝道出入口形式,但在运营过程中发现出入口不满足交通量的需求时,需结合实际交通量资料和匝道的平、纵指标及地形情况,综合确定改造方案和范围。

（3）出入口视距不清或视距不足时,首先分析造成的原因,可采取清除有碍通视的遮挡物,增加变速车道长度,提前加强标志的设置,必要时调整出、入口位置等措施。

（4）多出口或连续出口时,尽量拉开标志的设置距离,必要时,靠前的标志采用加大版面等方法加以突出,避免信息出现过频,前后标志互相干扰,使驾驶员在下一个信息出现之间对眼前的信息能及时做出反应。

（5）当出口变速车道位于下坡路段,且出口匝道平、纵指标相对较低时,减速标线、标志等设施不能消除安全隐患时,需对出口及匝道进行改造,一般采用增加变速车道长度、调整匝道平面线形、增加匝道长度、减小匝道纵坡等方法。

7.2.2 匝道加宽改造

匝道加宽改造(图7-1)的主要原因有：
(1)交通量的增加使得现有匝道标准不满足通行需求；
(2)通过加宽匝道增加收费站堵车时停车容量；
(3)匝道半径较小不满足大型车辆转弯要求导致护栏剐蹭需要加宽；
(4)加宽匝道以满足超车需要；
(5)匝道内侧视距不满足要求等。

a)　　　　　　　　　　　　　b)

图 7-1　互通匝道加宽

设计文件需对匝道现状的适应性及存在的问题进行详细分析,做好与前后出入口之间的衔接,环形匝道加宽后依旧采用单车道。

7.2.3 平交口改造

(1)平交口是服务型互通式立交的主要组成部分之一,也是整个互通式立交的交通瓶颈,是历年交通事故的多发地段。平交口改造的主要原因有：
①平交口的位置设置不合适；
②平交口车道数与交通量不匹配；
③未对平交口按安全和功能进行渠化。

(2)原则上互通式立交的平面交叉均应进行渠化,通过渠化最大限度地保证路用者的安全并提供所需要的通行能力。平交口改造主要遵循以下原则：
①结合平交口现状、交通事故情况及交通量增长等资料综合确定改造方案；
②采用优先/让路通行原则,优先保证主要公路或交通量大的运行方向通畅；
③限制车辆的行驶路线,减少交叉冲突、分散和隔离冲突；
④冲突区域尽量减小,合流和交织区段尽量延长；
⑤存在交叉冲突的穿越车辆,需以直角或接近直角相交叉,而合流交通流的交叉角尽可能小；
⑥为转弯车辆提供安全等候空间以避开直行车辆；
⑦平面交叉的几何设计应结合交通管理方式一并考虑。

(3)互通式立交内平面交叉按照《公路路线设计规范》(JTG D20—2006)公路与公路平面交叉的规定进行渠化设计,必要时考虑行人和非机动车的通行。

(4)平交口渠化的主要注意事项如下：
①以设计交通量为依据,合理确定主要道路,根据交通需求和交通组织的需要,通过设置中心岛、安全岛、导流岛及路面标线等,疏导车流。
②渠化的行驶路线应简单明了,过于复杂的设计容易使车辆误行,反而降低其使用效果。
③导流车道的宽度应适当,过宽会引起车辆并行,容易发生剐蹭事故。
④平面交叉尽可能正交(图7-2),以使左转弯车辆能以最短的路线和时间通过被穿越车道。当斜交

时,锐角不小于70°,若小于70°,需通过纠正交角或通过分隔岛和导流岛的布置使左转弯交通流与直行交通流正交(图7-3)。

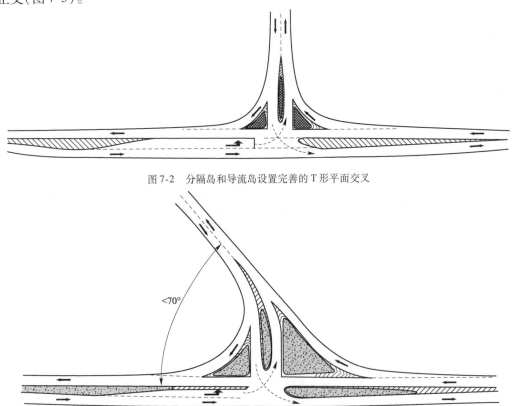

图7-2 分隔岛和导流岛设置完善的T形平面交叉

图7-3 平面交叉斜角的处理

⑤菱形、部分苜蓿叶互通出现两个平交口且距离较近,渠化时按整体考虑,注意它们之间渠化所需要的附加车道数。此外,为防止车辆出现错向行驶,匝道左侧路面边缘线要与左转车辆行驶轨迹一致,并宜与被交叉公路路面边缘线相割。

⑥在通过渠化引导车辆行驶路线时,需满足车辆的视距要求,保证车辆在通视三角区内,各部位均有较为开阔的视野。

⑦平面交叉设置时需考虑重型车辆的运行要求,如果重型车辆比例较大,平交口应避免设置于道路较陡下坡的底部,或半径过小的平曲线上。

⑧交通岛一般采用实体岛,当岛面窄小时可采用路面标线标示的隐形岛,但需要在岛中设置标志、信号柱时,应采用实体岛。

7.2.4 收费站改造

随着经济的发展,交通量迅猛增加,使用几年后收费站车道数已不满足交通量增长的需求,交通拥堵成为经常现象(图7-4、图7-5),严重影响高速公路的服务形象,造成不良的社会影响,收费站的改造成为高速公路养护的常规项目(图7-6)。由于收费站涉及专业较多、改造条件限制较多、社会影响较大,因此成为高速公路养护项目的重点和难点。收费站改造相关技术要求可参照河北省高速公路收费站(广场)设计手册,同时需注意以下问题:

(1)加强收费站改造理由分析,重点对收费站交通量、平交口、被交路、收费站前后道路平纵指标、收费广场过渡段及收费站区域内车辆的运行情况等进行分析。

(2)收收费站改造涉及专业较多,设计界面划分必须明确清晰,各专业之间的衔接和预留等内容需详细说明。

(3)收费站总体布局、设计风格要与河北省要求相协调、统一。

(4)收费站主体建筑风格要与地域历史文化风貌相协调(图7-7),突出河北省文化特色、建筑特色。

图 7-4 收费站渐变率不利于行车的照片

图 7-5 收费站堵车照片

a)收费站改造前照片

b)收费站改造后照片

图 7-6 收费站改造前后效果对比图

（5）搞好收费站的美化、绿化、亮化，展示河北省改革开放的环境和形象，全面提升河北省高速公路收费站的品质、面貌和形象，把高速公路收费站打造成展示河北省发展形象的第一窗口、第一视点，为完善河北省投资环境、提高河北省对外开放创造条件。

a)冀蒙主线站

b)涿鹿收费站

图 7-7　与地域文化结合较好的收费站图片

(6)收费站改造时需充分考虑 ETC 车道的设置。

(7)收费站改造设计时需结合交通量的调查和预测、扩建空间、行车的方便、ETC 车道的设置、被交道路的规划、交通组织及站区的运营情况等多方面的因素,进行多方案的比选,合理选择设计方案,避免短时间内出现反复的改造。

(8)加强改造范围内隐蔽工程的调查,并提出处理方案。

(9)省界主线收费站改造时,其改造方案需综合考虑不同地域的技术要求和管理方式,并做到和谐、统一。

(10)收费站改造需综合考虑恢复并完善原有排水系统。

(11)收费岛宽度宜采用 2.2m,岛身侧面高度宜采用 0.3m;收费岛缘石侧面及顶面宜设置 1cm 厚防护钢板(图 7-8)。

图 7-8　收费岛照片

(12)收费站顶棚根据条件增设电子情报板,并验算结构安全。

(13)收费站改造主要技术标准的应用如下:

①新增收费车道宽度需满足规范要求,建议普通收费车道宽度采用 3.5m,加宽收费车道宽度采用 4.5m;

②收费广场改造有条件时,匝道收费站广场长度宜采用 100m,渐变段渐变率不大于 1/5,主线收费站广场长度宜采用 200m,渐变段渐变率不大于 1/6,广场渐变段应平滑、缓和过渡,不得出现突变;

③收费站需要整体搬移时,在满足规范要求的情况下向纵坡较平缓的一侧移动,避免较大的下坡直接进入收费广场;

④收费站与被交路之间距离较短时,该段落路基可考虑不渐变或渐变一定宽度,但到平交范围内宜通过交通岛或路面标线渠化为四车道断面;

⑤当采用子母站方案对收费站进行改造时,渐变率根据变站的交通特性合理采用,如果变站的车辆全部为小车通行,渐变率不大于 1/3 即可,如果变站的车辆含有大型车辆,则渐变率按不大于 1/5 控制。

7.3　服务设施改造

服务设施包括服务区和停车区,本章所指服务设施的改造主要指贯通车道及出入口的改造、服务区、停车区内部设施改造以及在不新增用地的情况下增加服务区、停车区等。改造方案须结合现行公路路线设计规范、河北省高速公路勘察设计标准化指南、服务区品质提升要求及改造条件综合确定。服务设施改造需要注意以下要求：

（1）服务区、停车区贯通车道的改造原则与互通式立交匝道改造一致；

（2）服务区总体布局、设计风格要与河北省要求相协调、统一；

（3）服务区主体建筑风格要与地域历史文化风貌相协调，突出河北省文化特色、建筑特色；

（4）搞好服务区的美化、绿化、亮化，展示河北省改革开放的环境和形象，全面提升河北省高速公路服务区的品质、面貌和形象，把高速公路服务区打造成展示河北省发展形象的第一窗口、第一视点，为完善河北省投资环境、提高河北省对外开放创造条件；

（5）服务区要进行无障碍设计；

（6）服务区除了安装安防系统、（室内外）监控系统外，还要考虑设置情报板，与服务区景观一致；

（7）服务区的服务内容要齐全而完善，并根据多年的运营经验有所取舍，既要包括加油、停车、卫生、快餐等一般服务，也要包括特色餐饮、旅游引导、道路信息提供、公益宣传、ETC（不停车收费）充值，以及银行、无线上网、客货中转、紧急救援等延伸服务；

（8）职工宿舍及活动场所要与经营服务区域分离，便于管理及职工休息，体现对职工的人文关怀；

（9）根据高速公路需求，可利用原主线收费站占地建设服务区或停车区（图7-9），充分利用公路用地，提升高速公路服务水平。

a)   b)

图7-9　利用原主线收费站占地建设服务区或停车区

8 房建工程设施养护维修

高速公路的房建工程主要指收费广场的收费岛、亭、棚及收费站区的服务设施等工程。这些设施自建成之日起,就受自然及人为因素的影响,发生老化、开裂、渗漏等现象,使用功能受到影响,必须对相应损坏部位进行维修。当某些结构构件出现破损时,设施的安全性就受到了影响,必须进行大规模的养护与维修,才能恢复和保持其结构的安全性。本章根据近几年来河北省高速公路房建设施的养护经验,介绍公路部分房建设施养护工程的设计方案,旨在为建筑工程专业技术人员设计时提供技术参考。

8.1 基本原则

(1)房建工程的养护设计应严格执行国家、行业和河北省有关的标准、规范和规定,并应执行现行《公共建筑节能设计标准》(GB 50189)、《绿色建筑评价标准》(GB/T 50378)等标准的有关要求。

(2)应调查、收集、整理房建工程在运营管理过程中发生的问题及设计、施工、养护维修等历史资料,在综合分析、评价现状的基础上,根据养护项目工程特点,尽量利用原有设施,以改造为主,新建为辅,节省土地和投资。

(3)应根据高速公路预测交通量及现行《高速公路交通工程及沿线设施设计通用规范》(JTG D80)等相关规定,统筹规划管理设施规模、人员编制,根据养护项目需求,完善扩建管理设施。

(4)应统筹考虑并核实现有的给水排水、采暖通风、强弱电等的容量及负荷能否满足扩建后的要求。

(5)改造设计应与现有房建工程统筹规划,整合资源,合理布局;并应考虑养护过程中对现有道路、绿化、管道、房屋等设施、设备等的损坏及恢复。

(6)建筑主体及设备设计使用年限应根据现行《民用建筑设计通则》(GB 50352)等规范确定。

(7)各站区的建筑风格及建筑造型要认真执行河北省交通运输厅关于高速公路收费站、服务区(停车区)品质提升的有关要求,应与当地生态环境、历史文化相协调,重点表现区域特色和形象,既要反映现代气息和文化脉络,又要避免贪大求洋和标新立异。要强化服务功能设计,突出"以人为本"的理念,突出当地交通文化的现代内涵和品质。

8.2 收费、服务设施

8.2.1 收费大棚维修改造

一个好的收费大棚,应既能体现高速公路的优质服务,又能体现收费站所在地的地域文化及特点,所以收费大棚要精心设计、勤于养护、及时维修、适时提升改造。

收费大棚排水应进行综合设计,宜通过地下管网系统将雨水排至边沟,不应排至车道内。收费大棚维修改造时,可变信息标志的设置应与收费站区、收费大棚统一考虑。收费大棚净高不宜小于6.0m,并与整体体量相协调。

收费大棚维修改造分为两种:一种是对现有设施损坏后的维修加固,另一种是收费大棚的接建或拆除重建。下面就此两种形式分别进行论述。

8.2.1.1 收费大棚维修

1)屋面防水

收费大棚经常出现的问题就是屋面的渗漏问题,屋面渗漏不仅直接影响收费人员的正常工作和车辆的正常通行,而且雨水浸入后,长时间的锈蚀将导致钢网架结构发生病害,存在严重的安全隐患。因此,在屋面工程的维修养护中,主要是防止和处理屋面渗水漏雨问题。

收费大棚屋面种类很多,20世纪90年代修建的收费大棚以钢筋混凝土加柔性防水屋面为主,最近几年修建的收费大棚大多为压型钢板自防水屋面,有的在压型钢板上再覆一层柔性防水层。

(1)屋面渗漏检查:

屋面的渗漏,分为普通漏、局部漏、大漏和小漏等不同情况。整治屋面渗漏前,必须先找出渗漏的具体部位,才能对症下药,制定出切实可行的整治方案。目前,屋面渗漏检查的一般方法详见表8-1。

屋面渗漏检查的一般方法   表8-1

检查内容	检查方法	说明
初步检查	首先向相关人员了解屋面渗漏的大致部位、范围和程度、何时开始渗漏,以及平时对屋面的使用和维修情况	
室外检查	检查棚底渗漏痕迹,根据水向低处流的特点,由下向上沿着渗漏的痕迹找屋面渗漏的部位、范围和程度,并做好记录,有些渗漏情况较复杂,内外渗漏点往往不在同一位置。必要时拆除吊顶进行检查	检查时机以下雨(或雨刚停)和化雪天为好
室外实验检查	可在屋面上喷水或浇水进行试验,因渗漏处吸水多干燥慢,可留下较明显的湿痕迹,此痕迹处即为裂缝或渗漏点	必须在晴天进行
室外实验检查	对屋面檐沟等的渗漏点,除采用浇水法实验外,还可用土筑小坝,然后灌水试验的办法检查,此法可逐段查处檐沟的裂缝或渗漏点	必须在晴天进行
室外照检查	将棚底对着光线照,如果透亮,则说明有大沙眼,如果不透亮,可做渗水试验,检查是否渗水或漏水	适用于压型钢板屋面
室外撒粉法检查	将屋面渗漏部位附近擦干,薄薄的撒上一层水泥粉或石灰粉,因裂缝或渗漏处吸水多,可留下较明显的湿点或湿线,此痕迹处即为裂缝或渗漏点	必须在阴天屋面潮湿时进行

(2)根据第8.1节的方法找出渗漏的部位及原因,制定出合理的整治方案:

①当屋面坡度不符合规范要求,又经常有大面积渗漏时,应将屋面找坡层或屋面全部拆除,调整屋面坡度后重铺屋面;

②因房屋承重结构或屋面基层结构有缺陷造成屋面局部下陷,应彻底翻修,要维修有缺陷的结构构件,使坡度顺直,屋面平整后翻铺屋面;

③因天沟、落水管断面不足造成排水不畅,或因破损、变形造成渗漏时,应将其排水断面加大,对破损的应予更换(图8-1、图8-2);

图8-1　锈蚀的雨水管　　　　　　　　图8-2　锈蚀的雨水槽

④凸出棚顶的大字支架或其他构件与屋面连接处的泛水开裂,应及时修复。

设计时应针对不同整治方案出具不同的设计方案,根据现行《屋面工程技术规范》(GB 50345)中相应规定,合理确定屋面防水等级和设防要求,由于高速公路中房建工程的特殊性,建议提高防水等级和设防要求。屋面板采用压型钢板时,建议采用夹芯板,芯材厚度不小于100mm,彩板厚度不小于0.6mm,防火等级B2级。

屋面防水构造设计应合理解决雨水汇集及排除问题。屋面天沟及挑檐结构设计应考虑天沟满水荷载;天沟和檐口沿纵向应设置伸缩缝,伸缩缝间距应由计算确定;当采用金属板作为天沟和檐口材料时,伸缩缝间距不宜大于30m;天沟应设置溢流系统。

2)饰面板更换

饰面板工程是用块状的天然或人造块材镶嵌在墙体表面形成的装饰层。收费大棚常用的饰面板有铝塑板、铝单板等,有的柱面干挂大理石或贴面砖,但应用得比较少。

(1)饰面板的损坏形式及产生原因

板饰面不仅美观、艺术效果好,且其耐久性、防水性等比一般抹灰优良。如果在施工和使用过程中措施不当也会使饰面缺损,缺损的主要形式有饰面层空鼓、脱落掉块、饰面材料或饰面层开裂等(图8-3、图8-4)。

图8-3 脱落的装饰面板

图8-4 起翘的装饰面板

①空鼓。表现在饰面层与基层之间,粘贴材料不均匀、不饱满或未压实等。

②脱落。表现在饰面板从龙骨或主体骨架脱落,主要原因为内部龙骨锈蚀,饰面板与主体连接失效或者空鼓后受风等外力因素影响所致。

③饰面板安装常见的损坏形式有:固定饰面板的龙骨锈蚀、断裂致使饰面板脱落;受空气中腐蚀介质的影响而使板面腐蚀变色;使用时人为的碰撞损坏。

(2)饰面板工程的养护

①对饰面工程要定期进行检查,每年至少要全面检查两次,可用观察检查法和小锤检查法检查;

②要着重检查饰面上部收头部位,如发现有裂缝时应及时修补,以免灌水,锈蚀龙骨,冬季受冻损坏饰面,发现问题及时处理;

③在使用过程中,不要在饰面上钉钉子、打洞,必须打洞时应由专业人员操作,以免损坏饰面;

④饰面应定期进行清洗,以保持清洁。

饰面板以铝塑板和铝单板居多,铝塑板上下铝板的最小厚度不小于0.50mm,总厚度应不小于4mm。铝材材质应符合现行《一般工业用铝及铝合金板、带材》(GB/T 3880)的要求,一般要采用3000、5000系列的铝合金板材,涂层应采用氟碳树脂涂层。铝单板厚度宜为2.5mm及以上,龙骨宜采用方形龙骨。

3)结构刷漆

收费大棚一般为网架结构,结构表面都要刷漆处理,形成对钢构件的保护膜。刷漆前应先除锈,构件一般采用喷射除锈,使钢材表面露出部分金属光泽后刷两遍红丹防锈底漆、两遍面漆,最外层应根据大棚防火等级涂刷超薄型防火涂料。网架结构与桁架结构刷漆处理见图8-5、图8-6。

图8-5 网架结构刷漆

图8-6 桁架结构刷漆

(1)油漆工程缺损的形式与原因

①油漆流坠,其表现形式为漆面下部油漆产生流淌,较轻的形式像泪珠串,严重的如帐幕下垂,用手触摸明显感到流坠处的漆膜比其他部位凸出,主要是因为油漆中加稀释剂过量或涂刷的漆膜太厚等。

②漆膜粗糙,其表现形式为漆膜中颗粒较多,表面粗糙,且造成颗粒凸出。此现象是由于漆料在制作过程中研磨不够、颜料过粗、用料不足、调制不均匀等原因造成的。

③漆膜皱纹,其表现形式为漆膜干燥后,收缩形成许多高低不平的皱纹,这主要是由于底漆过厚,或涂料中含过多桐油或含有沥青成分等原因造成的。

④漆膜起泡,其表现形式为漆膜干燥后,表面出现气泡,起泡的地方漆皮与基体脱离。此现象是由于基层潮湿、水分蒸发等原因造成的。

⑤发酵,其表现形式为漆膜部分收缩成锯齿、圆环、针孔等形状,斑斑点点露出底层,影响漆膜的外观质量,此现象是由于基层表面太光或沾有油污,打底漆光泽太大,溶剂选用不当,挥发太快等原因造成的。

(2)油漆工程的养护

①定期检查,发现损坏现象及时维修处理;

②注意保持漆面的清洁和干燥,擦洗漆面时要用清水或淡肥皂水擦,以免损坏漆膜;

③注意对漆面的保护,不要在漆面乱涂、乱画,或用硬物碰撞。

8.2.1.2 收费大棚改扩建

随着当地经济的发展,交通量的增加,进出收费站的车辆逐年递增,现有的收费车道已无法满足与日俱增的交通需要,时常出现大堵车的情况,不能及时的进出车辆,对高速行车安全造成极大地威胁,影响当地的经济发展,损坏高速收费系统的整体形象。

收费大棚改扩建前宜进行检测。检测内容主要包括:收费大棚外观质量现状、支撑结构与上部结构连接部位构造措施、连接部位及柱底部构件锈蚀情况、上焊缝外观及内在质量、球节点及杆件截面厚度进行检测。同时应对该收费大棚的承载力及安全性进行验算,对结构安全的收费大棚宜进行扩建,对于存在安全隐患的结构应拆除新建。

1)收费大棚扩建

收费大棚扩建是指保留现有大棚的主体结构,在一侧或两侧接建收费大棚。扩建设计是在主体单位确定的车道数的基础上进行的,扩建方案根据现有大棚的尺度有如下几种:

(1)增加2根立柱的钢框架结构

现有收费大棚尺度偏大,结构外边缘在新增紧邻收费岛中心的上方或超出,如果仅增加一个收费岛,那么立柱只能放到护栏外侧边沟里(图8-7),如果增加两个收费岛,立柱就要放到外侧收费岛上(图8-8)。核实现有大棚结构外边缘没有到新增紧邻收费岛中心的上方时,立柱就能放到收费岛上了。当立柱放到边沟时,要考虑超宽车通行的要求,车道净宽不宜小于6.0m。建议立柱避免放在边沟内,结构形式宜采用钢框架结构,不宜采用网架、桁架等结构形式。

图8-7 新增2根立柱在边沟里

图8-8 新增2根立柱在新增收费岛上

(2)增加4根及以上立柱的结构

能设置4根及以上柱子时,结构形式的选择较多,宜与现有收费大棚结构形式相统一(图8-9)。扩建工程应注意以下几点:新增立柱中心应与现有大棚立柱中心对齐;新增大棚应与现有大棚立柱柱顶高程统一,网架高度、宽度、造型宜一致;扩建工程工期紧,一般要求不断交施工,宜考虑钢柱子;收费大棚基础一般为扩大基础,计算拆除工程量时应考虑基础底面的投影面积及施工放坡对收费岛及路面的影响。

2)收费大棚新建

收费大棚新建是将现有大棚整体拆除,连同扩建部分的车道整体新建收费大棚(图8-10)。鉴于收费大棚的重要性,设计时应参照相关亮化品质提升等相关要求,一次设计施工到位,避免重复投资建设。

图8-9　新增4颗立柱扩建收费棚　　　　　　图8-10　收费棚拆旧建新

新建收费大棚结构形式可以根据造型要求灵活选用,如网架结构、桁架结构、膜结构、钢框架结构等。收费站大棚应考虑不断交施工的设计方案,比如在扩建部分与原有部分衔接处设置变形缝,扩建部分施工时不影响现有大棚的正常运营,待扩建部分施工完成后,拆旧建新,连成整体。对于规模较大的收费大棚,建议每段柱间结构独立,一是施工方便,二是为以后的改扩建创造条件。

8.2.2　收费岗亭更换

收费岗亭处于露天环境,受汽车尾气等有害气体的侵蚀,容易发生污垢聚集、锈蚀老化。收费亭宜采用成品,综合考虑收费亭内各种设施。对于张家口、承德等严寒地区的收费岗亭,应考虑冬季采暖措施,使其达到规范规定的使用要求。

收费岗亭分为单向收费亭和双向收费亭两种(图8-11)。收费亭底座采用碳钢焊接成而,结构稳定;墙体材料为优质环保彩钢夹芯板,美观大方、防火防潮;窗户通常采用不锈钢门窗;地面为防静电活动地板;岗亭内配电系统完善,配有吸顶灯、开关插座等,内部线路一般采用暗铺设,并配备有空调进出口。

a)　　　　　　　　　　　　　　　　　b)

图8-11　收费亭

8.2.3　收费岗亭内安装空气净化系统

收费岗亭作为一个封闭的空间,汽车通行产生的尾气很容易在岗亭内聚集,不易散去,对收费人员的健康产生影响。

空气净化系统的性能好坏,主要由洁净空气输出比率决定的,洁净空气输出比率越大,净化器的净化效率越高。要使室内空气质量达到一定的洁净标准,空气净化器就有两个必要的硬性指标:一是必须保证室内空气达到一定的换气次数,即要求空气净化器内置的风机有一定的风量,国际标准是要保证在适用面积里每小时换气5次;二是空气净化系统的一次净化效率必须比较高,净化效率(CADR)越高,表明空气净化系统就越好。

净化效率(CADR)值有三项指标：

(1)固态颗粒物，又称粉尘(Particle)，国内通常用香烟来模拟，所以又称烟尘；

(2)挥发性有机物(VOC)，通常用甲苯作为测试源；

(3)甲醛(Formaldehyde)，由于一般的空气净化器对于粉尘的去除效果非常明显，而对挥发性有机物和甲醛的去处效果则不如粉尘，所以很多商家仅标示粉尘的CADR。

8.2.4 收费站广场亮化

收费广场作为车辆进出收费站的主要区域，夜间驾乘人员的识别就是一个主要问题，虽然收费广场均设置有高杆灯、棚底也有照明设施，但是对于驾乘人员远距离识别收费站存在着较大的不足，因为收费站的照明设施明显偏向于棚底的照明，而对于收费大棚和站名大字的亮化却较少，本节收费站广场亮化主要为收费大棚及站名大字的亮化两个方面(图8-12)。

a)　　　　　　　　　　　　　　　　　b)

图8-12　亮化效果

8.2.4.1 站名亮化

站名应与高速公路徽标同时设置，当水平布局时，徽标应设置在站名前，徽标高度宜为站名高度的1.2~1.5倍；当竖直布局时，徽标应设置在站名上方，徽标高度宜为站名高度的1.0~1.2倍。主线收费站站名为"河北+地名"，汉字下方应设置对应英文；匝道收费站站名为"地名"，汉字下方不设置英文；站名发光字字体宜选用华文新魏或华文行楷。

为规范高速公路服务区、收费站名称的英文译法，服务区、收费站名称的英文拼写统一采用"汉语拼音"，如"南新城"翻译为"NANXINCHENG"。当"东、西、南、北"方位词本身固化为地名的一部分时，方位词拼写采用"汉语拼音"，如"石家庄东"服务区名称英文翻译为"SHIJIAZHUANGDONG"；"涞源南"收费站名称英文翻译为"LAIYUANNAN"(字母间不得插入空格)。

站名和高速公路徽标宜采用钢支架固定，支架不应高于或宽于徽标和收费站名，安装后的整体抗风压性能应根据本地区50年一遇的风压进行设计。站名大字材料一般为钢板，随着收费站品质的提升，站名大字材料采用亚克力面板的越来越多。亚克力板具有耐候、耐酸碱、寿命长、透光性好、自重轻、维护方便等优点，不会因长年累月的日晒雨淋而产生泛黄及水解的现象。

8.2.4.2 收费大棚亮化

收费大棚的亮化主要是收费大棚安装轮廓灯，一般采用LED灯。LED(Light Emitting Diode)是一种能够将电能转化为光能的半导体，它改变了白炽灯钨丝发光与节能灯三基色粉发光的原理，而采用电场发光。LED具有寿命长、光效高、低辐射与低功耗等优点。白光LED的光谱几乎全部集中于可见光频段，其发光效率可超过150lm/W。将LED与普通白炽灯、螺旋节能灯及T5三基色荧光灯进行对比，结果显示：普通白炽灯的光效为12lm/W，寿命小于2000h；螺旋节能灯的光效为60lm/W，寿命小于8000h；T5荧光灯则为96lm/W，寿命大约为10000h；而直径为5mm的白光LED光效理论上可以超过150lm/W，寿命可大于100000h。随着近来LED散热技术的改进，室外照明的大功率LED路灯、投光灯等LED大功率照明灯具已经实现工业化生产并开始被大量应用。对色温和显色性要求很高的室内照明的舞台灯、影棚灯等也已实现量产并投入应用。适用范围最大、用量也最大的通用照明的T8、T5、T4、灯管和代替白炽灯和节能灯的螺口球泡灯以形成系列化,使用寿命已高达 5 万 h。

8.2.5 机房、收费亭防静电地板更换

架空防静电地板由支架、横梁、面板组成,水平地板和面板之间有一定的悬空空间可以用来走线,常用于机房和收费亭的设计中。防静电地板一般采用三聚氰胺或 PVC 作为面层,钢壳结构基材(图 8-13、图 8-14)。

图 8-13 损坏的防静电地板

图 8-14 防静电地板构造示意图

对地板铺设的要求:
(1)地板应平整、清洁、干燥、无杂物、无灰尘;
(2)布置在地板下的电缆、电器等应在安装地板前施工完毕;
(3)重型设备基座固定应完工,设备安装在基座上,基座高度应同地板上表面完成高度一致;
(4)铺装后地板整体应稳定牢固,人在地板上走不应有摇晃感,不应有声响;
(5)地板的边条应保证呈直线,相邻地板错位及高差均应不大于 1mm。

8.2.6 收费广场高杆灯维修改造

随着收费站使用时间增加,收费系统高杆灯(图 8-15)出现了不同程度的损坏,有的站区收费系统高杆灯损坏十分严重,给收费系统的运营管理带来安全隐患,严重影响了收费站的使用功能,影响了收费站工作人员的正常工作和日常生活。

a)   b)

图 8-15 收费广场高杆灯

收费广场高杆灯由基础、灯杆、升降系统、导向卸荷系统、照明电器系统、防雷系统等部分组成。
(1)灯杆为八角或十二角锥形杆体,由高强度优质钢板经剪制、折弯、自动焊接成形,一般高度有 25m、30m、35m 等规格,设计最大抗风能力可达 60m/s,每种规格由 3 至 4 节插接组成,配法兰钢底盘,直

径为 1~1.2m,厚度为 30~40mm。

(2)功能性以框架结构为主,也有以装饰性为主材料以钢通、钢管为主,灯杆、灯盘采用热浸锌处理。

(3)电动升降系统由电动马达、卷扬机、三组热浸镀锌控钢丝绳及电缆等组成。灯杆体内安装,升降速度为 3~5m/min。

(4)导向、卸荷系统由导向轮和导向臂组成,确保灯盘在升降过程中不会发生横向移动、保证灯盘上升到位时,能将灯盘自动脱落并由挂钩锁定。

(5)照明电器系统设 6~24 盏 400~1000W 金卤(白光)、投光、泛光灯具,电脑时控器可自动控制开关灯时间及部分照明或全照明。

(6)防雷系统:灯顶加装 1.5m 长避雷针,地下基础装一根 1m 长接地线并与地下螺栓焊接。

8.2.7 地下通道防水治理

根据《高速公路交通工程及沿线设施设计通用规范》(JTG D80—2006)相关要求,收费车道数大于或等于 8 条时,应设置地下专用通道。地下通道在使用过程中,最常见的通病与屋面工程类似,主要是地下通道的渗漏,因此,地下防水工程就成为地下通道最为重要的组成部分。地下通道一般设置两道防水设防:一是外侧的卷材防水,二是混凝土结构自防水。卷材防水是一种柔性防水,将油毡、高分子防水卷材或高聚物改性沥青卷材等用黏结材料贴在地下通道外表面,作为防水层。卷材防水能适应钢筋混凝土结构沉降、伸缩或开裂变形的要求。有些新型卷材还具有抵抗地下水化学侵蚀的性能,使用广泛。混凝土结构自防水是以工程结构自身的紧密性来实现防水功能的一种防水方法,它使结构承重和防水合为一体。防水混凝土一般分为普通防水混凝土、外加剂防水混凝土和膨胀防水混凝土。地下通道的一般防水治理方案见表 8-2,裂缝补漏方案见表 8-3。

地下通道的一般补漏方法、材料和操作要点　　　　　　表 8-2

补漏方法	补漏材料类别		主要材料名称	灰浆配比、操作要求	
				水泥胶浆重量比	水泥砂浆体积比
堵塞法和抹面法	促凝材料	氯化物金属盐类	氯化钙、氯化铝、水	促凝剂:水:水泥:砂 = 1.5:8:3	水:砂 = 1:2.5(用20倍水稀释的促凝剂溶液代水,水灰比为0.4)
		硅酸钠类	硅酸钠溶液比重采用1:1.15	以硅酸钠溶液代水拌和水泥	水泥:砂 = 1:2 以硅酸钠溶液代水拌和
		特种水泥	双矾硅酸钠促凝剂,配合比(重量比)为红矾甲:胆矾:水玻璃:水 = 1:1:400:60	直接用促凝剂和水泥拌和而成,配合比为:促凝剂:1:(0.5~0.9)	先水泥:砂 = 1:1 干拌均匀,以促凝剂加水(1:1)稀释液代水拌和,水灰比为0.45~0.5
		膨胀水泥		水:膨胀水泥 = 1:1.5	膨胀水泥:砂 = 1:2.5,水灰比为 0.45~0.5
	地方材料		硅化砂浆是用水玻璃和氯化钙两种材料,先制成硅胶,过滤后与水泥、砂子拌和即成,主要用于补成片渗漏		
			水泥桐油灰:普通硅酸盐水泥、生桐油和生石灰粉制成		
灌浆法	柔性黏结材料		普通橡胶片含橡胶量应不小于60%	用于刚性防水层的裂缝或变形缝渗漏处补漏	
			氯丁橡胶板、氯丁橡胶剂	用于刚性防水层的裂缝、变形缝补漏	
	黏合剂		促凝水泥胶浆环氧树脂水泥	用于固定注浆嘴,混凝土裂缝封缝和细缝刮浆等	
			膨胀水泥	对已稳定的混凝土蜂窝或沉降折裂处补漏	
			C500号普通硅酸盐水泥环氧树脂溶液	用于补漏补强要求较高处	
			丙凝	为双液灌浆,用于补变形缝渗漏	
			氰凝	为单液灌浆,用于混凝土结构裂缝、变形缝等补漏	
贴面法	沥青制品		石油沥青或煤沥青卷材	只宜用来修补卷材防水层施工中局部破损处	

裂缝补漏方法　　　　　　　　　　　　　　　表8-3

水压和渗漏情况	处理方法	操作程序
水压较小的慢渗、快渗或急流	裂缝漏水直接堵漏法	①沿裂缝方向以裂缝为中心剔成八字形边坡沟槽,深30mm,宽15mm,将沟槽清洗干净; ②水泥胶浆碾成条形,在将凝固时,迅速填入沟槽中,以拇指向两侧挤压密实,如裂缝过长,可分段堵塞,在分段处做成斜坡搭接,用力压实; ③经撒干水泥检验却无漏水时,抹素灰及砂浆各一层
墙根阴角处漏水	一般可选上述裂缝补漏方法,如因混凝土基层薄或工作面狭窄而无法剔槽时,可采用墙角压铁片的堵塞方法	①将墙角漏水处用钢丝刷和水冲洗干净; ②将长300~1000mm、宽40~50mm的铁片倾斜放在墙角处并用胶浆逐段将铁片稳牢,胶浆表面做成圆弧形达到铁片与地、墙接合牢固,并使铁片下部水流畅通; ③将引水管插入铁片下部并用胶浆稳牢; ④在胶浆上做好整体的刚性4层防水层,与墙、地结合牢固; ⑤待防水层经过养护有一定强度后,拔出引水管,再用孔洞直接堵塞法将管孔堵塞
水压较大的慢渗漏或快渗漏	下线、下钉堵漏法	①剔槽做法同上栏所述,在沟槽底部沿裂缝放置一根线绳,线长200~300mm,线直径视漏水量确定; ②水泥胶浆填入沟槽,迅速挤压密实后抽出线绳,再压实一次,较长的裂缝可分段进行,每段长100~150mm,两段间留空隙20mm; ③两段间的空隙,用下钉法缩小孔洞; ④经检查除钉孔外其他部位无渗、漏水现象后,沿沟槽抹素灰及砂浆各一层; ⑤砂浆凝固后,直接堵塞法堵塞钉孔
水压较大的急流漏水	下半圆铁片堵漏法	①将漏水缝剔成八字形的边坡沟槽,尺寸视漏水量确定; ②将100~160mm长的铁片弯成半圆形,宽度同槽宽,将半圆铁片卡在槽底上,每隔500~1000mm放一个带有圆孔的铁片,用胶浆分段堵塞,但在圆孔处留空隙; ③将引水管插入铁片孔内,再用胶浆稳牢在空隙处; ④撒干水泥检查无渗漏后,沿沟槽胶浆上抹素灰、砂浆各一层
水压较大,易渗漏潮湿	简易补漏	①在漏水处剔出沟槽,深20~30mm; ②在配置好的桐油灰水泥压入槽内约10mm; ③用水玻璃搅拌水泥补平、压实,最后抹一层水泥浆; ④桐油灰水泥的配置:桐油21%、蚬壳灰29%、水泥50%,将桐油和蚬壳灰搅拌匀,再加进水泥拌匀,即可使用; ⑤水玻璃拌水泥:水玻璃28%、水泥72%,将水玻璃倒入水泥内拌匀呈颗粒状,即可使用,但必须随拌随用

地下通道防水工程的养护应包括以下几个方面的内容:定期对地下通道进行检查,尤其注意易出现渗漏的部位,如施工缝、沉降缝、后浇带、管道穿过外墙部位、外墙预埋件部位等;对发现的渗漏部位要及时养护,以免渗漏加大和渗漏部位扩大;注意对混凝土内外墙面的保护,对混凝土表面出现的蜂窝、麻面、孔洞、裂缝等要及时养护,以免混凝土表面损坏扩大而渗漏;避免直接在外墙面和底板上打洞、钉钉和安装膨胀螺栓;建立地下防水工程档案,对出现渗漏的部位进行登记,以便日后检查。

8.3 房屋建筑工程

8.3.1 收费站、养护工区、服务区及停车区房屋建筑工程改扩建

建筑工程的改建或扩建是由于现有建筑规模不能满足日益增加的养护需求或者不能为驾乘人员提供快速便捷的服务而进行的。

8.3.1.1 收费站养护工区等房屋建筑工程改扩建

由于车流量的增加,收费车道数增加,收费人员及服务人员也相应地增加,使得现有的房屋建筑不能

满足正常的使用要求,需要进行改扩建。

1) 房屋建筑工程规模的确定

根据现行《高速公路交通工程及沿线设施设计通用规范》(JTG D80)第7.7.6条的规定:"6车道的匝道收费站的用地面积为0.3333~0.4667公顷❶,建筑面积为800~1000m^2。"收费车道数每增加或减少一条时,用地面积指标相应增加或减少0.0417~0.0467公顷,建筑面积指标相应增加或减少100m^2。

2) 改扩建方案的确定

(1) 总平面布置

①将宿办楼面向收费广场布置,职工餐厅放在主楼的一侧,附属用房放在基地后部,附属用房要求紧凑布置,主楼的前面留有广场和绿化用地,布置小品、旗杆及职工室外活动场地,功能分区明确。整个场区布局合理,车流人流互不干扰,流线通畅。

②职工餐厅与宿办楼采用分离式布局,以连廊或庭院相接,既方便职工使用,又避免了烟气及噪声污染。

③附属用房均放在主楼后部或侧面,使生活区庭院完整,布局合理,达到良好视觉效果。

④设置变配电室、水泵房、油机发电室、地源热泵机房等配套设施。与养护工区或与管理所(处)合址建设时,附属设施合并考虑。

⑤由机电设计单位提出具体要求,房建设计单位负责场区范围内的监控、安防、机电管线的设计及预留。

(2) 单体建筑

①首层办公区,与职工餐厅、浴室用风雨走廊连接,监控室设在二层面对收费广场布置,其余为职工宿舍。整体布局功能分区明确,使工作与生活、休闲互不干扰,又联系方便。

②设计时要充分考虑职工的生活便利,每间应设置卫生间、洗漱室和晾衣间。宿办楼的设计要预留今后的加建空间,做到可持续发展。

③各收费站的室内设计标准及功能要求全线统一(主线站可适当放宽)。

收费站改扩建后的效果图见图8-16。

8.3.1.2 服务区及停车区房屋建筑工程改扩建

高速公路的特点是高速连续行驶,驾驶员须保持高度的精力集中,这样很容易造成精神疲劳,诱发交通事故。根据车辆连续行驶时间统计计算,客车连续行驶1.5~3h进行休息的占75%,货车连续行驶2.5~4h进行休息的占60%,在一些欧美国家,驾驶员连续驾车超过1.5h即进入服务区或者停车区休息。

图8-16 收费站(效果图)

由于交通量的增加,进入服务区的车辆和人员越来越多,现有的广场、公厕、超市、餐厅等不能满足使用要求,对现有服务区扩容是在现有征地基础上进行局部主体结构功能的改造,提升服务能力,满足近期交通量停车服务的需要。

当量小汽车换算系数见表8-4。

当量小汽车换算系数 表8-4

车辆类型	各类型车辆外廓尺寸(m)			车辆换算系数
	总长	总宽	总高	
微型汽车	3.5	1.6	1.8	0.7
小型汽车	4.8	1.8	2.0	1
轻型汽车	7.0	2.1	2.6	1.2
中型汽车	9.0	2.5	3.2	2.0
大型汽车(客)	12.0	2.5	3.2	3.0

---

❶ 1公顷=10000m^2。

1)改扩建规模的确定

(1)停车广场规模的确定

根据现行《汽车库、修车库、停车场设计防火规范》(GB 50067),小车占地面积指标为30m²/辆,按照预测交通量及车行确定停车场面积。

(2)超市面积的计算

小车载客率按照3.3人/辆计算,根据停车数计算人数;据调查,服务区内80%的人会去超市,所需面积为2m²/人,停留时间为2min,周转率按2.4min计算。

(3)公共洗手间面积的计算

据调查,服务区内80%的人会去公厕,男厕周转率为60人/h,女厕30人/h,使用大便器的人数为小便器的30%,男女上厕所的人数比例为2:1。根据设计规范,男蹲位(大小便)的面积为3m²/处,女蹲位为4.5m²/处。残疾人专用厕所面积为20m²。根据调查厕所面积应考虑1.1~1.4的系数,盥洗室占公厕面积的30%。

2)改扩建方案的确定

(1)总平面布置

①应按照"以人为本"的原则,考虑设置室外座椅、游乐、儿童设施、运动器械、遮阳棚等设施以及绿化景观、场区监控等安防设施。

②服务区出入口要有足够的宽度,至少三辆大车能够同时通行,避免在出入口形成堵车。

③服务区加油站一般要设置在远离主体建筑物的区域,靠近服务区出口。加油站进出口视野宽阔,便于行车,保障安全。加油车辆大小车要分开,加油棚要求加宽,应保证四辆大车同时加油,避免拥堵,加油的流线要清晰,加油站出口车道要加宽,保持畅通。

④服务区的停车场要有严格的区域划分,大货车、大客车、小型车停车区域之间均有绿化区隔。大货车停车场一般靠近服务区出口,大客车停车场则靠近主楼附近的下客廊道。交通标志、标线要清晰,避免车辆的交叉。除此之外,还要专门设置残障人士的专用停车位,并与廊道连通,下车后即可通过无障碍设施进入廊道。

⑤服务区内标志、标牌、标线设置要齐全,以减少人流、车流的交叉。

⑥服务区停车场均为生态停车场,不同的停车区域应设置绿化区进行分隔,绿化以高大灌木为主。不同的停车场采用不同材质的路面结构,大型货车停车场采用水泥混凝土路面,大客车停车场采用高强度广场砖,小客车停车场采用植草砖,人行道采用彩色便道砖,车行通道及贯通车道采用沥青混凝土,以避免服务区广场过于单调。

⑦客房、宿舍与综合楼分开设置,远离停车广场,避免噪音的影响。

⑧汽车修理间设计引入汽车救援的概念,为服务区的多元化服务提供硬件条件。

⑨设置室外洗漱台,方便大车驾驶员使用,有条件的可设单独的淋浴间。

⑩机电、绿化等相关专业应做好设计界面划分,预留好管线路由。

停车区效果图见图8-17。

(2)建筑单体

①加大服务性空间的设置,采用大空间、灵活分割的设计原则。大型服务区应设不同特色的餐厅(普通自助、高档自助、点菜、特色小吃、咖啡等),不同特色的超市,以及不同形式的卫生间。

图8-17 停车区(效果图)

②对于服务区原有建筑不能轻易拆除,应在经过经济、技术、功能等综合评估后做决定,尽量利用原有设施。

③餐厅、超市、洗手间、客房、操作间、宿舍等功能用房应合理布局,大小比例要合理,避免浪费和不足。

④设置监控机房、通讯机房等机电用房,提高服务能力。

⑤设置电子显示屏及信息查询处,结合商务中心设置旅游推介处,为沿线城市做好旅游推广。

⑥结合每个服务区的地域特点,突出其特色服务。

⑦停车区与建筑物及建筑物之间均通过回廊连接,为驾乘人员遮蔽风雨。回廊本身也为建筑物外立面提供了良好的装饰作用。

⑧设置 ETC(不停车收费)充值站,为 ETC 车辆提供充值服务。

⑨预留电动汽车充电桩的位置,后期运营可考虑引进专业机构设置。

8.3.2 新增材料设备库

为了提高高速公路养护质量、养护效率和养护安全性,提升高速公路养护机械化水平,相关部门制定了养护机械化指导意见。根据相关意见的要求,对养护设备的配备提出了更高的要求,现有的材料设备库不能与之相匹配,需新建、改建材料设备库(图 8-18)。

材料设备库位置的选择应考虑车辆进出库房的转弯半径问题。

a)

b)

图 8-18 材料设备库

8.3.2.1 材料设备库规模的确定

材料设备库的规模应根据工区间的间距、规模结合养护设备配备一览表(表 8-5)的要求,确定材料设备库的规模。

养护设备配备一览表　　　表 8-5

序号	设 备 名 称	数量	用　　途
1	路面清扫		
1.1	路面清扫车	2~3	用于高速公路路面清扫作业
…	…	…	…
2	路面坑槽修补		
2.1	沥青路面修补设备	1	用于坑槽修补,小面积病害处理
…	…	…	…
3	路面裂缝修补		
3.1	灌缝机	1	用于路面裂缝修补
…	…	…	…
4	护栏修复		
4.1	护栏修复车	1	用于高速公路护栏的修复,打桩、拔桩、护栏运输
…	…	…	…
5	除雪设备		
5.1	除雪撒布机	3	用于高速公路除雪作业
…	…	…	…
6	画线设备		
6.1	手扶式或手推式画线车	1	标线修补
…	…	…	…
7	绿化设备		
7.1	肩背式剪草机	5	草坪局部修剪
…	…	…	…

续上表

序号	设备名称	数量	用途
8	养护巡查设备		
8.1	桥梁巡查车	1	桥梁养护巡查
…	…	…	…
9	桥梁检查仪器和设备		
9.1	回弹仪	1	用于混凝土强度检测
…	…	…	…
10	运输设备		
10.1	客货车	1	运输养护材料和工具
…	…	…	…
11	其他设备	根据路段养护实际酌情配置	
11.1	平板振动夯		小面积压实
…	…		…

主要养护车辆的建议规格见表 8-6。

主要养护车辆建议规格（单位：mm）　　　　表 8-6

名　称	型　号	规格（长×宽×高）
洒水车	JYJ5250GSS	9800×2450×3070
路面清扫车	TSW5062TSL	6300×1990×2350
高空作业车	XHZ5070JGKA	8050×2030×3150
除雪车	HZJ5250TCX	12600×2500×3400
路面养护车	HZJ5161TYH	8500×2400×3430
桥梁检测车	YTZ5310TQT18	11840×2500×3990

8.3.2.2 改扩建方案的确定

材料设备库结构形式一般为门式钢架或钢框架结构，进深 12~15m，每开间 7.5m 左右，净高 5m。库房门为电动卷帘门，门宽 5.4~6.0m，高度最高可做到 4.2m。外墙和屋顶材料为压型钢板夹芯板，融雪剂等有腐蚀性材料的库房墙体材料一般为加气混凝土砌块。

寒冷及严寒地区的库房冬季应设置采暖设施，采暖方式应符合当地环保部门的要求。库房内宜设置用水点和电源插座。

8.3.3 屋面防水治理工程

屋面经常出现的问题就是渗水漏雨，屋面渗漏不仅直接影响收费人员的正常工作和生活，而且雨水浸入后，使屋面潮湿，长时间将导致结构病害，甚至发生危险（图 8-19）。因此，在屋面工程的维修养护中，主要是防止和处理屋面渗水漏雨问题。收费站房建工程屋面一般为卷材防水屋面。

a)　　　　　　　　　　　　　　　　　　b)

图 8-19　屋面破坏的防水层

做好屋面的养护工作，不但可延长屋面防水层的使用寿命，还可营造良好的工作生活环境，节省房屋维修费用。房屋管理部门及有关人员必须重视此项工作,屋面的养护主要应做好以下几个方面的工作:日常检查、重点检测、屋面的维修与保养。

8.3.3.1 屋面的检查

为了了解层面的使用情况,应定时对屋面进行全面检查,把检查的情况按各个屋面分别记载存档。发现问题应分析原因,及时采取措施。

1)应侧重检查的重点部位

(1)大面积防水层。柔性防水层是否起鼓,是否由于起鼓导致渗漏;卷材各层之间、搭接缝间黏结是否牢固,有无破裂;保护层是否脱落,涂料保护层是否风化、露筋;块体保护层是否松动、破碎;刚性防水层面有无裂缝、起皮、酥松等。

(2)板端缝、伸缩缝。缝中嵌填油膏是否硬酥松,本身是否开裂、皱裂,或与缝侧脱开;保护层是否完整等。

(3)泛水处。泛水处的收头是否牢固;上部滴水是否完好;是否有下滑、脱空或老化的情况;保护层是否完整。

(4)天沟。由于坡度不合适或落水口堵塞造成天沟积水,天沟中防水层是否脱开或损坏;是否存在由于天沟结构板热胀冷缩造成的开裂;天沟防水层收头是否固定等。

(5)落水管和落水口。排水是否良好;嵌缝油膏是否开裂;防水砂浆是否开裂或酥松。

(6)穿过层面的管道。管道四周嵌缝是否严密;管道是否锈蚀。

2)检查的时机及注意事项

(1)对屋面应每季度进行一次全面检查。

(2)每年开春解冻后、雨季来临前、第一次大雨后、入冬结冰前,均须进行屋面防水状况的检查。

(3)每次检查应按不同的屋面制定详细内容,检查的情况均需按各个屋面分别记载存档。

(4)检查中发现问题,当即分析原因,及时研究采取相应的技术措施进行维修,避免继续发展而造成更大渗漏。

8.3.3.2 屋面的清理

屋面及泛水部位的杂物、垃圾、尘土、杂草等应及时清除,以使排水设施排水顺畅。一般非上人屋面每季度清扫一次,雨季前必须进行一次清扫。上人屋面除经常打扫外,每月要进行一次大扫除,清扫重点在水沟和落水口。

8.3.3.3 及时做好屋面养护

(1)根据屋面原防水做法以及变化情况,按积极有效的原则,预定补漏材料。

(2)根据屋面漏雨部位、面积大小、严重程度的不同,确定工作方法,并编制养护施工操作技术方案。

(3)局部养护时,对其余部位屋面应采取保护性措施,防止任意堆物堆料以及损伤完好部位。

(4)屋面防水维修的专业性和技术性都很强,必须由专业养护维修施工队来进行施工。

8.3.4 供暖设施改造

高速公路中房建工程一般位于野外,市政供暖难以到达,所有站区的供暖一般自己建设锅炉房,采用燃煤、燃气、燃油或电锅炉(图8-20~图8-22);还有些站区采用地源热泵系统采暖(图8-23)。这些系统一般分为机房、外线和末端三部分。

8.3.4.1 锅炉采暖系统

燃煤、燃气、燃油或电锅炉系统,是在厂区内设置锅炉房,燃料采用煤、气、油或电等。随着国家对环境污染的治理力度加强,燃煤锅炉已经逐步被淘汰,大部分改为燃气或电锅炉。

(1)电锅炉热效率高达95%以上,无污染。电锅炉全套设备占地面积小,无须烟囱、燃料渣堆放场所。产品成套组装出厂,在现场只需接上电源、水管,即可投入运行,可大大节省基建投资及安装费用;但电锅炉耗电量大,增加了用电负荷,需重新调整配电机房设备,投入资金较大。

(2)燃油锅炉热效率高达85%以上,轻度污染。燃油锅炉具有高科技的全自动控制系统,配有多项安全保护装置;具有缺水保护、超压保护、熄火保护、压力异常保护以及烟道超温保护;结构采用高新技术,体积小,结构紧凑安装方便,操作简单,可自动调节,把燃料加压至雾化,微正压燃烧,使燃料燃烧更充分,可减少燃料的损失和燃气排放,是现代工业用汽使用最便捷、最节能、环保达标产品;需建设储油罐。

图8-20 燃煤锅炉

图8-21 轻烃燃气锅炉

图8-22 电锅炉

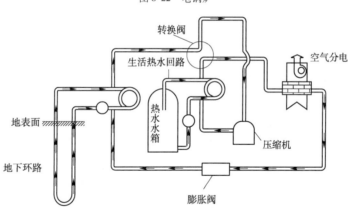
图8-23 地源热泵系统

（3）燃气锅炉热效率高达90%以上,无污染。自动化程度高,按照控制器指令自动吹扫,电子自动点火,自动燃烧,风油（气）自动比例调节,性能安全稳定,燃烧效果好。设有熄火保护装置,保证安全运行。但因收费站区或养护工区无直接气源,需建设天然气站。天然气属于易燃、易爆的介质,在天然气应用中,须重点考虑安全问题;天然气站对建设要求较高。

8.3.4.2 新能源采暖系统

新能源采暖系统主要是地源热泵系统采暖。地源热泵是近年来迅速被大家接受和采纳的先进的制冷采暖系统,它利用了地表浅层土壤里的低位能源,并将之采集、提升、转化为可利用的高品位能源,被列为可再生能源体系里一个重要的部分。地源热泵优点明显但也不是十全十美,存在明显的局限性,比如系统复杂、造价昂贵,且需要足够的室外绿地才能集成有效的地下换热器,最主要的是地源热泵系统需要丰富的工程经验和理论知识才能达到很好的节能效果和使用效果,但在现阶段的市场,该系统集成的供应商水平良莠不齐,很多没有足够经验、知识和专业人员的公司也在承接地源热泵方面的业务,造成了部分系统的失败和对地源热泵系统的负面影响。

8.3.5 污水处理系统升级改造

污水处理系统是各收费站房建设施的组成部分,负责站区生活污水的处理。污水经处理达标排放,满足环保部门的要求。

根据《城镇污水处理厂污染物排放标准》(GB 18918—2002),收费站污水处理设施的出水应执行一级 B 的排放标准。为达到一级 B 的排放标准,应采用二级生化处理工艺。

污水处理系统升级改造的原因如下:

(1)部分站区污水处理设施仍在运行,但由于地埋污水处理设备内部生物填料等超期未更换,水质无法达标;

(2)随着运行时间的增加,污水处理设备的水泵、风机、加药、管道等老化腐蚀严重,地埋污水处理设备的生物降解功能退化,处理设施地面盖板等破损严重,部分地埋污水处理设施表面覆土流失,冬季无法起到保温作用;

(3)无法保证专业人员定期维护和运行,不仅污水处理设备需要定期进行维护和检修,管理和运行人员还需要一定的污水处理知识和管理经验。这也是设备不能正常运转和出水水质不达标的一个很重要的原因。

生活污水的处理,目前以采用二级生化处理为主流工艺,不管污水处理厂规模和形式如何变化,核心工艺仍为生物化学处理法。对于排水规模较小的独立用户,如远离城镇的工厂、学校、度假村、景区、别墅区、收费站等,目前大多采用地埋式污水处理设施,其核心工艺为生物接触氧化法(生物膜法),通过填料上的活性污泥吸附和降解污水中的污染物。地埋污水处理设施的特点是将曝气、反应、沉淀等工艺集中到一个设备内,优点是减少处理构筑物,简化操作流程,地面可绿化等。

其主要工艺流程为:生活污水→格栅→调节池→接触氧化池→曝气滤池→沉淀→消毒池→达标排放。其中,接触氧化、曝气滤池、沉淀都集中设置在玻璃钢地埋设施内。

8.3.6 融雪剂融化池

1)融雪剂融雪

目前,我国开发的融雪剂种类较多:按物态分为固体和液体;按组成分为无机物和无机物与有机物的混合,其中以无机物与有机物的混合物为最多,其中环保型的融雪剂多为不含或少含氯的 $MgCl_2$ 等化学品的混合物;也可按不同用途分类,一般用于城市道路的品质要求较低,用于桥梁机场等地的品质要求较高,但其质量都必须符合标准。

常见的融雪剂主要有两种:有机融雪剂和氯盐类融雪剂。有机融雪剂对基础设施没有腐蚀作用,由于价格过高,只是在机场、高尔夫球场等场所少量使用;在城市、高速公路中融雪应用较广的是氯盐类融雪剂,氯盐类融雪剂虽然便于融雪、除雪,价格也便宜,但危害农田及绿化带,缩短道路寿命,污染环境。

固态融雪剂的残留会影响高速公路的路面美观、车辆的畅行、缩短道路寿命(图8-24)。

a)

b)

图8-24 融雪剂对路面的腐蚀

液体融雪剂的主要优势表现在以下几个方面：①液体融雪剂可以在冰雪到来之前喷洒于任何平整路面，在降雪时与积雪混合稀释，可以有效地延缓冰雪的结冰点；②液体融雪剂可以直接融化冰雪，以预湿方式缩短了固态融雪剂的融雪时间；③液体融雪剂的使用，增加了与道路和积雪的黏着力，减少路面弹出的浪费，降低了融雪剂的使用成本，同时，在液体融雪剂中便于加入少量的防腐蚀剂，可以减少对混凝土路面和桥梁的腐蚀。

液体融雪剂的应用是高速公路除雪的有效补充，也是"预防性养护"理念在冬季除雪保畅工作中的具体体现，尤其适用于我国中北部地区高速公路的除雪工作。它的推广应用，有利于提高除雪效率和道路通行能力，促进当地经济发展。

高速公路冬季除雪采用机械除雪与撒布融雪剂相结合的方法，为了使用方便、有效，采用喷洒液体融雪剂及时融化路面积雪。在收费站区内需设置融雪剂溶解池，在降雪季节来临前提前制备好液体融雪剂，提高除雪效率，降低养护成本。

2）融雪池设计方案

（1）融雪剂溶解池设计

融雪剂溶解池的设置位置应根据融雪洒布车的容量、行驶距离、当地雪量等因素综合确定。溶解池宜采用钢筋混凝土结构，容量根据一次除雪所需量确定（图 8-25、图 8-26）。

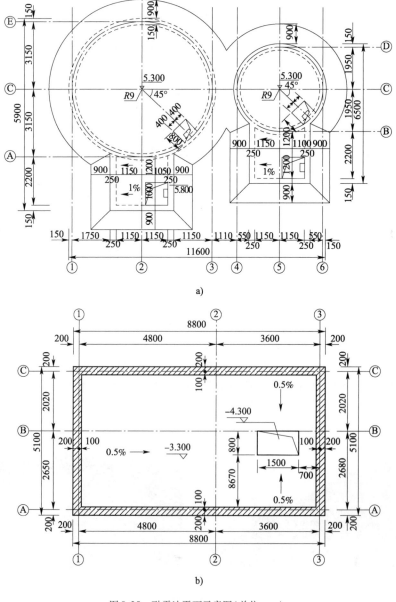

图 8-25　融雪池平面示意图（单位：mm）

a)   b)

图 8-26 融雪池现场图

（2）配电工程

将大功率耐腐蚀水泵固定在融雪剂溶解池旁边，同时配备低压户外动力配电箱一套，固定在溶解池控制室内，电缆从电源处连接引到融雪剂溶解池控制室，途中用 PVC 穿线管穿电缆埋置于地下 0.8m 处。抽取融雪剂时，水泵的一根管插入孔内，另一根管与洒布车连接；搅拌时，将水泵的抽水管深入到液体中部，出水管深入到池底，形成循环，完成融雪剂液体的搅拌工作。

（3）给水设置

给水管道宜采用钢管，表层用防锈漆涂刷，埋于地下冰冻线以下，给水管两头均设消防接头，一头与收费站院内的水池连接，另一头与在融雪剂融化池盖上的注水孔处设置的弯头钢管用软管连接，完成注水。给水管道在距融雪剂溶解池 1m 处探出地面，同时给水管道进行必要的防冻措施。

（4）场地硬化

停车装料区及融雪剂溶解池作业区应硬化。

（5）防渗防腐

融雪剂为腐蚀性物品，溶解池壁、池底、池盖底部以及爬梯均需进行防腐处理。溶解池的内壁、池底、池盖底部以及爬梯首先采用沥青漆涂刷，做防腐蚀处理。

9 交通安全设施

交通安全设施是指为保障行车和行人的安全,充分发挥道路的作用,在道路沿线所设置的人行地道、人行天桥、照明设备、护栏、标柱、标志、标线等设施的总称。高速公路交通安全设施包括:交通标志、交通标线、护栏、隔离栅、防眩设施、桥梁护网等。安全设施的养护设计应按照"保障安全、节能环保、经济实用、利于管理"的原则进行,体现"以人为本、安全至上"的指导思想,符合"可持续发展、便于养护、节能环保"的要求,并充分考虑既有设施的可利用性。

9.1 标志

9.1.1 基本原则

交通标志是用文字或符号传递引导、限制、警告或指示信息的道路设施,又称道路标志、道路交通标志,是实施交通管理,保证道路交通安全、顺畅的重要措施。

交通标志设计要面向道路使用者,以不熟悉周围路网体系的公路用户为对象,体现公路及周边路网特点,及时、准确、醒目地向道路使用者提供信息和服务。标志设置地点及内容要清晰明确、易于识别、易于理解,应系统、连续、均衡,为使用者提供清晰、饱满的信息,便于驾驶员确定自己所处的地理位置、找到欲到达目的地的行驶方向和途径。

交通标志结构及基础设计应充分考虑项目所在地区的风压和地基承载力,使其满足结构强度及稳定性验算,且整体结构与道路宽度和周边景观相协调。

交通标志养护设计是针对运营高速公路的管养单位和过往驾乘人员反馈的问题以及路网完善、规划带来的问题而采取的更新、改造方案,是高速公路正常运营,保护驾乘人员财产、人身安全不可缺少的一部分。

9.1.2 调查内容

交通标志养护调查应了解高速公路管养单位和过往驾乘人员反馈的问题,结合周边路网的完善、升级以及其他原因造成的标志信息落后或不满足现状要求等情况做出合理的调整和完善。

调查和收集与现状相关的基础图纸及技术资料:交通标志设计竣工图、由于各种原因进行交通标志改造的竣工图、临时标志修改的相关图纸、公路沿线交通标志设置情况的照片和录像资料、与国家公路相连接的路网规划资料、相关公路命名和编号资料、公路主体工程变更资料、公路沿线情况资料。

9.1.3 技术方案

1)标志板被剐蹭、遮挡

(1)很多高速建成使用时间较长,路侧绿化较为茂盛,茂密的树木遮挡了路侧柱式标志(图9-1),降低视认效果的可结合管理部门的意见,清理遮挡物或将柱式支撑改为悬臂式支撑。

(2)悬臂式标志被电子显示屏、天桥或其他设施遮挡(图9-2、图9-3),影响视认效果的,应将其移至合适位置。

(3)柱式标志设置位置距离行车道边缘的距离较小,或者悬臂式标志下边缘距离路面的净空不足,致使标志被剐蹭的(图9-4),应移动标志板或增加净空。

2)规范城市周边多互通出口名称

随着高速公路网络的发展与完善,城市(包括一些县级市)周边都有多条高速公路经过,不可避免的就会出现多个互通出口可通该城市,造成不同互通出口出现同一地名的现象,使过往驾乘人员不能很好地选择最佳路径。

图 9-1 标志被乔木遮挡

图 9-2 标志被构造物遮挡

图 9-3 标志相互遮挡

图 9-4 标志被剐蹭

对城市周边互通出口标志信息进行统一、协调、规范命名,避免不同互通采用相同名称,达到互通名称的统一及唯一,体现唯一性、可认知性,使过往的驾乘人员能够选择最佳路径,既节省了时间,也降低了能耗。

3)出口信息不完善

由于地域经济发展的不平衡或最初设计时出口预告地名的选择不能很好地满足实际使用的需要,在使用的过程中,后续增加或修改了部分地名,但仅对互通出口鼻端设置的出口标志进行了增加或修改,造成出口预告标志与出口标志版面信息不一致(图9-5)。收费站命名不准确、不系统,出口标志指示信息与收费站名称不一致,收费站名称与收费站所处区域方位不一致,收费站出现重名现象,给路网信息预告造成困难,使驾驶员困惑,容易产生信息误导。

a)　　　　　　　　　　　　b)

图9-5　出口信息与收费站名称不一致

4)英文标识不准确

随着科学技术的发展以及经济全球化,国际的友好往来及经济合作日益增多,对外联系和国际交流日益频繁,越来越多的外国人士来到中国工作、学习、生活和旅游,作为世界官方语言的英语已经渗透到中国社会的各个角落。因此,河北省高速公路交通标志一般采用中英双语标识,但现状英文翻译不规范,拼写错误,且不符合英文表达习惯(图9-6、图9-7)。

河北省地方标准《公路公共场所汉英双语标识》即将实施,英文翻译应符合该标准。

a)　　　　　　　　　　　　b)

图9-6　方位名词翻译不规范

5)标志调整方式

根据交通运输部发布的《关于开展国家高速公路网路线命名和编号调整工作的通知》(交公路发〔2007〕385号)和《关于印发国家高速公路网里程桩号传递方案的通知》(交公路发〔2008〕157号)文件,河北省在2010年对省内的国网高速公路交通标志进行了全面改造,主要采用以下方案:

(1)粘贴(部分)反光膜

粘贴(部分)反光膜指交通标志的板面、支撑结构和基础均可利用,仅需更换全部或部分反光膜(图9-8、图9-9)。该方式具有经济、施工快速的特点,宜尽量采用。

a) b)

图 9-7 英文翻译不统一

图 9-8 粘贴反光膜前　　　　　　　　　　图 9-9 粘贴反光膜后

(2) 更换板面

更换板面是指标志更换中只需要更换标志板及其反光膜,其他部分不变(图 9-10、图 9-11)。以下两种情况可以采用本方案:

①现有标志板面过小,不能适应按现行规范要求设计的新标志版面;

②现有标志板面过大,采用原标志板造成浪费并且影响美观。

更换标志板面前要对原结构进行强度和刚度验算,以保证原标志结构对于新标志板的结构安全性;如果原有结构及基础不满足要求,则需将原标志拆除,并增加新标志。

图 9-10 更换板面前　　　　　　　　　　图 9-11 更换板面后

(3) 标志移位

标志移位指现有标志位置不合理,将现有的标志包括基础在内整体移动位置,以符合指南对标志设置位置的要求,移位方式主要适用于小型标志的更换。标志移位也可以利用原立柱及板面,仅重新浇筑混凝土基础。

(4) 新增加标志

新增加是指由于各种原因需要新增加的交通标志,如:

①原标志的结构不能再利用,则需要拆除原标志(图 9-12),增加新的标志(图 9-13);

图 9-12　需拆除标志　　　　　　　　　图 9-13　新增标志

②根据现行规范的规定需要增加的标志(图 9-14、图 9-15);

图 9-14　拆除标志前　　　　　　　　　图 9-15　新增标志

③原标志无法移位时,需要将原标志拆除,增加新的标志(图 9-16、图 9-17);
④因管理及服务需求,需要新增加的标志,新增标志宜采用单悬臂结构。

图 9-16　拆除标志前　　　　　　　　　图 9-17　新增标志

(5)拆除

现有标志不满足现行规范的要求并且无法再利用的,则需要将原交通标志拆除。拆除标志时,应考虑安全美观的因素。需要拆除的标志主要有以下几种类型:

①车距确认系列标志(再利用改造为信息板、命名编号标志等的除外)[图 9-18a)];
②违反规定设置的非交通标志;
③设置不合理或无法再利用的其他标志[图 9-18b)]。

国网标志改造工程虽然已经基本结束,但省网高速公路交通标志改造工程还未开始,国网标志改造工程方案设计经验可以在以后的省网标志改造中予以借鉴。

(6)限高门架

高速公路上跨被交路的通道或分离式桥梁,未设置限高标志或在建设期虽设置了附着式限高标志,但运营中仍然经常有大型车辆刮蹭梁板、甚至撞坏梁板的现象,严重威胁了高速公路的行车安全,给高速公路的正常运营带来了安全隐患。为保障桥涵构造物的正常使用寿命,限制超高车辆的通行,可在构造物前后各设置一处门架式限高标志。

我省现状多采用钢管柱式限高门架,跨度小于15m的桥梁,立柱采用$\phi 299\times 16$mm钢管,横梁为1根钢管,标志板通过小型立柱固定于横梁钢管上(图9-19);跨度大于15m的桥梁,立柱采用$\phi 560\times 25$mm钢管,横梁由2根钢管及N根支撑组成,其中N由具体的跨度决定,标志板直接固定于竖立的中间支撑上(图9-20)。

图9-18 需拆除标志

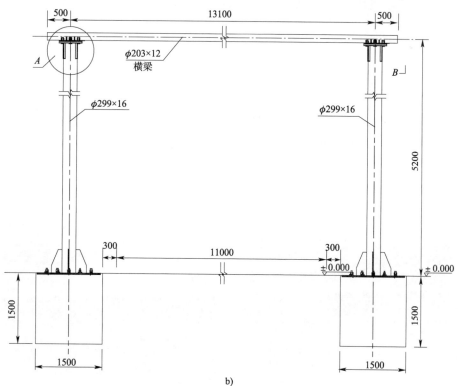

图9-19 小跨径钢管柱式限高门架(单位:mm)

a)

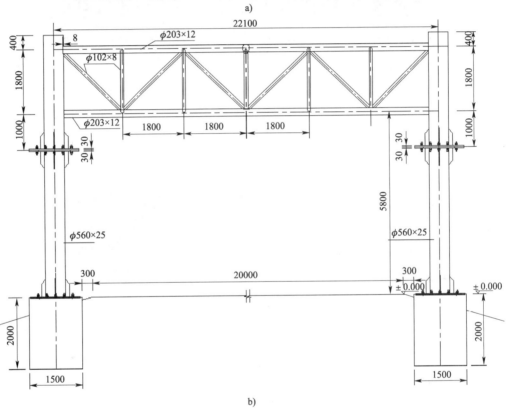

b)

图 9-20 大跨径钢管柱式限高门架(单位:mm)

标志板规格:净空 3.5m(不含)以上的采用 $\phi1000$ 的标志板,净空不足 3.5m 的采用 $\phi800$ 的标志板。标志板采用玻璃钢材料,龙门架横梁中心距离路面的高度为桥梁底板距路面的高度。

部分高速公路为加强对高速公路上跨被交路的通道或分离式桥梁的防护,提高限高门架的防护能力,采用了图 9-21、图 9-22 形式的限高门架。

图 9-21 工字钢式限高门架

图 9-22 多个桁架钢管柱式限高门架

9.2 标线

9.2.1 基本原则

交通标线是由施画于路面上的各种线条、箭头、文字、立面标记、突起路标和轮廓标等所构成的交通安全设施,它的作用是管制和引导交通,是高速公路上最基本的管理设施。标线设置应与标志内容相配合,与标志共同组织管理交通流。当设置反光路钮时不得压占标线,且反射器的颜色应与标线一致。交通标线施画于高速公路上时采用热熔型反光标线。

9.2.2 调查内容

交通标线养护主要为路面罩面后标线的重新布设,应结合管养部门意见对特殊路段做出相应调整。主要调查设计车速、公路横断面、护栏设置现状、跨线桥梁隧道设置情况、收费岛设置情况等。注意各大桥、隧道、小半径路段等标线的磨损状况,根据需求合理确定需设置振动标线(车道边缘线、减速标线)的路段,路面文字、导线箭头等需与标志配合设置的标线布设情况,分、合流端斑马线的布设等。

9.2.3 技术方案

标线工程的养护设计及施工一般宜结合路面修补、罩面或其他土建工程一并实施,但针对实际车流情况可参考以下养护方案引导车流。

1)车行道边缘线

车行道边缘线是用以指示机动车道的边缘或用以划分机动车道与非机动车道的分界。高速公路车行道边缘的白色实线是用于指示禁止车辆跨越的车行道边缘线。

由于高速公路上的车辆行驶速度高的特殊性,如失控车辆驶出路外或与路侧防护设施相撞驶入对向车道或改变行车方向都极有可能造成二次事故,因此,车行道边缘线可采用振动标线(图9-23、图9-24),提醒驾驶员车道边界,以预防事故的发生。

 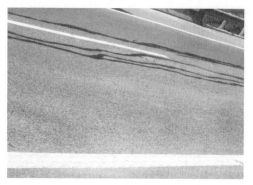

图9-23　内侧车行道边缘线振动标线　　　　图9-24　外侧车行道边缘线振动标线

车行道边缘设置振动标线对小型客车的主动引导效果是非常明显的,但对大型货车的振动效果却非常有限,而且振动标线的突起容易被磨平,因此右侧车道边缘线外可设置路肩槽式振动带(左侧路缘带宽度较窄,没有足够的设置空间),以达到更好的提醒目的。

路肩振动带的主要作用:预防因驾驶员疲劳驾驶而产生的路侧交通事故;预防驾驶员因疏忽驾驶而产生的路侧交通事故;在能见度不足的行车环境下(如大雾天气、暴雨天气)为驾驶员进行导航定向。

由于路肩横坡、过往车辆的空气湍流和振动作用,槽式振动带内一般很难出现积水或积雪,就是被大雪覆盖,仍然会具有一定的提醒作用。为了防止积雪或积水对沥青路面的不利影响,应在槽内刷涂或喷洒防水乳化沥青,因此不用担心雨雪对振动带的影响。但槽内的细小砂粒可能会给日常清扫养护带来麻烦,增加后期日常清理的成本。

2)出入口标线渠化

高速公路运营期,互通区或服务区出入口的事故发生率不容忽视,其中有驾驶员操作问题、天气影响问题,也有标志设置或路线布设问题,可借助优化标线渠化引导车辆安全顺利行驶。

(1)加减速车道长度范围内的车行道分界线划为实线,禁止车辆出入口前随意变换车道;

(2)将出口信息施画在减速车道内,并在减速车道内施画横向减速标线;

(3)在出入口斑马线边缘线的内侧及宽虚线段设置反光路钮;

(4)在分流鼻端的防撞缓冲设施上施画立面标记等。

3)平交口标线渠化

高速公路收费站改扩建后收费站外平交口应进行交通渠化,并设置完善的标志标线。被交路上需增设左转弯专用车道。增设左转弯专用道方法:缩小中央分隔带宽度、偏移道路中心线并缩小行车道宽度、缩小中央分隔带宽度并缩小车行道宽度、缩小路肩或非机动车道宽度等。标线的渠化一定要与路线专业设计的交通流流向一致。

4)收费站前减速垄设置

减速垄是安装在公路上使经过的车辆减速的交通设施,形状一般为条状或点状,一般黄色与黑色相间以引起视觉注意,使路面稍微拱起以达到车辆减速目的。

减速垄是通过影响驾驶员的驾驶心理实现减速的。当车辆以较高车速通过减速带时,剧烈的振动会从轮胎经由车身及座椅传递给驾驶员,产生一个垂直方向的加速度,产生强烈的生理刺激以及心理刺激。生理刺激促使驾驶员产生强烈的不舒服感,而心理刺激则加深了驾驶员的不安全疑虑,进一步降低了驾驶员对道路环境的安全感。通常情况下,驾驶员认为不舒适度越大,车辆行驶安全性越小,即安全感越小。因此,减速垄的设置会降低驾驶员行车安全感和乘坐舒适性的期望值,促使驾驶员选择较低的期望车速。在期望车速指导下,驾驶员将主动驾驶车辆以较低的行车速度接近并通过减速垄。

理想的减速垄必须保证车辆通过时不会发生车辆失控,重要安全部件不会产生断裂等危险状况,应拥有较高的行驶和结构安全性,且速度较慢时能平稳通过。横向间断布设垄单元,不仅可以解决由反复碰撞引发的诸多问题外,还有如下两个优点:

(1)使强制减速措施富有人性化。在通过通长设置的减速垄时,无论驾驶员是否按照交通要求降低车速,任何车辆都不可避免会产生颠簸。如果间断布设垄单元,遵守交通要求降低车速的车辆从单元间通道内平稳通过;而违规超速车辆撞击减速垄,产生剧烈持续振动而强制减速。两种截然不同的通过方式让驾驶员自由选择,引导鼓励驾驶员低速平稳的通过限速路段。

(2)间断布设垄单元可减少耗材、降低造价,且布设简便美观。

目前减速垄的材质主要为橡胶或金属。橡胶减速垄(图9-25)由黑黄相间的橡胶减速垄单元组成,由橡胶和添加物经模板压制而成,表面具有花纹或凸点,宽为300~400mm,高为25~70mm,宽、高方向截面近似梯形或弧形。橡胶减速垄具有一定的柔软度,在车辆撞击时没有强烈的颠簸感,减振、吸振效果好,安装简单,维护方便。缺点是橡胶减速垄寿命短,易破损,且破损后原位置留下的螺钉对车辆轮胎磨损大,甚至存在安全隐患,特别是过往重型车辆多或可安装减速垄位置少的场所。

铸钢减速垄(图9-26)规格一般为250mm×350mm×50mm,采用特种钢,抗压性好,承重力大,在200t以上,不变形,耐磨性强,使用寿命长,是橡胶减速带的5~10倍,对车磨损少,可二次利用。安装比较方便,通常采用标准块状任意组合方式和"内膨胀锚固技术",用螺钉牢固地将其固定在地面,混凝土路面采用100mm×12mm金属倒挂膨胀螺钉,沥青路面采用125mm×10mm钢钉,特殊路面可再加长。

在高速公路收费站广场前一般设置一道或多道减速垄,全幅宽满布(图9-27),必然会产生较大冲击,致使车轮定位系统受损,车辆出现跑偏,轮胎非正常磨损和油耗增加;降低驾乘人员的舒适性;引起周边环境振动;发生噪音,缩短减速垄的使用寿命。因此每排垄单元间断布设,留出能让车辆平稳通过的通道(图9-28),驾驶员为不使车辆产生颠簸,会主动降低车速以留出必要时间调整车辆,达到从垄单元间通道平稳通过减速垄的目的。

图 9-25　橡胶减速垄

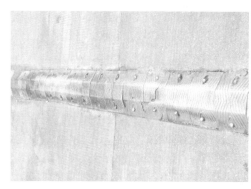

图 9-26　铸钢减速垄

图 9-27　连续设置减速垄

图 9-28　分车道设置减速垄

5）立面标记（实体标记）

立面标记用以提醒驾驶员注意，在行车道或近旁有高出路面的构造物（图 9-29 ~ 图 9-34）。可设在跨线桥、渡槽等的墩柱立面、隧道洞口侧墙端面及其他障碍物立面上，一般应涂至距路面 2.5m 以上的高度。标线为黄黑相间的倾斜线条，倾斜角度为 45°，线宽均为 15cm。设置时应把向下倾斜的一边朝向车行道。

图 9-29　上跨桥桥墩立面标记

图 9-30　中央活动护栏立面标记

图 9-31　限高门架立面标记

图 9-32　护栏端头立面标记

图9-33 收费岛岛头岛尾立面标记

图9-34 收费岛防撞设施立面标记

实体标记用以给出道路净空范围内实体构造物的轮廓,提醒驾驶员注意。可设在靠近道路净空范围的上跨桥梁的桥墩、中央分隔墩、收费岛、实体安全岛或导流岛、灯座、标志基座及其他可能对行车安全构成威胁的立体实物表面上,设置要求同立面标记。

立面标记适用材料包括反光涂料及反光膜等。由于反光涂料逆反光系数较低,高速公路上已基本不再使用,在水泥混凝土表面使用的反光膜需采用直粘式反光膜或铝背基反光膜。

6) 轮廓标

轮廓标是沿道路两侧边缘设置、用于显示道路边界轮廓、指引车辆正常行驶、具有逆反射性能的一种交通安全设施,从功能上说,轮廓标是一种视线诱导设施。虽然轮廓标在交通安全设施中所占的比重较小,其作用却不可忽视。尤其是在高速公路上,车辆行驶速度较快,而车辆在夜间行驶过程中,可视距离较短,这样都会大大降低行车的安全度,因此为达到安全行车的目的,公路前方线形指示非常重要。而连续设置轮廓标是有效手段之一,轮廓标可以通过对汽车灯光的反射,使驾驶员提早了解前方路况。道路两侧设置的轮廓标作为道路车行道边界的警示标志,也可起到夜间诱导、警告驾驶员的作用,很好地保证车辆的行车安全。

根据设置条件不同,轮廓标可分为柱式轮廓标和附着式轮廓标两类。当路侧无护栏时,轮廓标为柱式,独立设置于路侧土路肩上;当路侧有护栏时,轮廓标为附着式,根据构造物的不同,附着式轮廓标可分别附着于波形梁护栏、混凝土护栏、隧道侧墙和缆索护栏之上。

(1) 柱式轮廓标

柱式轮廓标由柱体和反射材料组成,柱体为圆角的三角断面,顶部斜向行车道。轮廓标的柱身为白色,在柱体上部有250mm长的一圈黑色标记,黑色标记的中间设有180mm×40mm的矩形逆反射材料,如反射器或反光膜。

柱式轮廓标柱体宜采用耐候性能优良的合成树脂类材料。合成树脂类材料包括聚乙烯、玻璃纤维增强塑料、聚碳酸酯树脂、PVC树脂等。

柱式轮廓标又分为普通柱式轮廓标和弹性柱式轮廓标。弹性柱式轮廓标有效解决了柱式轮廓标易被损坏、被撞坏的情况。它的基材采用高弹性、耐候性的工程塑料,其柱体主要有两种不同的结构:一种为小半径单片弧板式,可承受来自一个方向的外力冲击;另一种是圆形柱式,可承受来自360°不同方向的冲击。弧板片状立柱用于路边缘,圆形柱式多用于收费岛岛头、分流鼻端前或路中,可起到隔离机动车的作用。

(2) 附着式轮廓标

附着式轮廓标附着于护栏上,由逆反射材料、支架和连接件组成,其逆反射材料形状为梯形、圆形或长方形,通过支架固定在护栏与连接螺栓中,安装时,逆反射表面与道路中线垂直(图9-35、图9-36)。

附着式轮廓标的特点为多样性和防损坏性:

①多样性是指随设置位置不同,其形状不一。比如,有附着于波形梁中央的梯形轮廓标,有附着于波形梁上方的圆形轮廓标,它们与波形的连接均使用波形梁上的螺栓,而不需另行钻孔。此外,还有附着于新泽西护栏上的矩形轮廓标。

②防损坏性是指以弹性材料为基材。当反射器受冲击时,支架就会变形,当外力消失时,支架又会重新回复原位,以达到保护的目的。

图 9-35 护栏上设置附着式轮廓标

图 9-36 柱式轮廓标

(3) 太阳能附着式轮廓标

太阳能附着式 LED 轮廓标具有以下特点：

①发光亮度大。普通轮廓标的反光亮度只有 300~400 个 MCD，而 LED 轮廓标的发光亮度可达 5000 个 MCD，是前者的 10 倍以上；如此高强度的光线可以在夜间穿破雨雾，可安装在多雾及山区路段，使道路轮廓无论是在雾天还是夜晚都会更加明显，安全有效地为驾驶员指导方向。

②主动发光，动态警示。LED 轮廓标在晚上以某种频率闪烁，而人的视觉对变化更为敏感，所以其动态警示作用非常强。主动发光的 LED 轮廓标可以最大程度上避免雨雾的干扰。

③壳体采用模具一次成型，所有零部件都密封在壳体内，防水能力极强，只要有太阳光照射的护栏上均可使用。

(4) 隧道光电轮廓标

公路隧道属于封闭空间，交通空间有限、空气不易流通，靠反光的轮廓标，在隧道内很快就会因空气油污，而失去反光效果，隧道光电轮廓标能清晰地勾画出道路的轮廓。

隧道光电轮廓标的特点如下：

①一个控制系统有效控制半径 >5000m；

②可以实现常亮或同步闪烁；

③采用主动发光与被动发光相结合，具有更好的诱导效果；

④电子元件及 LED 通过密封在壳体内，防水能力强。

(5) 粘贴反光膜式轮廓标

太阳能附着式轮廓标作为高科技产品，前期投入及后期养护成本均高，目前还未得到管养部门的认可，而普通附着式轮廓标又易损坏或丢失，因此，目前省内几条高速公路（如京秦、黄石、京沪等）都采用了在钢护栏立柱上粘贴 V 类反光膜代替轮廓标，不仅能清晰的显示道路边界轮廓、指引车辆正常行驶、视线诱导效果良好，且施工工艺简单、养护成本也不高，值得在各高速公路上推广使用。

9.3 护栏

9.3.1 基本原则

护栏是一种纵向吸能结构，通过自体变形或车辆爬高来吸收碰撞能量，从而改变车辆行驶方向、阻止车辆翻出路外或进入对向车道、最大限度地减少对驾乘人员的伤害。按其在公路中的纵向设置位置，可分为路基护栏和桥梁护栏；按其在公路中的横向设置位置，可分为路侧护栏和中央分隔带护栏；根据碰撞后的变形程度，可分为刚性护栏（混凝土护栏）、半刚性护栏（波形梁护栏）和柔性护栏（缆索护栏）。护栏的设置应防止失控车辆越过中央分隔带或在路侧比较危险的路段冲出路基，发生二次事故，应吸收能量、减轻事故车辆及人员的伤亡程度；应诱导视线，美化路容。

9.3.2 调查内容

护栏调查中应结合原设计的纵断图及现场路基填土高度合理确定护栏的设置级别，调查过程中应重点调查路基填土高度,构造物设置情况,查阅原地质资料并抽取部分路段钻探以核实路基材料。对于大中修后不满足高度的钢护栏应拆除新建,混凝土护栏根据情况做加固处理。未设置护栏的路段应根据现有条件合理设计,对于周边环境发生变化的路段做出合理的方案设计。

护栏设计的主要调查内容包括:高速公路所处地理位置、气候环境、交通量大小及车型比例、路线平纵面线型、设计速度、运行速度、路堤边坡高度、构造物设置情况、挡土墙设置情况、路域环境、坡脚状态、路侧空间、中央及路侧排水设施情况、中央开口设置位置等。

9.3.3 技术方案

1)钢护栏改造

现行《公路交通安全设施设计规范》(JTG D81)于2006年7月发布,而当年全国高速公路通车里程已达4.54万 km,河北省已通车超过2000km。已通车高速公路的安全设施设计大部分是依据现行《高速公路交通安全设施设计及施工技术规范》(JTJ 074)进行设计和施工的,限于当时的条件和高速公路建设的有限经验,交通安全设施的建设以经济、实用为原则。随着我国公路建设水平的提高,对安全设施的设计理念有了新的认识,"安全、环保、舒适、和谐"理念和"以人为本、安全至上"的指导思想成为2016版设计规范的灵魂。

图9-37 中央护栏上方新增波形板

随着运营高速公路养护加铺、罩面工程的实施,护栏的防护高度受到了影响,不仅钢护栏的波形板、立柱规格和立柱埋深不符合现行规范,其防撞高度也不能满足规范(新旧规范均不满足),失控车辆极易穿过或跨过防护栏,严重降低了护栏的防撞能力,必须对其进行改造,以提高对失控车辆的引导和防护。

(1)方案一:保持原护栏不动,在原护栏板上方新增一道二波板(图9-37),并加密原立柱,每两根立柱中间增加1根立柱,波形板、立柱规格及埋深均需满足现行规范要求。改造后护栏防撞能力能满足160kJ,即 A、A_m 级的要求。本方案工期短、造价低、交通流及社会影响小。

京港澳高速公路河北段(2005~2006年)及京沪高速公路河北段(2009年)考虑远期扩建因素仅对中央护栏采用此方案进行了改造(图9-38)。

京港澳高速公路河北段在2012~2014年改扩建时又将中央护栏全部改为了混凝土防撞护栏,为增加护栏美观度,混凝土护栏采用开孔式。

(2)方案二:拆除全部旧护栏,按现行规范重新设计。本方案工期长、造价高、交通流及社会影响大,但其防护能力能保证符合现行规范要求,路容整洁美观。

另外,对景观要求较高的路段可采用梁柱式钢护栏(图9-39)。梁柱式钢护栏具有较好的变形能力,能够吸收大量的撞击能量,对车辆有较好的缓冲作用。其优点是自重轻、结构灵活,占用面积小、通透性好,外形美观,可在一定程度上满足周围环境景观的需要,其良好的通透性可以减小桥梁横向风载。

在互通匝道及景观要求高的路段可采用弹性转子护栏(图9-40)。弹性转子护栏装有可以旋转的转子,它能够引导和改变事故车辆的行驶方向,将路侧安全设施由结构件向机构件转变、由被动受撞向主动引导转变,可大幅缓冲肇事车辆冲撞时受到的伤害。由于弹性转子护栏转子上装有反光带,尤其是在夜间或大雾天气,当看不见路缘石时,转子护栏可清晰显示路面极限边界;同时,转子护栏白天靓丽的色彩及夜间转子上连续的反光点,能够引导驾驶员保持正确的驾驶方向。

(3)方案三:拆除原中央护栏,按现行规范重新设计;路侧利用中央拆下来的二波板安装在原护栏板上方,同时加密钢立柱,每两根立柱中间增加1根立柱,立柱规格及埋深按现行规范要求设计。本方案保证了中央护栏的防护能力,安全可靠,但工期较长,造价较高,交通流及社会影响也较大,且加高的路侧护栏也对小客车驾驶员的视线略有影响。

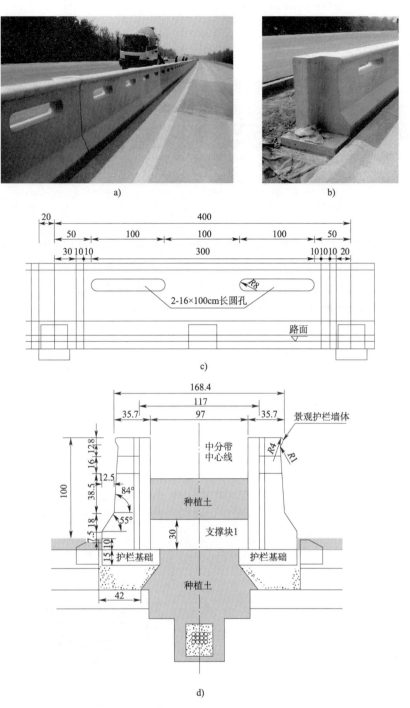

图 9-38 京港澳高速河北段中央开孔式混凝土护栏（单位：cm）

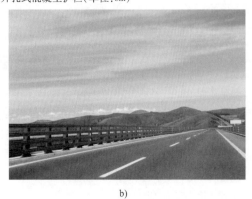

图 9-39 梁柱式钢护栏

a)   b)

图 9-40 弹性转子护栏

（4）方案四：拆除原路侧护栏，按现行规范重新设计；中央利用路侧拆下来的二波板安装在原护栏板上方，同时加密钢立柱，每两根立柱中间增加 1 根立柱，立柱规格及埋深按现行规范要求设计。本方案不仅保证了路侧护栏的防护能力，且工期较短，造价较低，交通流及社会影响也较小。京哈高速公路河北段采用此方案在 2013～2014 年间进行了改造。

2）混凝土护栏改造

（1）中分带为 F 型混凝土护栏的改造

方案一：加高方案（图 9-41），即对原混凝土护栏外围凿毛处理，再焊接钢筋，该改造方案施工较复杂，且需要通过实车碰撞试验验证。

方案二：拆除新建方案，即拆除原混凝土护栏，重新按现行规范要求设置 SA_m 级单坡型混凝土护栏，该方案性能可靠，施工简单，且无须另外验证。

（2）中央分离式混凝土护栏改造

方案一：加高方案（图 9-42），即护栏顶部加帽型混凝土加高，新增帽型构件通过植筋方式与原混凝土护栏顶部连接，加高高度约为 20cm，经加高改造后，护栏的整体强度略高于改造前。

方案二：拆除新建方案，即拆除原混凝土护栏，重新按现行规范要求设置 SA_m 级单坡型混凝土护栏，该方案性能可靠，施工简单，且无须另外验证。

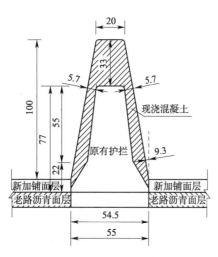
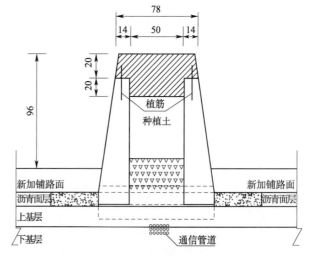

图 9-41 F 型护栏加高（单位：cm）   图 9-42 分离式护栏加高（单位：cm）

3）中央开口活动护栏

活动护栏是设置在中央分隔带开口处，为方便特种车辆（如交通事故处理车辆、急救车辆）在紧急情况下通行和一侧道路施工封闭时临时开启放行的活动设施。活动护栏在正常情况下要求具有一定的隔离性能和防护性能，在临时开放时应能快速、灵活地移动。

活动护栏的设置原则为：

（1）高速公路的对向交通是完全隔离的，因此高速公路的中央分隔带开口处必须设置活动护栏。

(2)活动护栏的长度必须能封闭中央分隔带开口,只有这样才能起到分隔对向交通的目的。

(3)活动护栏是公路交通工程管理设施的一部分,它必须与公路主体和其他交通工程设施互相协调,只有这样才能完全发挥交通工程设施的功能。因此,为保证中央分隔带护栏的视线诱导功能的连续、顺畅,要求活动护栏的高度应该与中央分隔带护栏的高度保持协调。

(4)为了使夜间活动护栏具有很好的视认性,同时使中央分隔带一侧的轮廓标不至于中断而造成驾驶员的视觉错误,要求活动护栏上必须设置轮廓标或反光片。

(5)当中央分隔带开口所处的路段有防眩要求时,宜在活动护栏上设置防眩设施。

活动护栏形式选择如下:

2006版规范中规定,活动护栏的形式共有两种:一种是插拔式活动护栏,一种是充填式活动护栏。

插拔式活动护栏是目前高速公路上较常用的一种,由护栏片、反射体、预埋基础等组成(图9-43),其中护栏片由直管、弯管、立柱等钢管构件焊接而成。插拔式活动护栏的每片长度应在2~2.5m之间。基础可采用预埋套管或抽换式立柱基础,基础混凝土的强度等级不应低于C20。插拔式活动护栏的基础套管顶面高程应高出路面20mm左右,在套管周边可设置混凝土斜坡。

a)

b)

图9-43 插拔式活动护栏

充填式活动护栏(图9-44)由多块护栏预制块连接而成。护栏预制块可采用塑料或玻璃钢制作,断面形式可采用F型或单坡型混凝土护栏的断面形式,预制块中空,可以充填水或细砂。充填式活动护栏预制块的每块长度不应小于2m,在两端应设置便于护栏块连接的企口。充填式活动护栏,常见形式是水马,这种形式多用于施工组织中的交通分流,在高速公路中央开口很少设置。

目前,高速公路上还有一种较新型的钢管预应力索式活动护栏,是当前推广使用的。

图9-44 充填式活动护栏

钢管预应力索式防撞活动护栏,主体由多节框架组成,每节框架结构由多根主横梁组成,呈多层多排分布,主横梁之间通过钢板或钢管连接(图9-45)。各主横梁

a)

b)

图9-45 组装式钢管预应力活动护栏

内部穿有钢绞线,钢绞线通过锚固装置固定在主横梁两端。框架下装有脚轮,框架与框架之间采用防盗式连接。该结构活动护栏防护能力可达到 A_m 级要求,防护能力达到 160kJ,安装开启方便、造型美观、防盗性能强,开启后的活动护栏亦可作为指挥交通的临时导向设施。

4)防撞消能设施

防撞消能设施主要设置在容易发生汽车与路中固定设施发生碰撞的部位,如设置在互通式立交、服务区或停车区的出口三角端,收费岛、混凝土护栏端部、隧道洞口以及车辆撞击易造成冲击伤害的构造物前端。按功能分为可导向防撞设施(如可导向防撞垫)和非导向防撞设施(如防撞桶)。

防撞桶是用高弹性、高强度的改性塑料制成,对车辆的意外碰撞能够起到缓冲的作用,使车辆和人受到的伤害降到最低,极大地减小事故的损失(图9-46)。且防撞桶表面贴有的黄黑或黄白的反光膜,当灯光照在上面可以达到反光效果,白天黑夜都清晰可见,起到警示防撞的作用。

图9-46 防撞桶

可导向防撞垫具有车辆正碰时缓冲吸能和侧碰时导向的双重功能(图9-47),当车辆与之碰撞时能吸收车辆的冲撞力,从而使之停止或改变其方向使车回到原来的车道上,疏散冲撞力,从而确保驾乘人员的安全,最大限度地降低车辆与其他道路设施的受损程度,减少发生冲撞后车辆借助弹力再次撞到其他车辆,降低发生二次碰撞概率。

5)钢护栏上游端头

护栏端头是护栏标准段开始端或结束端所设置的端部结构,作用为降低乘员由于车辆撞击护栏端部造成的伤害程度。设计细则中规定行车方向的上游端头宜设置为外展地锚式或圆头式,端头与护栏标准段之间应设置渐变段;行车方向的下游端头可采用圆头式,并与标准段护栏成一直线设置,尤其上游端头的设置必须规范设置。

上游护栏端头如不规范设置(图9-48),车辆发生事故撞向护栏后护栏板易对车辆及驾乘人员造成二次伤害。高速公路上游端头设置除设计细则规定外,近几年新研发的吸能式护栏端头可有效减少对车辆及人员的伤害。

图9-47 可导向防撞垫

图9-48 护栏端头设置不合理导致事故

吸能式护栏端头在碰撞时,端头本身的结构能吸收碰撞汽车的动能。此类护栏端头具有安全性高,场地限制小,安装方便等优点。通常有以下四种形式:

(1)开槽护栏板型护栏端头

开槽护栏板型护栏端头总长约8m,能解体为几跨可吸能的护栏。护栏板从端头开始沿长度方向均开有槽口,以削弱护栏截面。开槽护栏板在撞击下卷曲变形,吸收汽车动能,护栏立柱也将变形解体。这种端头在大角度侧撞时,保护效果较差,车辆会穿过端头部分,所以此类护栏端头最好设置在有足够宽的路肩上,以抛物线型斜向展开安装。

(2)挤压型护栏端头

挤压型护栏有一个钢制挡板头部,头部长1.4m,质量约80kg(图9-49)。头部在碰撞时能防止护栏刺穿车辆,而本身也能将车辆的动能转化为自己的动能,再由塑性变形来吸收能量,在头部后有一个缩小的截面,可以挤压后面的波形护栏板。碰撞时端头吸能有两种形式,既能使护栏板挤压变形吸能,又能使其卷曲变形吸能。

图 9-49 挤压型护栏端头

（3）外展吸能式护栏端头

外展吸能式护栏端头质量约 50kg，长度约 10m，是比较轻便的吸能式护栏端头。护栏端头部分设有倾斜的偏转板，在碰撞后能使波形护栏沿反方向卷曲变形。这种端头不同于其他的吸能式护栏端头，它不是利用自身的变形来吸收能量，而是利用卷曲与其相连的波形护栏板来吸收能量。端头在碰撞后会卷曲到护栏板以内，不会因碰撞变形进入车道范围内。

（4）伸缩梁式吸能护栏端头

伸缩梁式吸能护栏端头是利用挤压梁内填充的玻璃纤维或者环氧聚合物来吸收能量，总长度约 15m。端头的挡板距离固定梁端口约 1.8m，此段距离为可伸缩部分长度。此类护栏端头应该在与路线平行的方向安装。在碰撞时，端头挡板和车辆一起压碎梁口处的固定装置，继续挤压梁内的填充物，梁内有两种不同刚度的填充物，在吸收较低能量碰撞时只有低刚度填充物被压缩，而在猛烈碰撞时候，高刚度填充物也将被压缩变形来吸收能量。这种护栏端头对于低速和高速碰撞都有较好的能量吸收和保护效果，适用范围较广。

6）路中及路侧桥墩防护设计

对高速公路上跨地方道路的分离式立交桥墩及高速公路下穿被交路的构造物中墩、边墩应进行防护设计。

被交路上跨主线天桥（分离式）路侧桥墩：对于原路侧有钢护栏的桥墩，在原钢护栏上新增一道波形梁板，加密路侧钢立柱。对于原路侧无钢护栏的桥墩，新建 SB 级钢护栏对桥墩进行防护（图 9-50）。

图 9-50 路侧桥墩增设钢护栏防护

高速公路上跨地方道路的分离式立交桥墩：桥墩周围增设防撞体，可每个墩柱增设一个防撞体，也可所有墩柱增设一个整体式防撞体，防护等级为 SB 级，防撞体材料采用不低于 C30 的混凝土。防撞体内填碎石砂砾，顶部采用水泥砂浆进行封闭（图 9-51）。

7）混凝土护栏防腐

钢筋混凝土的腐蚀可以分为水泥混凝土本身腐蚀劣化及钢筋锈蚀。水泥混凝土是一种多孔材料，这种多孔性就使得外界的腐蚀因子能够很容易地侵蚀进混凝土内部；此外，混凝土结构要经受冷热循环、干湿交替的作用，会产生一定的裂纹，增加了孔洞之间与裂纹之间的连通，使得腐蚀介质更加容易进入，并到达深层部位。当外界环境中的水及腐蚀介质渗透进混凝土结构内部后,腐蚀开始产生。钢筋锈蚀,水的结冰以及混凝土内部的内应力等,就会使混凝土膨胀,强度和刚度下降,产生严重的开裂、剥落等病害。

a)

b)

图 9-51　桥墩增设混凝土防撞体防护

混凝土护栏腐蚀破坏模式有以下 4 种:

(1)冻融循环破坏模式。混凝土在饱和吸水状态下被循环冻胀,如果饱和水中含盐成分,还会加剧这种冻融破坏。

(2)盐结晶胀裂模式。混凝土孔洞内吸入含盐量较高的液体,当环境温度变化时,析出的盐结晶水化物发生体积膨胀,胀裂混凝土。

(3)钢筋锈蚀模式。如果混凝土保护层偏薄、有裂缝、抗渗性能差或者氯盐侵入等,在渗入的水与无机盐、氧气的共同作用下,导致钢筋锈蚀,并胀裂混凝土保护层,形成加剧破坏的恶性循环。

(4)碱骨料反应破坏模式。骨料的活性成分与混凝土的碱发生了反应,导致混凝土胀裂。这种破坏需要三个条件:一是活性骨料的存在;二是混凝土中含碱量过高;三是混凝土中有反应所需要的水分。

冻融循环、盐结晶和钢筋锈蚀是钢筋混凝土腐蚀破坏的主要模式。这些破坏模式都离不开水,因此,水是引起钢筋混凝土腐蚀破坏的首要原因。如果混凝土内部没有吸收足够的水分,破坏就不会发生。因此,做好桥梁防腐防护的前提是防水。

钢筋混凝土防腐蚀的几种措施如下:

(1)使用耐腐蚀钢筋:环氧涂层钢筋、不锈钢钢筋、镀锌钢筋;
(2)实施阴极保护(强制电流,使钢筋由阳极变成阴极);
(3)使用钢筋阻锈剂(与氯离子发生络合反应,保护钢筋);
(4)使用高性能混凝土(高密实、低渗透);
(5)合适的混凝土保护层厚度;
(6)使用涂层防护、防水渗透等。

前 5 种措施均施用于建设中前期,而建成后运营养护期只能采用最后一种措施。混凝土护栏防腐的治理效果见图 9-52。

涂层防护材料主要有以下 3 种:

(1)水泥基渗透结晶型防水涂料(粉料)

水泥基渗透结晶型防水涂料与混凝土的黏结力强,而且比较环保。但由于该材料为刚性材料,因此当混凝土基体出现任何的裂缝、错动都会导致防水层的破坏,而且涂层易受物理损伤,引起防水效果的丧失,且在高性能混凝土上应用时其防水效果不甚明显。

(2)渗透结晶型防水材料(液体)

该材料可提高混凝土的抗渗压力,同时也提高混凝土表面硬度、抗压强度和防污能力。

(3)有机硅渗透防水涂料

通过浸渍处理,将渗透型有机硅防水材料渗入混凝土表层一定深度,形成一种无色、非成膜的憎水层,有效防止了水及有害物质浸入其中,使基材内部保持干燥状态,并且不会完全堵塞毛细孔。有机硅防水材料形式主要有以下 5 种:

a)处理前

b)处理后

c)4年后效果

d)刚施工完后的效果

图9-52 混凝土护栏防腐治理效果对比

①硅烷膏体

"有机硅防水材料"的渗透深度,是保证其防护效果长久的关键因素,但是,硅烷浸渍施工过程中,难以控制渗透深度,尤其是侧面和顶面,一般刮涂"硅烷膏体"才能保证渗透深度(寿命达10年左右)。由于硅烷膏体的价格高,且用量大,刮涂每平方米的造价近百元,故多用于梁体等极为重要的构件部位(一般是处于特定环境下的结构)。

②溶剂型硅烷

一般保护寿命可以在5年左右。属于易燃易爆材料,有毒,并且需要用高级溶剂稀释(200号溶剂油、异丙醇等),其安全施工难度和危险性很高。

③有机硅乳液

目前常用的有机硅防水材料,为水性有机硅乳液。在渗透深度保证的情况下,其防护年限可达3年以上。

④硅烷乳液

存在极易挥发的缺点,在不利的作业条件下使用时,挥发的活性成分要远远多于留在建材上的成分。并且,硅烷憎水反应层的形成还取决于基材的碱性程度。

硅烷乳液的用量非常大,一般在每平方米350g以上,并且需要间隔几个小时,再涂刷一遍,才能保证渗透和防水效果。其虽为水性材料,但其挥发的硅烷有毒,所以操作时需要做好人员安全防护。

⑤有机硅微乳液——烷氧基烷基硅烷

将有机硅乳液涂刷在混凝土表面,即被毛细孔吸收,并发生水解反应脱去醇,形成三维交联有机硅树脂。这是一种非极性基,有很强的憎水性,能均匀地分布在多孔的硅酸盐基材微孔孔壁上,而不是封闭其毛细管通道。

9.4 隔离栅

9.4.1 基本原则

隔离栅是用于阻止人、畜进入公路或沿线其他禁入区域,防止非法侵占公路用地的设施。高速公路、需要控制出入的一级公路沿线两侧必须连续设置隔离栅,公路两侧有水渠、池塘、湖泊等天然屏障的路段或路侧有高度大于2m的挡墙、砌石等陡坎的路段可不设隔离栅。隔离栅的高度为地面以上1.5~1.8m。隔离栅的设计应本着合理、有效、美观、经济的原则设置。

9.4.2 调查内容

隔离栅调查中主要分析隔离栅损坏、丢失的原因,调查周边环境,现状隔离栅设置位置、桥涵构造物、蒸发池等的设置情况,为隔离栅修复方案提供参考依据。

9.4.3 技术方案

隔离栅按网片形式可分为刺钢丝网、焊接(电焊)网、钢板网、编织网、玻璃钢网、常青绿篱(属绿化工程)和隔离墙(应用较少)等。

1)刺钢丝隔离栅

除过城镇的路段、服务设施和互通立交范围的路段均宜采用刺钢丝隔离栅。刺钢丝隔离栅立柱可选择:槽钢立柱、混凝土立柱、钢管立柱、复合立柱等(图9-53)。

a)钢管立柱刺钢丝隔离栅

b)槽钢立柱刺钢丝隔离栅

c)复合立柱刺钢丝隔离栅

d)复合立柱刺钢丝隔离栅

图9-53 刺钢丝隔离栅

钢立柱具有强度高、韧性好的优点,但在野外使用时其缺陷也是十分明显的:易生锈、耐候性差、造价高,由于其具有回收利用价值还极易被盗,同时钢材还是一种高耗能材料。另外,金属材料腐蚀后对土壤、水资源的污染也非常严重,不利于环境保护。

混凝土立柱的缺陷是表面粗糙、强度低、重量高、易折断,不方便运输安装等。

GRC复合材料立柱综合造价低、抗折强度高、重量轻、韧性好、耐候性好、防腐防盗、节能环保、便于运输安装和施工等优点,不易折断,同时更具有资源节约型的特点。

养护方案:立柱和基础没有损坏,仅刺钢丝丢失或损坏,可仅更换刺钢丝;立柱、基础及钢丝均不能满足要求时,全部更换。更换后的立柱宜采用造价低、耐候性好的GRC复合立柱。

GRC复合立柱刺钢铁丝网隔离栅:立柱及斜撑均采用GRC复合材料立柱,外加PVC包层,丝网采用12号刺钢丝,基础采用现浇C25混凝土。

2)焊接网(电焊网)隔离栅

在靠近市区段、互通式立交区、服务区、城镇密集区及环境要求较高的路段可采用较美观的焊接网隔离栅(图9-54)。隔离栅在被盗窃、锈蚀、倒伏后,一般按原隔离栅标准修复。

 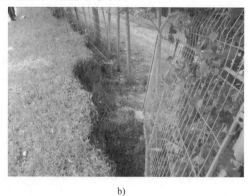

a)　　　　　　　　　　　　　　　b)

图9-54　焊接网隔离栅

焊接网隔离栅立柱采用钢管,边框及加强肋采用方管,网面采用 $\phi 3.5mm$ 冷拔钢丝点焊成型,基础采用现浇C25混凝土。

立柱、连接件及金属网采用双涂层防腐处理,第一层为热浸镀锌,第二层为浸塑,其镀锌浸塑量应满足规范要求。

3)钢板网隔离栅

钢板网隔离栅网片是低碳钢板经过特殊机械(钢板网冲网机)加工处理而成(图9-55)。钢板网网身轻巧、造型新颖、美观耐用拆装方便,重复使用性好,属环保产品,最终可回收利用。

 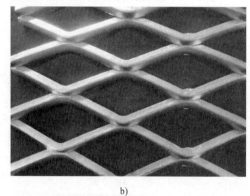

a)　　　　　　　　　　　　　　　b)

图9-55　钢板网隔离栅

4)编织网隔离栅

编织网隔离栅网片采用低碳钢丝,纵向编织而成(图9-56)。有很强的防腐、防老化、抗晒、耐候等特点,缺点是网孔精度低,网孔可能变形。

a)　　　　　　　　　　　　　　　b)

图9-56　编织网隔离栅

5)玻璃钢网隔离栅

玻璃钢隔离栅具有一定的抗腐蚀性能,防盗的同时对景观有一定要求的路段,可采用玻璃钢隔离栅(图9-57)。

a)

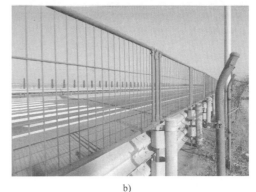
b)

图9-57 玻璃钢隔离栅

隔离栅网面、边框、立柱、边框之间及横梁与立柱间的连接件(三通、四通)全部为玻璃钢制品;网面采用玻璃钢拉挤型材在工厂集中加工制作成型,现场安装。玻璃钢网隔离栅的缺点是玻璃钢产品长期耐温性差,存在老化现象,在紫外线、风沙雨雪、化学介质等作用下性能下降。

6)隔离栅养护用活动门

隔离栅构造物开口端部应进行封闭处理,同时应进行构造物检修进出口栅门设计。

9.5 防眩设施

9.5.1 基本原则

防眩设施是防止夜间行车受对向车辆前照灯眩目影响的设施。为有效减少高速公路夜间行车车灯对会车驾驶员产生的眩光,确保行车安全,应在中央分隔带上设置防眩设施。高速公路、一级路中央分隔带宽度小于9m的路段应全线设置防眩设施,在中央分隔带开口活动护栏上也应设置防眩设施。防眩设施应具有良好的防眩效果,且整齐、美观。防眩设施采用部分遮光原理进行计算,其防眩角度、高度应满足规范要求,在小半径弯道路段应验算防眩设施对内侧车道视距的影响。如果视距达不到停车视距的要求,应通过偏移的方式调整防眩设施位置,在小半径凹形竖曲线的底部,应经计算后适当增加防眩设施的高度。

9.5.2 调查内容

调查过程中应查询当地的气象资料,调查中分带土质情况,分析防眩网、板损坏及绿化植物凋零原因,为方案设计提出合理、实用的参考。调查防眩设施与构造物的连接方式,确定养护时能否利用原基础。调查中央分隔带内机电管线的埋置情况,防止基础开挖时破坏机电设备影响高速公路的正常运行。

9.5.3 技术方案

1)防眩板

防眩板材料主要有:钢板及其他复合材料、工程塑料、SMC模压玻璃钢防眩板。

钢板防眩板及其钢板外附着其他合成材料的防眩板,由于钢的热膨胀系数高,长期受到野外气候的影响及底部风力引起的不断振动,会产生裂隙和附着物剥落,更加会影响钢材的锈蚀,外表的有机物更易于老化,难于维护。

工程塑料防眩板外形美观,但耐温性差、易老化、易变色。虽然工程塑料在不断进步,但仍然不是理想的材料。

SMC模压玻璃钢防眩板总体上讲,具有重量轻、强度高、耐腐蚀、耐老化、耐温性好等优点,由于是模压成型,具有材料各向同性的特点,内外材质一致,已成为防眩板的最主要选材。

防眩板支撑形式:一般路段采用柱式支撑(图9-58),中央分隔带设置钢护栏的小构造物段采用"几"字支撑(图9-59),中央分隔带设置混凝土护栏的大中桥路段采用"一"字支撑(图9-60),在中央分隔带活动开口处,防眩板利用"U"形卡具(图9-61),安装在开口活动护栏横梁上。

图9-58 柱式支撑防眩板

图9-59 "几"字支撑防眩板

图9-60 "一"字支撑防眩板

图9-61 U形卡槽防眩板

防眩板为单块的板状构造物,独立或组合在一起,安装在中央分隔带上,防眩板外形美观、便于横向通视,无行驶压抑感,坚固耐用,安装简便。但防眩板易损坏,色差较大。

2)防眩网

防眩网材料有金属防眩网和玻璃钢防眩网。

金属防眩网网片采用钢板网,钢板厚度不小于2mm,采用钢板拉开网格技术,整体性好,安装速度快,外形美观、风阻小,能满足遮光角的技术要求,表面经浸塑、热镀锌、电镀等处理。金属网强度高,使用寿命长,防眩效果好,横向透视效果佳,对驾驶员心理影响小,热镀锌质量可保证15~20年不锈蚀,能延长使用寿命,减少维护费用,不易损坏,接触面小,不易沾尘,能长久保持整洁,设置在中央分隔带同时又可隔离上下行车道,达到防眩和隔离的双重作用。但钢板网易丢失,造价较高,热镀锌防腐施工质量不易控制。

玻璃钢防眩网采用无碱玻璃纤维金锅纱无限长丝,按网状纵横交织、经加温模塑工艺形成,有一定厚度和宽度、由纵横交错的格筋条形成的格栅状网片结构;或采用无限长丝拉挤型材组装格栅状网片结构(图9-62)。该结构既具有一定的抗弯拉强度和抗冲击强度,又具有一定的刚度、硬度和弹塑性,即阻燃、防雷电,又耐酸碱、耐高低温。与玻璃钢防眩板相比,具有抗拉、抗折强度高,弹塑性能好、防眩效果好等优点。与金属防眩网相比,具有节约钢材、不锈蚀、耐酸碱、不导电、无盗用价值等优点。

防眩网支撑形式:在一般普通路基段采用柱式支撑方式,为了最大限度地减少施工对运行车辆影响,立柱分为上下两部分,通过法兰盘进行组装,基础采用预制混凝土基础,且下半部分钢立柱同基础一同预制,以节省在高速公路上的施工时间;中央分隔带设置钢护栏的小构造物段采用"几"字形钢支撑(图9-63),利用膨胀螺栓锚固在中央分隔带的两条混凝土护轮带上,钢立柱采用防盗螺栓使法兰盘与钢支撑连接;对于中央分隔带为混凝土护栏的大中桥路段采用"一"字支撑(图9-64),利用膨胀螺栓固定在混凝土护栏上,防眩网钢立柱采用防盗螺栓使法兰盘与钢支撑连接。

a)　　　　　　　　　　　　　　　　　b)

图 9-62　附着式玻璃钢网

图 9-63　"几"字支撑金属网　　　　　　　　图 9-64　"一"字支撑金属网

3）植物防眩

在景观要求高、气候相对温暖、水土资源相对充裕且中央分隔带宽度有条件的平原区高速公路，宜采用绿化防眩或植物防眩与工程防眩相结合的方式（图 9-65）。

采用植物防眩，应根据当地气候条件，选择易成活、根系发达且对埋土深度要求较浅、枝叶茂密、落叶少、养护工作量少的树种。

中央分隔带栽植灌木或小型乔木、花卉，防眩与道路绿化相结合，既能起到很好的防眩作用，又美化了路容（图 9-66）。绿色植物可吸收交通噪声和汽车排放的有害气体，大大降低了污染，对保护环境极为有利。但其缺陷是受季节和地域影响较大，施工工期受限制，日后需修剪、浇灌等，养护工作量大。

图 9-65　中央防眩网 + 绿化　　　　　　　　图 9-66　中央绿化

防眩设施的综合性能比较见表 9-1。

防眩设施综合性能比较　　　　　　　　表 9-1

性能参数指标	防眩网	密集型植物	间距型植物	防眩板
美观	较好	好	好	一般
心理影响	小	大	小	小
风阻力	小	大	大	小

续上表

性能参数指标	防眩网	密集型植物	间距型植物	防眩板
积雪	好	严重	严重	好
环境协调	较好	好	好	较好
防眩效果	好	较好	较好	好
经济性	差	较好	好	较差
施工	容易	难	较难	容易
养护	容易	难	较难	容易
横向通视	好	差	较好	好
阻隔行人	好	好	差	较好
环保	差	好	好	差

9.6 防落物网（桥梁护网）

9.6.1 基本原则

防落物网是安装于公路上跨桥梁两侧，用于阻止行人向公路内抛扔物品、杂物，或防止运输散落物等落到下穿公路上的防护设施。

在上跨高速公路的车行或人行构造物上，为防止桥上落物危及被交道路行车安全，在桥梁两侧均应设置防护网，公路跨越铁路、河流、交通量较大的其他公路也需设置防落网。防落物网固定在桥梁混凝土护栏上，设置范围为下穿公路、铁路路基宽度并向路外每侧延长不少于10m，其高度为桥面以上不小于2m。

9.6.2 调查内容

防落物网调查主要分析现状防落网损坏、丢失原因，构造物护栏设置情况，为增设、修复防落物网方案提供参考依据。

9.6.3 技术方案

防落物网采用金属焊接网、钢板网、玻璃钢网等，金属编织网安装可分为无框架整网安装和有框架安装两种。无框架整网安装要求从端头立柱开始，先将金属网挂在立柱挂钩上扣牢，然后沿纵向展开，边铺设边拉紧。展网要自如，挂钩时保证网不变形（图9-67、图9-68）。有框架的网片安装，框架与立柱要连接牢固，框架整体平顺性良好（图9-69、图9-70）。

图9-67 混凝土护栏上方设置防护网　　　　图9-68 混凝土护栏外侧设置防护网

防落物网立柱采用钢管立柱，钢管立柱间距为2m。已建成混凝土护栏上立柱底部设加劲肋法兰盘，加劲法兰盘与护栏通过锚栓连接。钢管立柱与焊接网通过抱箍连接组成防落物网。为了避免植筋与混凝土防撞护栏内部构造钢筋冲突,植筋和法兰盘的位置可以适当调整,但应保证混凝土保护层厚度。

上跨桥上增设广告牌时需对桥梁结构进行验算。

图9-69 混凝土护栏上方设置防护网

图9-70 混凝土护栏外侧设置防护网

10 绿化环保

绿化养护改造工程设计应遵照"因地制宜、适地适树"的原则,尽量采用适宜管理的乡土树种,优化原有绿化方案,改善路域生态环境为目标;完善点线结合、以线带面,并借助"封、露、透、诱"等表现手法,充分协调高速绿化与路域景观,使之相互融合协调发展。本章内容包括主线及互通区景观、服务区及停车区景观和声屏障工程。

10.1 主线及互通区景观

10.1.1 基本原则

根据高速公路绿化设计原则,养护设计应以恢复生态防护功能为主,兼顾整体环境景观,营造乔、灌、草多层复合的公路景观体系。

(1)重要节点景观化

以中央分隔带、互通区、服务区等为重要节点,参照园林景观设计理念,采用多种植物,打造色彩艳丽、层次分明、舒适自然的可观赏、立体化、生态型高速公路绿化景观。

(2)路域景色自然化

结合路域两侧自然景色、地形,尽量开阔行车视野,充分借景,展现路域外优美的自然风光。尽量使用本地苗木品种,选用"易栽、好活、经济、实用"的乡土树种,避免种植"名、贵、娇"植物。

(3)植物选配多样化

乔灌品种选择要合理搭配,重要节点应丰富植物品种,可适当选择观花、观叶等色彩鲜明的植物品种;主线绿化要避免长距离采用单一树种,适当增加常绿植物比例。

(4)绿化效果功能化

绿化要有利于提高公路服务水平,增强行车安全保障能力,并有益于保护路面、稳固路基等防护隔离功能,中央分隔带绿化应在有效防眩光基础上,采用丰富多彩的绿化组合,为车辆行驶提供舒适自然的视觉效果。

10.1.2 绿化的功能

高速公路绿化要充分反映交通线路的特点:不仅美化公路景观,使旅客舒适,又能起到防尘、防污染、防止风沙和水土流失对公路的侵蚀,稳定路基边坡,起到加固路堤和路堑的作用,改善公路沿线环境。其绿化功能如下:

(1)防眩

高速公路中央分隔带绿化能够有效地隔断来自对向车的眩光,防止夜间强烈的眩光引起驾驶员的视觉不舒服和视觉功能下降,减轻对开车辆接近时驾驶员心理上的危险感,同时还可以减轻路面色彩的单调感,减轻驾驶员长时间注视路面引起的疲劳,以保障行车安全。

(2)封闭

为了禁止人和动物穿越高速公路,严禁其他车辆进入,必须设置封闭设施。结合道路两侧的实际情况有针对性地栽植,不仅起到阻隔作用,而且还能保护道路生态环境。

(3)保持水土,稳定路基

高速公路沿线的绿化可以防止因土壤裸露而被雨水冲刷,尤其是路堤和路堑边坡。结合坡面的实际情况所采用的工程防护和生态防护,可以有效地防止雨水冲刷坡面,保护边坡和路基的稳定性。一些深根性地被及藤本植物,在坡面绿化中充当了重要的角色,不仅可以解决路基稳定的工程问题,而且在一定程度上还起到了改善视觉效果的作用。

(4)吸尘防噪,净化空气

高速公路景观不应仅考虑驾驶员和乘客,还应考虑生活在路旁的居民。高速公路给周边居民带来了许多不良的影响,如噪声、污染、景观破坏等。选择栽植一些抗性强、枝叶茂密的树木,可起到吸收音波、降低噪声、减小风速、防止风沙危害、吸收和阻滞车辆排放的有害气体、烟尘和飘尘等作用,从而使高速公路沿线的空气保持清新。

(5)引导视线

汽车在高速公路上行驶过程中,道路线形在不断变化,需要有引导驾驶员视线的标志。规整靓丽的树木花草,不仅可以给人以优美、舒适的享受,而且可以提示高速公路路线线型的变化。如在凹凸形竖曲线的部位,设计孤植、丛植树木,起到预示路线变化的作用。在线型成为谷形的地方,避开谷形底部,在谷形区间排列种植树木,使视野变窄,更加突出谷形,起到视线诱导作用。

(6)降低地面温度

高速公路绿地内的植被对调节沿线大气环境有一定的作用,可降低周围大气的温度,增加湿度,路面的温度也可以得到调节,避免了高温干燥及温湿度的急剧变化对路面的影响。

(7)改善道路景观

高速公路绿化景观能使生硬、单调的公路线性景观变得丰富多彩,创造出许多优美的景观,能使裸露的挖方路堑岩石边坡披上绿装,能使公路两侧的自然景观及人文景观资源与环境景观有机结合,使公路构造物融入周围的环境之中,使驾驶员行驶在优美、舒适的环境之中,保证行车安全。

10.1.3 设计目标

围绕"美丽中国、美丽河北、美丽高速"的宗旨,在完成"高速"功能的前提下,将"美化、绿化、亮化、文化"融入公路景观设计之中,利用道路组成要素及周围的地形、地貌等自然要素和地域人文要素等景观元素,按照一定的尺度、比例、线形、形态、色彩、质地、韵律、节奏等基本法则进行构图,创造良好的视觉形象和生态环境,给人带来一种审美愉悦和良好的情感反响的目标,最终营造精品高速公路绿美廊道。

河北高速公路绿美廊道示范工程设计方案提出"全覆盖、有起伏、有跳跃、高密度、多色彩"的总体设计目标,以造景、借景、遮挡等手法,结合地形地貌和原有现状,以龙脉为载体,以特色文化为元素,以绿色景观为基调,打造大色块、点亮微景观、展现河北人文成就为特点的公路景观示范工程。

10.1.4 设计方案

10.1.4.1 路侧设计

路肩外侧1~3m区域应进行绿化美化。在路基边坡上部设置植树平台、鱼鳞坑等,单株或组团种植常绿植物,单行或双行种植彩叶植物和观花植物。常绿植物以松树、桧柏为主,一般路线组距可适当加大至100~500m,中间分组距种植彩叶植物和观花植物;重点线路常绿植物组间距宜加密至30~50m为宜。常绿植物之间可连续或组团种植彩叶植物或观花植物;路基边坡顶部可种植多年生草本花卉,也可在边坡上部种植大型草本花卉。

(1)高护坡

此类路段邻近桥梁、互通立交,行车道与排水沟及外侧高差逐渐增加,边坡绿化与沟外平台及防护林难以形成景观空间关系,因此根据外部具体现状、边坡种植条件等因素,主要采用路肩增设种植池、路肩种植色叶乔、灌木、路侧借景三种手法,在起伏跳跃感、色彩变化方面对此类路段景观进行提升。

如填土路堤段,已有良好的植物防护基础以及造景层次基础。针对这种路段,可采用路肩种植色叶小乔木、花灌木,加强路肩植物色彩,使路肩景观同时满足不同季节的观花和观叶需求。除此之外还应充分考虑到高速公路特殊的动态景观特点,使每一色块具有一定规模,在高速行驶过程中色彩的变化频率与视觉感受的舒适度相符合(图10-1、图10-2)。

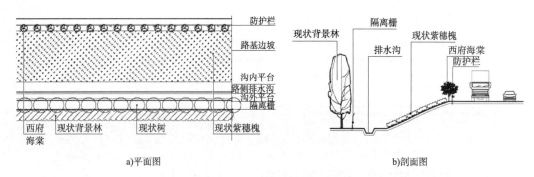

a) 平面图　　　　　　　　　b) 剖面图

图 10-1　方案示意图

a)　　　　　　　　　　　　b)

图 10-2　现场栽植图

在高路基路段以及服务区出入口,边坡砂石较多不利于苗木生长段,在路肩上按适当距离增加种植池,种植池内种植常绿树种,池之间可选择多种花灌木、低矮色叶小乔木做色彩点缀。考虑到行车对景观的特殊观赏视角,同样采用每种植物长距离种植形式。此类方案常绿树种与观叶、观花树种相搭配,丰富路肩色彩种类的同时兼顾冬季景观效果(图10-3、图10-4)。

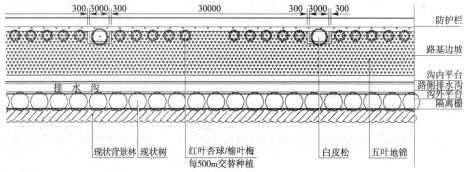

图 10-3　方案示意图(单位:mm)

a)　　　　　　　　　　　　b)

图 10-4　现场栽植图

高速公路涉及地形地貌较多,在打造和谐统一的景观上具有一定难度,局部路段出现的丘陵、河流等多种自然地貌,容易打造独具特色的公路绿化景观。因此,对于外部景观较好的路段,避免人为手段造景,将自然景观最大化保留并巧妙借景,使驾乘人员的观赏视野足够开阔,仿佛置身于移动的自然画卷。

(2) 中护坡

中护坡路段在高速公路中最为常见,相较于高护坡路段,多种造景方案的可行性也相对较高。可采用路肩色叶小乔灌木与沟外平台大乔木组合种植,充分利用边坡种植条件,形成多层次、多色彩、高密度的高速公路景观带(图10-5)。

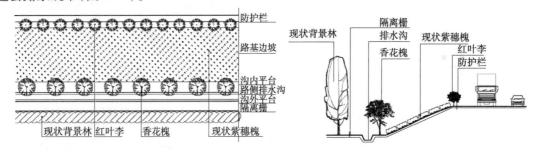

图10-5 方案示意图

对路侧地势宽窄、高低变化不一等造景难度较大的路段,采用大面积种植火炬的方法,打造具有一定规模的秋季特色景观。

(3) 平护坡

平护坡段沟外平台较宽,对此类种植空间较大的区域作为重点设计路段,设计金叶榆、胶东卫矛、红叶李、高杆金叶榆、桧柏、金叶国槐、火炬树多种色叶乔灌木组合种植,形成高密度覆盖、多色彩变化、多层次递进,四季有景、三季有花的示范亮点景观(图10-6、图10-7)。

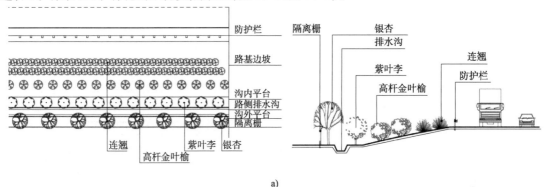

a)

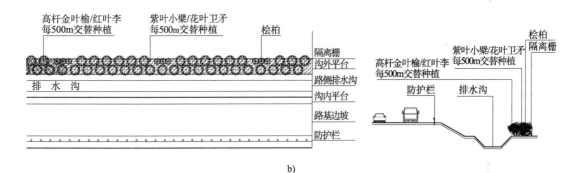

b)

图10-6 方案示意图

图10-7 现场栽植图

(4) 挖方段

挖方段两侧路堑边坡高低起伏,为打造多层次景观提供良好自然基础。要加强挖方段绿化美化设计,突出碎落台绿化美化效果,尽可能采用藤本植物进行边坡覆盖;跨线桥迎坡面要采用彩叶植物突出视觉效果。充分利用路堑一二层平台,种植不择土壤,耐干旱贫瘠,浅根性植物,如连翘、火炬树等,结合地势打造层次鲜明、春秋两季色彩浓艳的特色景观(图10-8、图10-9)。

挖方路段特有的地势使迎坡面尤为显眼，在高速公路绿化中应充分利用这类空间，自然式种植常绿树、落叶观花乔木、花灌木以及地被植物覆盖，用多色彩、多层次、全覆盖的打造手法，突出线性景观中的自然组团，丰富高速公路景观类型。

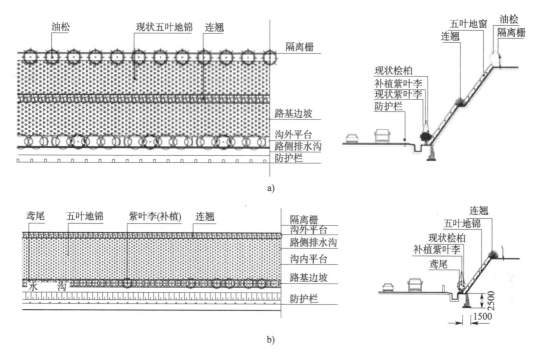

图 10-8　方案示意图（单位：mm）

（5）护坡道

护坡道绿化美化以不存在安全隐患为前提，按路基由高到低，行列式种植乔木、小乔木及大型花灌木，确保植物可观赏部分处于行车视线可及范围。护坡道绿化植物品种要适合本地气候、土壤等自然条件，同时要具备一定的观赏价值。

10.1.4.2　中央分隔带绿化设计

中央分隔带主要起隔离双向交通、埋设通信管道、安装防眩设施的作用。在雨水丰沛的地区，花草灌木较易成活，其防眩设施宜采取植灌木、花草方式。但仍然存在维护难、费用高等问题，因此在保证绿化美化及防眩效果的同时，应尽量选取易养护、耐修剪的植物，达到防眩作用又不遮挡视线；此外，由于高速公路汽车尾气、冬季除雪因素对空气及土壤的污染，在植物选择也应侧重于耐性强、易成活的植物品种。

图 10-9　现场栽植图

（1）中央分隔带无防眩设施段

中分带绿化以保证防眩为前提，以常绿植物为主骨架，间距在 4～6m 之间，中间配置适量的观花、观叶植物，形成四季有绿、三季有色的效果；同时要种植地被植物，确保黄土不见天。中分带绿化仍以常绿植物为防眩主体，间距 4～6m，中间适度密植彩叶植物和本本花卉，地被辅助多年生草本观花植物，形成四季有绿、三季有花的效果。

（2）中央分隔带防眩网段

中分带设置防眩网或防眩板，要同时创造条件进行绿化美化。绿化以三种模式为基础：一是绿篱式种植，二是丛生式花灌木种植，此两种模式的植物高度均低于防眩网（板）；三是种植高杆观赏植物，此种模式的植物高度略高于防眩网（板）。三种模式可交替、复合应用。在网两侧种植高杆金叶榆、西府海棠，考虑到行车视觉感受，每 20m 两侧交替种植，同时满足防眩作用与美化效果；下层种植鸢尾、三七景天、马蔺地被及胶东卫矛篱，每 500m 交替种植，使中分带达到多色彩、全覆盖的总体设计目标（图 10-10）。

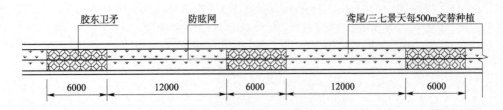

图 10-10　方案示意图(单位:mm)

(3)中央分隔带防眩板段

中分带防眩板路段,由于受种植空间的限制,不宜栽植灌木,因此设计满铺鸢尾、三七景天、马蔺地被,每 500m 交替种植,将地面土壤全覆盖的同时,使下层空间的绿化效果同样富于变化。

10.1.4.3　互通区绿化设计

在满足交通功能的前提下,结合每个互通区所在地的历史文化和周边环境,因势布景。突出骨干树种及当地自然和人文地域特色,以自然式种植形成植物群落、植物组团。当然,也可考虑移植高大的当地树木,形成互通标志。

在互通区绿化设计中,可在互通圈内点缀大乔木、特色小乔木及色彩鲜亮的花灌木,片植夏季开花的花草并随立交的升降起伏种植观赏乔木,通过色彩花草和特色树木的高低营造起伏的绿化效果。打造视觉亮点,整体提升互通区的景观品质(图 10-11)。

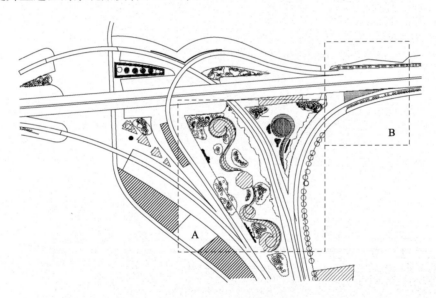

图 10-11　方案示意图

(1)收费站出入口设计要点

收费站出入口作为高速公路主线与支线及地区的衔接点,将路肩、沟内外平台共同绿化,采用多种色叶乔灌木组合形式,丰富季相变化,打造多色彩、多层次、高密度的迎宾景观。如在路肩大体量单排种植红叶李、独杆金叶榆、西府海棠色叶小乔灌木,与沟外平台两排银杏或单排垂柳。

(2)服务区、停车区设计

服务区、停车区设计示意图见图 10-12。

(3)重要节点的设计(省际交界、示范段起始点)

对于重要城市出入口的高速公路绿化设计,在勘查现场过程中,应充分考虑到路基边坡、沟内外平台的利用率,因地制宜,设计路肩种植金叶榆球,在边坡种植单排红叶碧桃,与金叶榆球在种植空间与色彩上相结合,在路肩形成多色、彩多层次绿化带;沟内平台种植油松,突出冬季绿化效果;沟外平台在现状树之间种植两株香花槐,提高遮挡林种植密度,同时丰富外层绿化色彩变化,打造迎宾亮点景观,此类方案打破了以往高速公路边坡绿化中仅依赖地被植物覆盖的局限思维。要充分利用沿线可绿化用地,对种植空间较大的区域要作高标准绿化景观设计,建设景观节点(图 10-13、图 10-14)。

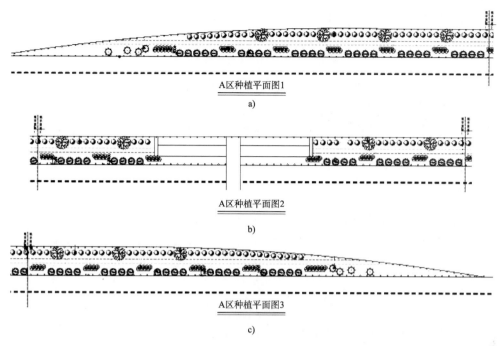

图 10-12 某停车区方案示意图

10.1.4.4 植物品种的选择

(1) 品种的选择

结合高速公路土壤条件和公路景观功能需求,服从于公路功能景观需要,又要尽快恢复植被,保持和发展园林绿化特色,与路侧环境构成优美的自然画面,因此,绿化树种的选择显得特别重要。绿化树种的应选择贯彻"乡土种、易成活、易养护、抗性强、色彩艳、树形美"的原则,从高速公路沿线的地形地貌特征出发,从植物品种生物学、生态学特性入手,通过多种乔灌木、花草的选择,合理布局,科学配置点、线、面的结合,使高速公路的绿化既能反应本地微丘陵自然景观特色、时代风貌、现代化气息,又满足高速公路绿化稳定边坡、遮光防眩、诱导视线、改善环境的需要。

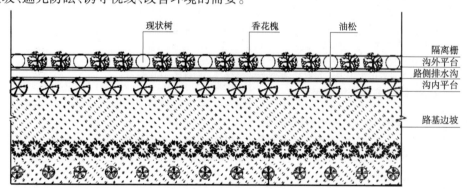

图 10-13 方案示意图

(2) 规格的选择

根据不同地势地貌,借势栽植,如路侧、挖方迎坡面及互通区多选择胸径 8~10cm 高大乔木,边坡及中央分隔带选择枝叶浓密、树形较小的灌木,保证绿化效果的同时不影响行车安全。

(3) 苗木分类应用概述

在某高速公路绿美廊道工程中,路侧选择树体高大、树形优美的乔木作为骨干树种,如银杏、香花槐、金叶国槐、垂柳、山楂、旱柳、油松、白皮松、云杉等落叶树种与常绿树种结合,植物配置以行列式为主,互通区乔木以自然式栽植为主。在边坡、中央分隔带等位置,已观花、观叶灌木为主基调,如独杆金叶

图 10-14 现场栽植图

榆、红叶李、西府海棠、火炬树、连翘、金叶榆篱、金叶榆球、红叶碧桃、榆叶梅等,下层铺植多年生花草,如鸢尾、马蔺、三期景天;重要节点路段高密度增加侧柏种植。河北省高速公路绿化部分植物见表10-1。

河北省高速公路绿化部分植物列表　　表10-1

类别	名称	生长习性	景观特性	绿化应用
常绿乔木	油松	浅根性,喜光、抗瘠薄、抗风,在土层深厚、排水良好的酸性、中性或钙质黄土上,-25℃的气温下均能生长	枝平展或向下斜展,老树树冠平顶,观树形,可做造型树	路侧坡顶、平台列植,迎坡面自然式栽植,坡脚花池列植
	白皮松	为喜光树种,耐瘠薄土壤及较干冷的气候;在气候温凉、土层深厚、肥润的钙质土和黄土上生长良好	枝斜展,宽塔形至伞形树冠,老树皮呈白褐相间斑鳞块;观树形、可做造型树	路肩种植池孤植
	桧柏	忌积水,耐修剪,易整形;耐寒、耐热,对土壤要求不严,能生于酸性、中性及石灰质土壤上,对土壤的干旱及潮湿均有一定的抗性;但以在中性、深厚而排水良好处生长最佳	幼树的枝条通常斜上伸展,形成尖塔形树冠,老树下部大枝平展,形成广圆形的树冠,可修剪造型	路侧平台,点缀于色叶乔灌木中;互通区模纹造型
	侧柏	适应性强,对土壤要求不严,浅根性,但侧根发达,萌芽性强、耐修剪、寿命长,抗烟尘,抗二氧化硫、氯化氢等有害气体	枝条向上伸展或斜展,幼树树冠卵状尖塔形,老树树冠则为广圆形	中央分隔带列植,与色叶小乔木组合
	北京桧	喜光、耐寒、耐热、耐修剪,对土壤的干旱及潮湿均有一定的抗性,寿命极长,对多种有害气体有一定的抗性,能吸收一定数量的硫和汞,阻尘和隔音效果良好	树冠尖塔形或圆锥形	中央分隔带列植,与色叶小乔木组合
	青扦云杉	耐荫,喜温凉气候及湿润、深厚而排水良好的酸性土壤,适应性较强;在气候温凉、土壤湿、深厚、排水良好的微酸性地带生长良好	树皮灰色或暗灰色,裂成不规则鳞状块片脱落;枝条近平展,树冠塔形,观树形	路侧平台列植,与色叶乔灌木搭配栽植
落叶乔木	银杏	以中性或微酸土最适宜,不耐积水之地,较能耐旱	枝斜上伸展,叶扇形,秋季金黄色;观树形、观叶	路侧平台列植,行道树,丰富景观层次
	旱柳	喜光,耐寒,湿地、旱地皆能生长,但以湿润而排水良好的土壤上生长最好;根系发达,抗风能力强,生长快,易繁殖	枝直立或斜展,观树形	路侧平台列植,行道树,丰富景观层次
	垂柳	喜光,喜温暖湿润气候及潮湿深厚之酸性及中性土壤;较耐寒,特耐水湿,但亦能生于土层深厚之高燥地区;萌芽力强,根系发达,生长迅速	树冠开展而疏散,小枝细长下垂,观树形	路侧平台列植,行道树,丰富景观层次
	香花槐	香花槐喜光、耐寒,能抗-33℃低温,耐干旱瘠薄,耐盐碱,能吸声,病虫害少,抗病力强,根系发达,萌芽、根蘖性强,保持水土能力强	叶繁枝茂,树冠开阔,树干笔直,树景壮观,全株树形自然开张,树态苍劲挺拔,观赏价值极佳;花红色,花量大,多季开花;观树形、观花	路侧平台列植,行道树,坡顶列植,丰富景观层次;迎坡面微景观主景树
	新疆杨	喜光,不耐荫,耐寒,耐干旱瘠薄及盐碱土;深根性,抗风力强,生长快	树形高大,树冠窄圆柱形或尖塔形,观树形	路侧平台列植,行道树,丰富景观层次
	国槐	喜光而稍耐荫;对土壤要求不严,在酸性至石灰性及轻度盐碱土都能正常生长;抗风,耐干旱、瘠薄,适应土壤板结等不良环境条件;对二氧化硫和烟尘等污染的抗性较强	树形高大,花白色或淡黄色,观花、观树形	路侧平台列植,行道树,丰富景观层次;路侧微景观主景树

续上表

类别	名称	生长习性	景观特性	绿化应用
落叶乔木	北栾	喜光,稍耐水阴,对土壤要求不严,耐盐渍性土,耐寒、耐旱、耐瘠薄,并能耐短期水涝,深根性;对风、粉尘、二氧化硫和臭氧均有较强的抗性,病虫害少	树形高大挺拔,姿态优美;夏季栾树黄花挂满树,果实似灯笼,十分的美观;观花、观果、观树形	路侧平台列植,行道树,丰富景观层次;路侧微景观主景树
	金叶国槐	喜深厚、湿润、肥沃、排水良好的沙壤,对二氧化硫、氯气、氯化氢及烟尘等抗性很强,抗风力也很强	比国槐叶片较舒展,树冠丰满,在8月前为全黄,在8月后上半部为金黄色,下半部为淡绿色,远看似金花盛开,十分醒目;观叶、观树形	路侧平台列植,行道树,丰富景观层次;路侧微景观主景树
	山楂	为浅根性树种,主根不发达,但生长能力强,在瘠薄山地也能生长	树冠整齐,花白色,球果深红色,花繁叶茂,春花秋果,且分枝点高,观赏性极强	路侧平台自然式栽植,微景观主景树
	高杆金叶榆	对寒冷、干旱气候具有极强的适应性,同时有很强的抗盐碱性;工程养护管理比较粗放,定植后灌一两次透水就可以保证成活	叶片金黄色,色泽艳丽,质感好;观叶,观树形	路肩、路侧平台、坡顶列植,中央分隔带与常绿树种搭配,微景观配植树种
	西府海棠	喜光,耐寒,忌水涝,忌空气过湿,较耐干旱	树枝直立性强,花粉红色,果红色,观树形,观花,观果	路肩列植,坡脚花池补植,中央分隔带与常绿树种搭配
	紫叶李	抗性强,山坡林中或多石砾的坡地以及峡谷水边等处	小乔木或灌木,粉花、红叶、红果,叶常年紫红色,著名观叶树种	路肩,坡脚花池,中央分隔带与常绿树种搭配,路侧平台,微景观配植树种
	红叶李	抗性强,山坡林中或多石砾的坡地以及峡谷水边等处	小乔木或灌木,粉花、红叶、红果,叶常年红色,著名观叶树种	路肩,路侧平台,坡顶,中央分隔带与常绿树种搭配,微景观配植树种
	红叶碧桃	性喜温暖向阳环境,适生温度15~30℃;宜于深厚,肥沃而排水良好的土壤,不耐水湿,碱性土及黏重土均不适宜	花朵美丽,而且叶呈紫红色,是很好的观赏树种	边坡微景观配植树种
	火炬树	喜光,耐寒,对土壤适应性强,耐干旱瘠薄、耐水湿、耐盐碱;根系发达,萌蘖性强,四年内可萌发30~50萌蘖株;浅根性,生长快,寿命短	枝条紧密聚生成火炬状,秋后树叶会变红,十分壮观;观叶,观树形	路基边坡、路侧坡面大面积列植
灌木	胶东卫矛球	对多种有毒气体抗性很强,并能吸收而净化空气,抗烟吸尘,又是污染区理想的绿化树种	直立或蔓性半常绿灌木,修剪成球,观树形,观叶	停车区组团中配植,中央分隔带与色叶小乔木组合
	胶东卫矛	对多种有毒气体抗性很强,并能吸收而净化空气,抗烟吸尘,又是污染区理想的绿化树种	直立或蔓性半常绿灌木,观叶,可修剪成篱	路侧平台丛植,与色叶乔灌木多层次栽植
	金银木	性强健,耐寒、耐旱,喜光也耐阴,喜湿润肥沃深厚之土壤;管理粗放,病虫害少	树势旺盛,枝叶丰满,初夏开花芳香,秋季红果缀枝,观赏性强	中央分隔带与常绿树种组合
	榆叶梅	喜光,稍耐阴,耐寒,对土壤要求不严,以中性至微碱性而肥沃土壤为佳;根系发达,耐旱力强,不耐涝,抗病力强	报春植物,早春观花,与常绿树种搭配,以苍松翠柏为背景,凸显花朵娇艳美丽	路肩种植池之间列植,与常绿树种搭配
	紫叶小檗	喜凉爽湿润环境,适应性强,耐寒也耐旱,不耐水涝,喜阳也能耐阴,萌蘖性强,耐修剪,对各种土壤都能适应,在肥沃深厚排水良好的土壤中生长更佳	春季开小黄花,入秋则叶色变红,果熟后亦红艳美丽,是良好的观果、观叶和刺篱材料	路侧平台丛植,与色叶乔灌木多层次栽植

续上表

类别	名称	生长习性	景观特性	绿化应用
灌木	金叶榆球	对寒冷、干旱气候具有极强的适应性,同时有很强的抗盐碱性;工程养护管理比较粗放,定植后灌一两次透水就可以保证成活	叶片金黄色,色泽艳丽,质感好,修剪成球,观叶,观树形	边坡微景观配植
灌木	金叶榆	对寒冷、干旱气候具有极强的适应性,同时有很强的抗盐碱性;工程养护管理比较粗放	叶片金黄色,色泽艳丽,质感好,修剪成篱	路侧平台、迎坡面丛植,与色叶乔灌木多层次栽植
灌木	连翘	喜光,有一定程度的耐荫性;喜温暖,湿润气候,也很耐寒;耐干旱瘠薄,怕涝;不择土壤,在中性、微酸或碱性土壤均能正常生长	早春先叶开花,花开香气淡艳,满枝金黄,艳丽可爱,是早春优良观花灌木	挖方段坡顶平台列植,或路侧平台丛植
灌木	迎春	喜光,稍耐阴,略耐寒,怕涝,在华北地区可露地越冬,根部萌发力强;枝条着地部分极易生根	花单生于去年生的枝条上,先于叶开放,有清香,金黄色,外染红晕,花色端庄秀丽,气质非凡	挖方段坡顶平台列植
藤本	五叶地锦	喜温暖气候,也有一定的耐寒能力,耐阴,生长力旺盛,抗有毒气体	秋色叶树种,观美丽的秋叶,枝繁叶茂,层层密布	挖方段路侧坡面垂直绿化,互通区立体绿化
地被	鸢尾	喜阳光充足,气候凉爽,耐寒力强,亦耐半阴环境	茎粗壮,斜伸,花蓝紫色,喇叭形	中央分隔带下层满铺栽植
地被	三七景天	适应性强,不择土壤、气候,全国各地都可种植,且易活、易管理	肉质草本,花黄色	中央分隔带下层满铺栽植
地被	马蔺	荒地、路旁、山坡草地,尤以过度放牧的盐碱化草场上生长较多;耐盐碱、耐践踏,根系发达,可用于水土保持和改良盐碱土	茎粗壮,木质,斜伸,花为浅蓝色、蓝色或蓝紫色	中央分隔带下层满铺栽植

10.1.5 小结

在建设和发展高速公路的同时,必须十分注意环境保护,重视绿化工作,通过绿化,保护自然环境,创造舒适的行车环境和生活环境。采取一定措施尽量将高速公路对环境的不利影响降到最低,提高交通安全性和舒适性、保持高速公路沿线的生态环境稳态,同时充分结合当地特有文化气息,将公路景观赋予人文精神。

每一条高速公路的诞生,都意味着生态环境又出现一道伤痕,高速公路为国家及地方带动经济发展的同时,极大地破坏了整体生态平衡,因此高速公路的绿化目标不仅仅是美化、舒适,更应致力于公路周边生态系统恢复,为高速公路可持续性发展提供必要条件。

10.2 服务区及停车区景观

10.2.1 基本原则

因地制宜为前提,环境保护为基础,美学理论为指导,风格鲜明为特点,兼顾效益为目的,并结合以下原则进行养护改造设计:

(1)对现状整体布局进行梳理;
(2)完善各类服务设施,满足驾乘人员需求;
(3)调整现有进出车辆交通流线,减少人车混行,避免意外事故发生;
(4)通过标志标识、植物种植引导行车路线、形成功能空间,使驾乘人员得到良好的感官体验;

(5)结合地方特色文化,现有建筑风格等因素,打造服务区和停车区的窗口形象,展现河北经济建设成果,整体提升服务区及停车区品质。

10.2.2 设计要点

(1)服务区及停车区是高速公路对外形象的窗口,景观方面应突出特点,体现高速服务区建设的功能特点,满足驾乘人员在服务区内完成加油、维修、休息用餐等需求,保障行车安全。

(2)根据各个服务区及停车区所处位置及车流量等实际情况,总体地位将有所区别。

(3)对主、副服务区的景观需求在设计中有所体现,对服务区的贯穿车道的出入口及重要视线点做重点景观设计。根据各服务区功能空间不同,运用多层次的植物打造景观。

(4)尽量选用抗性、耐性较好的品种,节省养护成本。

(5)服务区及停车区设计应突出主体建筑风格,能够体现地域文化特色;优化场区布局,统一标志设置,彰显高速形象。

10.2.3 设计案例

1)案例之服务区

某服务区主区及副区现状平面示意图见图10-15、图10-16。

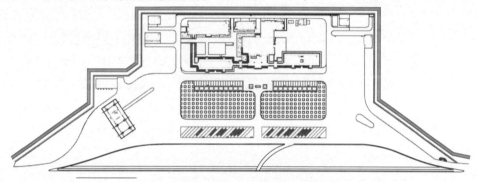

图10-15 服务区主区现状平面示意图

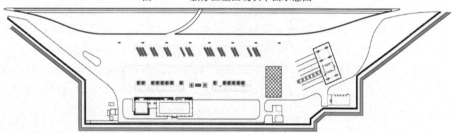

图10-16 服务区副区现状平面示意图

(1)设计方案

该服务区的设计方案见图10-17~图10-19。

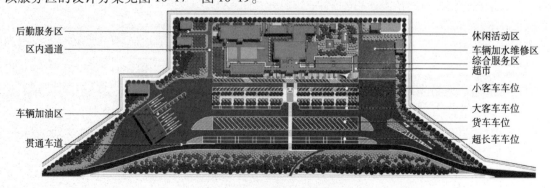

图10-17 服务区主区平面图

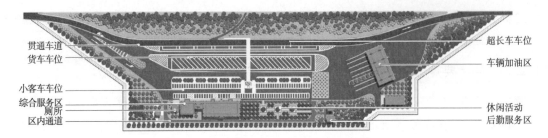

图 10-18　服务区主区平面图

（2）设计方案说明

该方案重点针对站区现状存在的问题进行构思和设计，下面分别从功能分区、交通流线、车位规划、标志系统、铺装材质、照明排水及植物景观几个方面进行介绍。

图 10-19　服务区副鸟瞰图

①功能分区

该设计方案将服务区划分为综合服务区、车辆停放区、车辆加油区、车辆加水维修区、后勤服务区和休闲绿化区等几个区域，其中，车辆停放区充分考虑了不同车型的停放需求，布置了小客停车区、大客停车区、大货停车区和超长停车区，很好地解决了原来站区内功能分区不够完善的问题。同时，在对各功能分区进行布局时充分考虑了其合理性、使用的方便性和流线的简洁性。

综合服务区和后勤服务区设置在站区内远离出口处，避免了行车的干扰，包括办公区、超市、职工宿舍、客房、浴室和公厕等功能。在综合服务区和后勤服务区两侧的集中绿地布置了休闲绿化区，满足服务区内部员工和游客的休闲与健身功能。车辆停放区与车辆加油区靠近站区外侧，方便车辆的停放与加油需求，同时又满足了站区内的人车分流，互不干扰。在主服务区还设置了车辆加水维修区。

②交通流线

站区内的各功能分区复杂多样，因此合理地布置区域内的交通流线显得尤为重要。在考虑交通流线时应遵循方便、快捷、安全、通畅的原则。停车区与服务区及其他功能性建筑的交通设计应通畅，应该避免车流与人流的交叉处理和为车服务和为人服务设施间的关系。各类车辆行驶及停放尽量采用顺进顺出的方式。在区域内关键位置应设置交通导向标志，避免停车车流、加油车流及维修车流的交叉。

③车位规划

车位规划包括停车区布局及停车方式两个内容。在布局时应该考虑将货车与客车分开布置，考虑到客车人流量大的特点，将客车停车区布置在靠近综合服务区一侧，距离公共卫生间、餐饮、休息等主要设施较近的位置，方便游客的活动需求。小客车的停车方式采用90°进行式停车，大客车采用60°前进式停车，大货车采用45°前进式停车，便于进出。超长车车身较长，不便转弯掉头，采用平行式停车（图10-20）。

原有服务区停车位数量不足，车位规划不够合理，结合现有的车位用地，并利用部分绿地进行提升。提升后，服务区增加大车位7个，小车位41个，超长和危险品车位增加至18个，完全解决了服务区车位不足的情况（表10-2）。

④标志系统

站区内的标志系统将对交通流线能否通畅产生重要影响。服务区中的功能区，宜用地面标线标明其范围，并设置有引导类标志牌和地面引导标线。在服务区出入口及场地内必须设置引导类和说明类标志。在服务区的入口处必须设置服务区名称标志牌及带有驶入方向的地面箭头标线。在服务区的出口处必须设置含高速公路交通图及沿线服务区信息的标志牌，并设置问候及宣传标志牌。

由于场内难以避免人车混行的情况，为保证行人的安全，在综合服务区及车位区间，增加必要的人行线，车辆多的地方增加减速带，来对行人和车辆进行规范，增加安全性。

⑤铺装材质

主区建筑楼前，是游人主要的活动区域，是游人休憩停留的场所，为了保证行人的安全，并防止积水问题,可将楼前人行小广场局部抬高,以防止车辆随意停放,又能保证行人区不积水。铺装材料,可以用深色和浅色交替的花岗岩铺装(带有防滑纹),作为分割条,用带有色彩的花岗岩或彩色混凝土砖,进行图案铺装。路缘石同样用兼具观赏性和耐久性的石材,局部的休息区域用防腐木铺装,增加亮点,提升品质。中心广场的广场砖非常容易被车轮碾压损坏,提升方案改用坚固的混凝土铺装,服务区周围的路缘石用耐久性较强的花岗岩材质。

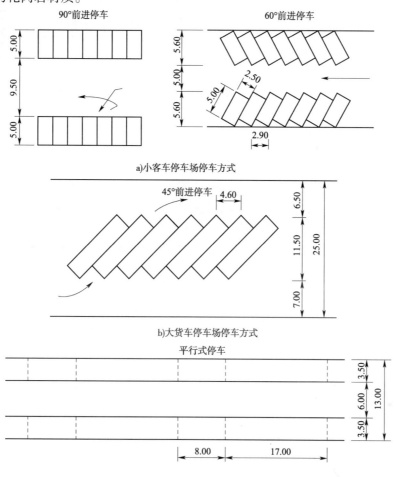

图 10-20　车位规划示意图(单位:m)

车位数量对比表　　　　　　　　　　　　　　　　　　　　　表 10-2

车位	客车车位	货车车位	超长车	合计
现有车位	144	47	7	198
提升后车位	185	55	18	258
增加车位	41	8	7	56

⑥灯光及排水

对夜间服务区形象及照明问题,灯光照明方面既要考虑到实用性,又要兼具观赏性,提升方案在楼前绿化隔离带增加景观庭院灯,局部地区可增加草坪灯,丰富层次。增加观赏性的同时又满足了车辆夜间停车的安全性;标志牌底部增加探照灯,为服务区的夜间车流提供有效的导向作用。建筑照明方面,增加建筑墙面射灯,及建筑轮廓 LED 灯带,提升夜间品质。

排水方面,由于服务区的高程要低于高速路的边沟,所以服务区的排水主要靠贮水池来收集,当夏秋多雨时节,贮水池大部分时间处于饱和状态,所以服务区排水会出现流入附近庄稼地的情况,给农民造成一定的损失。为了解决这个问题,在现有的排水系统中,增加排水箅子数量,提高管径粗度,更好地组织排水,将雨水就近排放,靠近绿地的,可进行绿地渗透,有管道的,则排放到园区外的渗水沟中,并适当增大集水坑的容量。

⑦植物景观

a. 服务区出入口及绿岛

服务区出入口及绿岛是车辆驶入服务区必经之处,也是服务区形象展示的重点之一,出入口及绿岛处面积较小,设计中对原有建筑垃圾土壤进行更换,更换深度约为1.5m,解决植物不易成活等问题。主入口植物在引导车辆视线的同时,需要一定范围的视线避让,不易种植太过高大分枝较低的乔木,保证行车安全(图10-21)。

图10-21 服务区出入口效果图

服务区出入口采用枝干挺拔,高度一致的行列种植作为行道树,如国槐和白蜡,内侧大片绿地以自然式片植山桃、紫叶李、桧柏等苗木作为片植林。为保证冬季效果,常绿树;落叶树为3:7,考虑到现场土壤条件,及成活率问题,尽量少使用或不使用银杏、云杉等名贵树种,采用以当地乡土树种为主,点缀名贵树种的选种方式,并且在主建筑两侧多采用小乔木及果树,减少大型乔木栽植。

设计既考虑到服务区凸显的土壤问题,解决服务区缺少常绿树的问题,种植四季常绿的桧柏、云杉等。为体现当地"蜜桃之乡"的人文理念,种植了花果俱佳的山桃,用树形优美的白蜡丰富整体种植层次,达到四季常绿、层次分明的景观效果,用单一树种片植的种植形式引导车流,种植片区跨度较大,使车辆在行驶速度较快的时候仍可以感受到入口景观的氛围,不同苗木交错搭配,使景观变化更为丰富,整体种植层次更加分明。

b. 建筑周边及办公区内庭

建筑周边及办公区内庭是驾乘人员及工作人员在站区内停留时间最长的区域,也是景观设计的重点。对设计办公区内庭处土壤进行部分更换。建筑周边是人流和车流使用率比较高的区域,因土壤问题,现状种植较差,目前建筑周边绿量不够、苗木稀疏,无大树作为建筑背景衬托建筑,建筑在服务区中显得尤为突兀,不能很好地与景观融合。设计中对建筑周边土壤按苗木单坑进行更换,把原有建筑垃圾土壤运走,回填满足种植深度的种植土,增加建筑周边的背景树,使建筑融入景观中,并保证植物成活率和景观效果。

服务区保留建筑前广场树池内的山桃,在国旗台两侧的树池内点植树形整齐、四季常绿的白皮松,使国旗台成为视线的焦点。主服务区大餐厅南侧有一块面积较大的绿地,行列种植山桃,场地南侧边缘以两排千头椿行列种植,中间种植山桃,集中体现"蜜桃之乡"的人文特色。主服务区超市、咖啡座的建筑周边,原有种植情况较好,予以保留。超市、咖啡座建筑围廊周边的种植池以紫叶李与绣线菊、白三叶(原有贯通车道左侧绿地未形成景观规模的地被)搭配种植。地下油罐周边为自然种植的国槐、千头椿、紫叶李和桧柏。其他建筑周围主要为行列种植的山桃、白蜡、千头椿。副服务区建筑相对主服务区较少,无办公区内庭。副服务区建筑周边主要是以国槐行列种植为背景,白蜡、紫叶李、山桃、油松、桧柏、木槿的自然层次种植为主要形式。屏蔽非功能性建筑,增加功能性建筑周边的景观效果,以高大乔木作为建筑背景,丰富天际线的变化,在建筑两边行列种植乔木,更加衬托建筑的气势和特色。在建筑周围种植爬山虎,不但对建筑起到垂直绿化的作用,并且对建筑节能也起到一定作用。建筑与周边景观充分融合,使驾乘人员愿意在服务区和建筑周边活动,拥有较好的感官感受。

c. 建筑后方及围墙区域

本方案主服务区建筑后方主要为木槿行列种植的形式,地面撒播草籽,尽量减少地面裸露。副服务区建筑后方主要为紫叶李行列种植。围墙区域5m范围内不种植高大乔木和攀缘植物,保证红外线监控的正常使用。围墙区域5m以外主要为国槐行列种植。围墙外侧护坡处种植紫穗槐,减少水土流失。

该服务区设计改造后的平面示意图见图10-22。

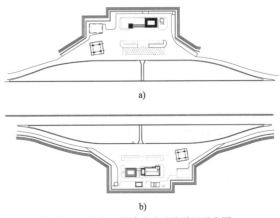

图10-22 服务区设计改造后的平面示意图

2）案例之停车区
(1) 设计方案
停车区设计方案见图10-23～图10-25。

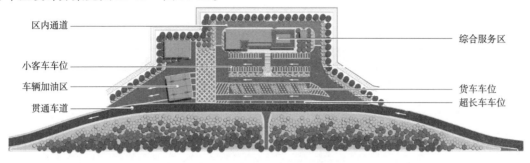

图10-23　主停车区平面图

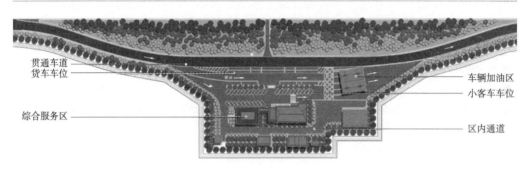

图10-24　副停车区平面图

(2) 设计方案说明

停车区功能和作用与服务区很相似，但停车区相对服务区车流和人流较小，面积与功能也与服务区相差较大，但仍是高速公路系统中必不可少的功能场地之一。停车区方案重点针对站区现状存在的问题进行构思和设计，分别从功能分区、交通流线、标志系统、车位规划、铺装材质、灯光排水及植物景观等几个方面进行综合考虑。

①功能分区

停车区设计方案应将站区划分为综合服务区、车辆停放区、车辆加油区、车辆加水维修、后勤服务区和休闲绿化区等几个区域，其中，车辆停放区

图10-25　停车区鸟瞰图

充分考虑了不同车型的停放需求，布置小客停车区、大客停车区、大货停车区和超长停车区，虽然面积相对较小，但应尽量满足停车、休息的要求。同时，在对各功能分区进行布局时充分考虑了其合理性、使用的方便性和流线的简洁性。

②交通流线

站区内的各功能分区复杂多样，因此合理地布置区域内的交通流线显得尤为重要。在考虑交通流线时应遵循方便、快捷、安全、通畅的原则。停车区与服务区及其他功能性建筑的交通设计应通畅，应该避免车流与人流的交叉处理和为车服务和为人服务设施间的关系。各类车辆行驶及停放尽量采用顺进顺出的方式。在区域内关键位置应设置交通导向标志，避免停车车流、加油车流及维修车流的交叉。

③标志系统

站区内的标志系统将对交通流线能否通畅产生重要影响。虽然比服务区相对简单，但对于基本内容划分应尽量包含，如用地面标线标明范围，并设置有引导类标志牌和地面引导标线。在停车区出入口及场地内必须设置引导类和说明类标志。在停车区的入口处必须设置停车区名称标识牌及带有驶入方向的地面箭头标线。适当增加人行斑马线，保证游客安全。

④车位规划

停车区相对于面积要小,车位相对也少,对车位从新规划提升后主区小车停车位增加至56个,大货车和超长车车位增加至30个,副区小车停车位增加至32个,大货车和超长车停车位增加至9个(表10-3)。

车位数量对比表　　　　　　表10-3

车位	小客车车位	货车车位	超 长 车	合 计
现有车位	45	14	4	63
提升后车位	56	35	4	95
增加车位	11	21	0	32

⑤铺装材质

停车区建筑前小广场原有材质为透水砖,现状损坏严重,有的时候会有小车乱停放的现象,所以直接用混凝土浇筑做硬化处理;主区和副区的大部分道牙都已经损坏,所以在楼前和中心绿化、分流岛用石材材质,贯通车道和停车区辅路道牙用花岗岩材质;主区和副区的贯通车道都用沥青路面,保留现状的材质,修复局部损坏的部分;主区和副区所有的车位铺装都用混凝土浇筑,在楼前则增加彩色透水砖及花岗岩的文案铺装,引导行人安全行走,同时提升场地铺装品质。

⑥灯光排水

停车区主区和副区现状分别有四个高杆探照灯,既能为高速路的车辆起到导向的作用,又能基本的满足停车区的照明,提升方案中在中央绿化中添加景观庭院灯,提高了停车区在照明上的实用性,在观赏性上提高了停车区的整体品质。建筑正面增加建筑墙面射灯,及建筑轮廓LED灯带,提升夜间品质。

排水主要通过排水通道流入积水坑,提升施工过程中可以把积水坑扩大,增加积水里量,根据现有的排水系统,增加排水篦子,加大密度,并增大集水坑储水量。结合绿地,将多余的水排到绿地,进行自渗。

⑦种植景观

a. 停车区出入口

出入口是停车区形象展示的重点之一,与之前服务区存在的问题基本相同,由于停车区建设时间较短,停车区内苗木规格较小,尚未形成理想景观效果。土壤大部分为建筑回填垃圾,养分贫瘠、保水性差,不利于植物生长。由于出入口处面积较小,设计中对原有建筑垃圾土壤进行更换,更换深度约为1.5m,解决植物不易成活等问题。停车区出入口需要一定范围的视线避让,保证行车安全。本停车区主站区位于道路西侧,车辆由北侧驶入,南侧驶出;入口及出口西侧行列种植千头椿和山桃;入口及出口东侧自然片植白蜡、山桃、桧柏等苗木。副停车区位于道路东侧,车辆由南侧驶入,北侧驶出;入口东侧行列种植国槐和山桃,出口东侧行列种植千头椿;入口及出口西侧自然片植白蜡、山桃、桧柏等苗木。设计中既考虑到停车区凸显的土壤问题,解决停车区缺少常绿树的问题,种植四季常绿的桧柏,种植了花果俱佳的山桃,呈现花谷似海的迷人场景,用树形优美的白蜡丰富整体种植层次,达到四季常绿、层次分明的景观效果,用单一树种行列种植形式给人以仪式感,种植片区跨度较大,使车辆在行驶速度较快的时候仍可以感受到入口景观的氛围,不同苗木交错搭配,使景观变化更为丰富,整体种植层次更加分明。

b. 贯通车道左侧绿地

停车区贯通车道左侧绿地紧邻大高速公路,是站区形象展示的重要绿地之一。由于贯通车道左侧绿地面积较大,设计中土壤不进行全部替换,仅在有苗木种植的区域堆土,乔木约堆土1.5m,常绿和灌木约堆土1m,根据不同高度的堆土形成类似微地形的种植土层。种植形式为单一树种成片种植,种植片区之间针叶和阔叶混合种植,解决冬季缺少常绿树的问题,站区内地平高程低于大广高速公路路面高程,高差不超过2m,方案中把较高的白蜡种植在距主线道路较近位置处,使道路上的车辆仍可看到站区内的绿化。在绿地与高速主线之间的护坡处种植抗性较好的紫穗槐。贯穿车道左侧绿地的种植能够提高雄县停车区整体的绿量,单一树种成片种植不仅均衡资金和减少土方工程量,同时营造大体量、整体感的景观氛围。景观植物的选择上运用树形优美的白蜡、花果俱佳的山桃、色叶苗木紫叶李和四季常绿的桧柏,达到四季常绿、四季可观、层次分明、季相变化丰富的景观效果。

c. 建筑周边及围墙区域

建筑周边是驾乘人员及工作人员在站区内停留时间最长的区域,也是景观设计的重点。建筑周边是人流和车流使用率比较高的区域,因土壤问题,现状种植较差,目前建筑周边绿量不够、苗木稀疏,无大树作为建筑背景衬托建筑,建筑在停车区中显得尤为突兀,不能很好地与景观融合,设计中对建筑周边土壤按苗木单坑进行更换,把原有建筑垃圾土壤运走,回填满足种植深度的种植土,增加建筑周边的背景树,使建筑融入景观中,并保证植物成活率和景观效果。

停车区建筑前广场绿地内的行列种植山桃。停车区超市和厕所后侧和中间绿地行列种植山桃,建筑两侧自然式种植千头椿、白蜡、紫叶李、山桃,在视线中心的转角点植油松。地下油罐周边以行列种植的千头椿为背景,行列种植的紫叶李和山桃。其他建筑周围主要为行列种植的山桃和紫叶李。主停车区后方行列种植山桃和紫叶李,副停车区后方行列种植木槿。增加功能性建筑周边景观效果,以高大乔木作为建筑背景,丰富天际线变化,在建筑两边行列种植乔木,更加衬托建筑的气势和特色。在建筑周围种植爬山虎,不但对建筑起到垂直绿化的作用,并且对建筑节能起到一定作用。建筑与周边景观充分融合,使驾乘人员愿意在停车区和建筑周边活动,拥有较好的感官感受。副停车区建筑后方主要为紫叶李行列种植,围墙区域5m范围内不种植高大乔木和攀缘植物,保证红外线监控的正常使用。围墙区域5m以外主要为国槐行列种植,重点区域种植两排国槐。围墙外侧种植紫穗槐,保护围墙外侧护坡,防止水土流失。

10.2.4 小结

10.2.4.1 景观提升的主要方面

服务区是车流量及人流量交织的区域,不仅我们要在功能上对其满足,更要在舒适性、观赏性、生态性上给予充分的考虑,概括起来包括:

(1)车流的停放、行走流线,根据车辆特性进行合理分区;

(2)功能的划分,对于各个区域的功能性进行综合考虑,划分合理,使用高效;

(3)绿化景观的提升,充分考虑到车行视线、人行视线对绿化景观的不同要求,同时兼顾季节性的变化和当地土壤、乡土树种的综合考虑;

(4)亮化部分,在夜间,整体服务区在满足车辆及行人基本照明使用的同时,要进行美化与提升,凸显服务区的品质与特点。

10.2.4.2 景观提升意义

服务区提升建设是为了高速公路的正常运营,是保障交通安全的需要。由于服务区提升的建成,提高了服务区服务品质,交通环境得到改善,降低了高速公路运营和管理费用。安全、快捷、舒适、优美的行车环境势必会增加高速路的营业收入,对该地区的经济发展起到积极促进作用。

(1)高速公路服务区总体规划是高速公路服务区建设中的一项重要工作,也是对高速公路网规划的进一步完善和深化,将对高速公路建设系统化、网络化、统一化起到积极作用;

(2)高速公路服务区总体规划是针对已成网或将要成网的多条高速公路服务区规划和设计,对以后将要实施服务区建设的高速公路的提供依据和指导;

(3)由于高速公路服务区总体规划从整个路网的协调性和统一性出发,因而避免各条高速公路单独建设时所出现服务区间距不合理、等级不协调等弊端,可以确保整个高速公路服务区获得最佳的经济效益和最满意的社会效益,最大限度地发挥高速公路服务区的重要作用,有助于促进地区经济的发展和提升高速公路的整体形象;

(4)高速公路网服务区总体规划特别针对目前已有高速公路在设计和建设中出现的问题和矛盾,从总体上、系统上予以考虑和解决,这使得服务区总体规划具有重要的现实意义。

10.3 隧道出入口

高速公路隧道出入口景观设计是高速公路景观设计的重要组成部分,由于隧道洞口是隧道中开凿山体而呈现出的交通出入口,洞口是隧道唯一构筑物,位置特殊相当于"门口",这也决定了其特点:识别性和象征性。

10.3.1 基本原则

根据现行《公路环境保护设计规范》(JTG B04)规定,改善环境绿化应改善视觉环境、有利行车安全为重点要求在隧道洞口外两端光线明暗变化段,宜栽植高大乔木进行过渡。

10.3.2 设计要点

隧道洞口设计应结合地形、地区的自然和人文特点,与周围环境相协调;隧道洞内的照明、通风、标志等附属设施和洞壁内饰设计,应综合考虑景观效果,洞口段景观分析隧道洞口段进行绿化设计时,应综合考虑洞口段的景观效果,例如环境和意境相结合、主景和副景相互协调等,此外还应考虑当地的人文景观从而使隧道洞口绿化设计取得更加理想的效果。

隧道洞口段景观设计包括植物种类选择、主景和副景的确定、环境和意境的协调以及人文景观共四个方面。

10.3.3 设计案例

(1)高速公路隧道出入口的实际设计中,可以草坪为主景,将乔、灌、花按一定比例合理配置在草坪的不同位置,用来加深和衬托草坪主景的气氛(图10-26、图10-27);

a)   b)

图10-26 隧道入口灌草组合

(2)如果选择草本植物作为绿化护坡的目标,则应草坪草应将多种草类混合使用,尽量延长主景的绿期;

(3)在选择植物种类时,应考虑隧道边、仰坡所在地的植物类型、植被环境,目的是使种植的植被与周围的原有植被协调一致,在总体上产生一种融合的绿化效果应尽量引用当地植物,若需引入外来植物时应充分考虑与周围植物的融合性,使之形成稳定持久的植物群落(图10-28)。

图10-27 隧道入口主题花坛景观   图10-28 隧道入口乡土植物景观

10.4 景观小品

高速公路景观小品以雕塑为主,可分为城市雕塑和边坡浮雕。

高速公路雕塑是"特殊"的城市雕塑,具备城市雕塑的一般特点的同时,也不同于一般的城市雕塑,具备空间的瞬间性和时间的承续性、环境的特殊性、移动指向性、观赏心理、观赏视角等五个不同的自身特点。

10.4.1 基本原则

高速公路景观小品应具备语言形式简介、色彩亮丽;要有较强的标志性与文化承载性。

10.4.2 设计要点

景观雕塑的语言形式和表现方法和它存在的环境有很大的关系。高速公路景观雕塑按照观赏者观赏时间上应分为两大类:一是快速通过地带的景观雕塑,二是相对慢速通过地带的景观雕塑。在雕塑的色彩上,要采用明快的色彩表达来弥补冬季的不足,因此遵守语言形式简洁、色彩亮丽的基本原则。

高速公路连接各城市,连接着不同文化,这些文化通过这样一个现代的交通手段延续永久的生命。

10.4.3 设计案例

高速公路的分隔带中设置体量合适的、较为醒目的雕塑,在不影响正常驾驶的情况下,可以缓解驾驶员的视觉疲劳,并结合地域特色展现城市文化(图10-29、图10-30)。

图10-29 分隔带文化主题雕塑展示　　　　图10-30 分隔带产业主题雕塑展示

在高速公路挖方段范围内,会有大面积的边坡硬化处理,由于某些特殊地段硬化面积大,波及路段长,行驶过程中容易视觉疲劳,心理感受较为枯燥,根据高速公路行驶安全速度,因地制宜地设计具有当地文化特色、景观特色、视觉特色的浮雕,丰富高速道路景观的类型,增加沿途趣味(图10-31)。

a)　　　　　　　　　　　　　　　　b)

图10-31 边坡硬化文化主题浮雕展示

在特殊路段可引用时下政策、方针、大事件提出标志性标语,宣扬文化精神,提升高速公路景观的文化性质(图10-32)。

a)   b)

图 10-32　边坡硬化文化标语展示

10.5　声屏障

交通噪声污染防治应根据环境敏感点的性质、位置、规模、当地条件及工程特点综合分析确定。对于高速公路来说，多采用专门设计的声屏障，在降低高速公路对环境造成的声音污染的同时，对公路绿化整体效果造成一定影响，为达到高速公路绿美廊道总体设计目标，对沿线多处的声屏障设计可彩绘处理，通过不同的形式及内容，展示当地文化特色、景观特色，区别于植物造景，声屏障的彩绘可进一步完善公路景观的四季效果。公路距环境敏感点较近、用地受限且环境噪声超标 5dB 以上时，可采用声屏障进行声环境污染的防治。声屏障应参照项目环评及相关声环境监测报告中相关内容进行设置，根据环境敏感点的性质、位置、规模、当地条件及工程特点综合分析确定。

10.5.1　基本原则

根据现行《公路环境保护设计规范》(JTG B04)规定，我国现有公路两侧路肩外 35m 以内区域，农村居民区交通噪声级能应符合现行《声环境质量标准》(GB 3096)中规定的 4a 类区环境噪声值，即昼间 70dB，夜间 55dB；其他区域执行 2 类标准，昼间 60dB，夜间 50dB。

声屏障单侧外延长度不宜小于受保护对象边缘至公路边缘的垂直距离；当声屏障长度大于 1km 时，应设紧急疏散口，疏散口不能过大，门扇应封闭，易开启。

声屏障高度不宜超过 5m，总体结构应通过抗风验算。当噪声衰减需要声屏障高度超过 5m 时，可将声屏障的上部做成折形或弧形，将端部伸向公路，以增大有效高度。

声屏障材料应具备隔声、高强、低眩、耐久、耐火、耐潮等性能，临近公路一侧的表面应减少对声波、光波的反射，其形式和色彩应与周围环境相协调。

新增声屏障与交通标志冲突时，应将原标志拆移或更换支撑形式。

10.5.2　技术方案

总结近几年河北省高速公路声屏障养护设计，声屏障根据声屏障板材料的不同有以下几种方案。

1）复合金属板型屏障

产品两侧采用铝合金卷板、镀锌卷板、内包玻璃棉、H 钢立柱表面镀锌防腐。可选择多种色彩和造型进行组合，与周围环境协调，形成亮丽风景线。

（1）经济：装配式施工，提高工作效率，缩短施工时间，可节省施工费及人工费。与其他制品并行安装，易维修，更新方便。吸音板系列产品具有自重轻特点，可降低结构造价。

（2）防火：采用超细玻璃棉，由于其熔点高、不可燃，完全满足环保和防火规范的要求。通过生产线压制凹槽增加强度。材料设计时充分考虑防水、防尘，在扬尘或淋雨环境中其吸声性能不受影响，构造中设置排尘排水措施，避免构件内部积水。微穿孔共振空腔吸声在淋雨环境中吸声性能不受影响，针对中低频降噪特别明显。

(3)耐用:产品设计已充分地考虑了道路的风载、交通车辆的撞击安全和露天防腐,在质保期内不腐蚀、不变形、吸声、隔声效果不降低。

复合金属板型屏障结构强度高,重量轻,造型多样美观,吸声性能突出,几乎可以满足任何环境条件下使用,造型多样,美观大方,已成为当代路桥建筑中的新景观。使用年限在15年以上(图10-33)。

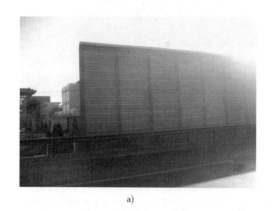
a)

b)

图10-33 复合金属板型声屏障材料效果

2)阳光板(卡布隆板)声屏障

PC耐力板抗冲击性能极佳,比传统玻璃高250倍,比亚克力板材高30倍,拉伸强度好,抗弯性良好,抗蠕变性在热塑性塑胶中是最好的;PC耐力板的透光率为85%~90%,与玻璃相当;一般PC耐力板材长期暴露室外,受紫外线照射易引起黄变及表层劣化,聚碳酸酯在常温下对弱酸、弱碱及醇类的抵抗性能良好,但对强酸碱、苯类、氯化烃类和酯类的抵抗性能稍差,极易产生溶解、溶胀或分解的现象;重量轻,在相同厚度及面积下,PC耐力板重量仅为玻璃的一半,隔音效果比玻璃高3~4dB。

板体上下部采用金属百叶窗式板,面板和背板采用铝板,铝板价格较高(图10-34)。

a)

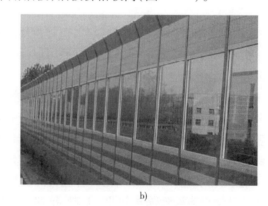
b)

图10-34 阳光板(卡布隆板)声屏障材料效果

3)高强水泥吸声板

高强水泥复合吸声隔声产品是由非金属条孔板、吸声填料、阻尼层和非金属背板组成(图10-35)。开孔面积≥20%,屏障板内的吸声填料为48kg/m³离心玻璃棉板。其允许容量误差(密度允许偏差)不超过±4%,含杂质量≤3%(如渣球含量,国家标准要求≤0.3%),具有良好的吸声、隔声、防潮、防火等性能,同时具有一定的力学性能。安装前表面可喷涂各种颜色,满足视觉要求。

原材料绿色环保,无任何有害物质,并通过放射性检测,属于国家鼓励发展的环保型产品。平均吸声系数(NRC)为0.77,计权隔声量41dB(A),表面密度为44kg/m²,使用寿命在15年以上,抗冲击性能达到冲击6次无贯通裂纹,抗弯破坏载荷(板自重倍数)为13.5。高强度高密实性高硬度高空洞率,高压真空挤出技术所带来的优质特性,使板材具有耐酸侵蚀、抗弯曲、抗冲击性,实现了轻质高强,并增强了整体隔音效果。可在温差较大的范围内正常工作,不受雨雪风沙恶劣气候的侵蚀,具有透气不透水的性能,可保证其干燥不变形,美观可塑,形式多样,安装简易,适用范围广阔。

a) b)

图 10-35 高强水泥吸声板声屏障材料效果

4）泡沫铝吸声板

泡沫铝是在纯铝或铝合金中加入添加剂后，经过发泡工艺而成，同时兼有金属和气泡特征，属于新型的多孔性吸声材料。它密度小、高吸收冲击能力强、耐高温、防火性能强、抗腐蚀、隔音降噪、导热率低、电磁屏蔽性高、耐候性强、有过滤能力、易加工、易安装、成形精度高、可进行表面涂装。

泡沫铝的隔声性能（闭孔）：声波频率在 800～4000Hz 之间时，闭孔泡沫铝的隔声系数达 0.9 以上。

泡沫铝的吸声性能（微通孔和通孔）：声波频率在 125～4000Hz 之间时，通孔泡沫铝的吸声系数最大可达 0.8，其倍频程平均吸声系数超过 0.4。

泡沫铝吸声板和铝纤维板都直接暴露于大气不需要护面穿孔板和填充物等，安装方便。泡沫铝声屏障具有稳定的吸声性能，平均吸声系数大于 0.64，降噪系数（NRC）在 0.75 左右，对于中低频为主的交通噪声吸声性能非常好，高于其他一些常用吸声材料，且在雨中和吸粉尘后，吸声系数不会改变，符合道路声屏障声学要求。

泡沫铝吸声板可以喷涂成各种颜色，而吸声性能不受影响，可以极大丰富声屏障景观。

泡沫铝吸声板和玻璃一样可以水洗，并可以通过自然下雨达到自洁，不会影响声学性能；一旦积灰，不影响声学性能，反而会提高高频吸声性能。

泡沫铝具有金属相应的防火性、耐候性、耐腐蚀性、抗老化性，设计使用寿命长达 20 年。

隔声的泡沫铝解决了目前广泛应用的玻璃棉、石棉等吸声材料的许多局限性，我国继日本和加拿大后已实现了大规格泡沫铝材料的工业化生产，泡沫铝材料也逐渐被推向应用市场。采用闭孔泡沫铝材料制作的新型泡沫铝隔音屏具有良好的隔音效果，它解决了目前隔音屏在低频噪声方面隔音效果不好的缺点，整体隔音效果可达 20～30dB，是一种优良的隔音屏。

对现有已增设声屏障隔声效果、美观、抗腐蚀、施工可控性等进行比较后，推荐采用复合金属板声屏障。

10.5.3 声屏障的美化

高速公路沿线设置的声屏障，降低高速公路对环境造成的声音污染的同时，对公路绿化整体效果造成一定影响，为达到高速公路绿美廊道总体设计目标，可对沿线多处声屏障设计彩绘处理，通过不同的形式及内容，展示当地文化特色、景观特色，区别于植物造景，声屏障的彩绘进一步完善了公路景观的四季效果（图10-36）。声屏障彩绘设计将景观效果与文化传播融为一体，如某高速公路靠近北戴河路段，声屏障彩绘以黄色、浅蓝、深蓝组合，比拟金色的沙滩、灵动的海浪及深沉的大海，在沙滩与海水之间踏着轻快的步伐，使驾乘人员即使在公路上，也能体验犹如漫步海滨的清新畅快。声屏障美化的其他参考样式见图10-37。

声屏障彩绘在整体美化中起到辅助作用，增加行驶过程中的舒适感，但彩绘时色彩种类不宜过多，内容形式不宜精致复杂，应以简洁抽象的大线条为主，避免分散驾驶员的注意力，造成行车安全隐患。

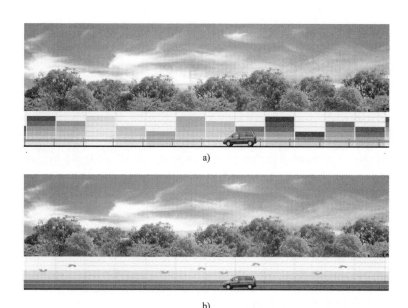

图 10-36 声屏障美化效果

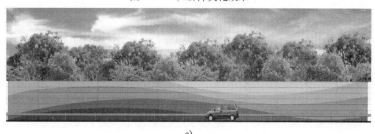

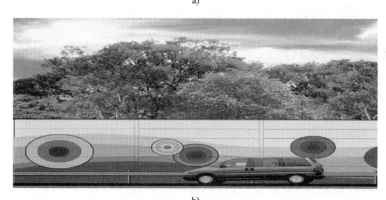

图 10-37 声屏障美化效果

11 交通组织

高速公路养护施工工期相对集中,需要在一段时间内充分调动、整合其他路网的潜在运能,以便对大量的车辆进行分流和转移。充分利用项目所在区域路网及交通运输主通道体系资源,选择合理的交通组织方案,运用交通管制措施对施工区域交通需求进行适度管理。交通组织设计既要确保高速公路的安全运营,又要保证施工人员、机械的安全及工程质量和进度是项目顺利实施的基本保障。

11.1 基本原则

交通组织设计须贯彻"以人为本、以车为本"的管理理念,本着保证安全,保障通行,保护环境、减少社会影响、确保施工进度,效益最佳的总体原则。

交通分流控制性原则:源头疏导,多级分流;客货分级,客车优先;进出有序,控制流量;节点突出,枢纽互通为主;分时分段,通行车道数最大化。

11.2 调查内容

养护作业前对区域交通路网状况进行调查:包括沿线城镇分布、路网布局、施工养护状况、技术等级、车道数、现状路面技术状况、交通量、高峰小时交通量、交通组成、通行能力、饱和度、服务水平、可承担的分流能力、高速公路沿线各种设施等。

11.3 区域路网交通组织设计

针对既有公路及周边路网施工期间分流能力,确定合理的区域路网交通组织设计。分析施工期既有公路及周边路网各自的通行能力、服务水平及可承担的分流能力,制定总体区域路网交通组织设计方案,内容应包含分流路径、分流车型、分流交通量,诱导点、分流点、管制点设置,以及分流路段改造、维修方案。

11.3.1 分流车型选择

选择分流车型要考虑通过车辆运行特性以及对施工影响程度,分析区域路网的技术状况和通行能力,还应根据区间交通需求的性质和交通出行分类以及通行安全、经济收益、管理措施等综合因素,以交通组织设计原则为基础确定适合通行环境和条件的车型进行科学合理的分流。

道路上行驶的车辆按其使用性质分为客车和货车,主要分析以下两种分流的优缺点:①客车分流(主要是小客车分流),保持货车通行;②货车分流(主要是大货及以上车型分流),保持客车通行。特勤车辆、蔬菜鲜活品运输车辆、紧急救援车辆等由于其自身的特殊性,对社会的影响大,一般不进行分流,而优先放行或采取独立通道通行。

客车分流的适用条件:周边路网技术等级低、线形差,难以满足重载运输工具的通行;通行费构成中,货车通行费所占比例高,分流货车产生的通行费损失大;车辆构成中,客车所占比例较低,满足客车分流后,剩余交通量在施工期道路通行能力范围内,且高速公路道路资源得到充分利用;分流路网沿线多为居民居住、生活区,分流货车带来的交通污染大,影响沿线居民正常的生活秩序;周边路网较为发达,客车绕行产生的绕行费用(或绕行时间)小于其在项目路上行驶所产生的费用(或时间)。

货车分流的适用条件:周边路网技术等级高,线形好,能够承载分出的重载运输工具;通行费构成中,客车通行费所占比例高,分流客车产生的通行费损失大;车辆构成中,货车所占比例较低,满足货车分流后,剩余交通量在施工期道路通行能力范围内,且高速公路道路资源得到充分利用;现状交通量大,为减少货车对项目路改扩建时通行能力、服务水平、安全等的影响,可采用货车分流。

11.3.2 分流点设置

路网分流点是各种必要的行车信息集中发布的平台或场所。行车信息包括:分流路径信息、道路预警信息、管制措施信息、前方道路流量信息以及其他综合服务信息。对于公路使用者来说,及时、详细的行车信息是构成其对行驶路线选择的重要诱因。因此,通过设置分流点让车辆驾驶员提前掌握各种相关道路信息,可以有效地实现对路网资源的利用最大化,并减少不必要的延误和混乱。

在路网分流点主要设置各种醒目的预告、警示、指路以及分流标志,并配备交通警察指挥岗,重要分流点还应实行24h现场指挥,以减轻施工路段的交通压力。

(1)诱导点:设置在路网的枢纽互通和重点出入口,通过交通分流信息集成发布,辅以必要的交通导流措施,实现过境交通分离、诱导。在枢纽互通出口前2.5km、1.5km、700m、出口匝道鼻端设置提醒车辆绕行预告标志,支撑方式可采用双柱式、单悬臂式、三脚架式,附着于出口预告标志上(图11-1、图11-2)。

图11-1　诱导点车辆绕行预告标志　　　　图11-2　诱导点分流车型预告标志

(2)分流点:设置在区域内路网主要交叉口,以强制性交通疏导为主,必要定向的交通管制措施为辅,实现关键路段、关键节点的分方向强制性交通分流。在需要分流的互通出口前2.5km、1.5km、700m、出口匝道鼻端设置提醒车辆分流预告标志,支撑方式可采用双柱式、单悬臂式、三脚架式,附着于出口预告标志上。在适当路段可连续设置交通锥,或设置移动式限高门架,仅允许小型车通过。重要分流点可配备交通警察指挥岗,实行24h现场指挥(图11-3、图11-4)。

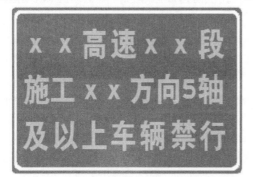

图11-3　分流点车辆禁行预告标志　　　　图11-4　分流点分流车型预告标志

(3)管制点:设置在高速公路沿线重要互通入口,以强制性交通管制为主要手段,强制疏导主线与关键相交路段各方向车辆,保障互通出入口各方向分车型交通流有序、顺畅。在沿线电子显示屏、互通入口电子屏上显示道路管制信息。

(4)为做好恶劣天气、重大交通事故等情况临时封闭高速公路时,为驾乘人员提供提示信息,避免造成收费站广场或连接线严重拥堵,在机动车辆驶入高速公路收费站的远端与高速公路连接线的结合部时,分别增设LED可变信息情报板及语音提示设备,用于发布高速公路路况信息、绕行路线等提示。

11.3.3 社会影响评估

区域路网交通组织分流,原则上应进行社会影响评估,编制社会影响评估报告。

社会影响评估报告至少应包含以下内容:断交施工必要性;对交通的影响;断交施工可行性及绕行方案,断交后绕行交通量分析;社会影响分析及绕行保障措施;社会公众接受度等。

11.4 路段交通组织设计

针对高速公路养护一般路段和关键工点,确定合理的路段交通组织设计方案。结合施工标段、行政区划、构造物分布、施工方案,确定区段划分。在满足施工安全和工期的前提下,做好施工标段间、区段间的交通协调,做好一般路段和关键工点的分流与保通设计。按照现行《公路养护安全作业规程》(JTG H30)有关规定设置安全设施,夜间进行养护作业应布设照明设施和警示频闪灯,采用稳固式安全设施并及时检查维护,加强养护作业的现场管理。

11.4.1 一般路段

一般路段养护施工应按照现行《公路养护安全作业规程》(JTG H30)有关规定布置作业控制区,可采用易于安装拆除的安全设施。养护作业控制区布置应考虑养护作业的内容与要求、时间和周期、交通量、经济效益等因素,控制区内安全设施的布设必须合理、前后协调,起到引导车流平稳变化的作用。

公路养护作业控制区应按警告区、上游过渡区、纵向缓冲区、工作区、下游过渡区和终止区的顺序依次布置。控制区长度应符合现行《公路养护安全作业规程》(JTG H30)有关规定。

控制区安全设施包括临时标志、临时标线和其他安全设施,各类安全设施应组合使用。临时标志包括施工标志、限速标志,施工标志设置在警告区起点,限速标志布设在警告区不同断面,解除限速标志布设在终止区末端。临时标线包括渠化交通标线和导向标线,渠化交通标线为橙色虚、实线,导向交通标线为橙色实线。

其他安全设施包括车道渠化设施(交通锥、防撞桶、水马、防撞墙、隔离墩、附设警示灯的路栏等)、夜间照明设施、语音提示设施、闪光设施(闪光箭头、警示频闪灯、车辆闪光灯)、临时交通控制信号设施、移动式标志车、移动式护栏和车载式防撞垫等,交通锥布设在上游过渡区、缓冲区、工作区和下游过渡区,布设间距不宜大于4m,防撞桶、水马、防撞墙布设在工作区或上游过渡区与缓冲区之间,附设警示灯的路栏设在工作区或上游过渡区与缓冲区之间。照明设施和语音提示设施可用于夜间养护作业。闪光箭头宜布设在上游过渡区,警示频闪灯布设在需加强警示的区域,车辆闪光灯可用于养护作业车辆或移动式标志车。临时交通控制信号设施宜布设在上游过渡区和下游过渡区。移动式标志车可用于临时养护作业或移动养护作业。车载式防撞垫可安装在养护作业车辆或移动式标志车尾部(图11-5~图11-8)。

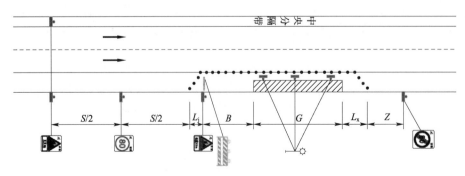

图11-5 四车道高速公路封闭硬路肩养护作业

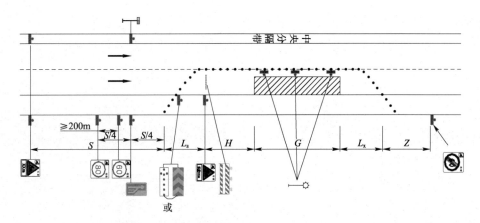

图 11-6　四车道高速公路封闭外侧车道养护作业

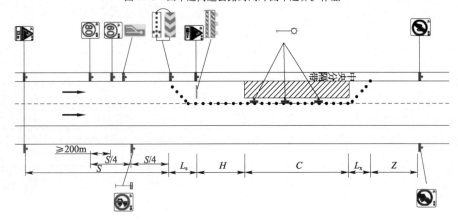

图 11-7　四车道高速公路封闭内侧车道养护作业

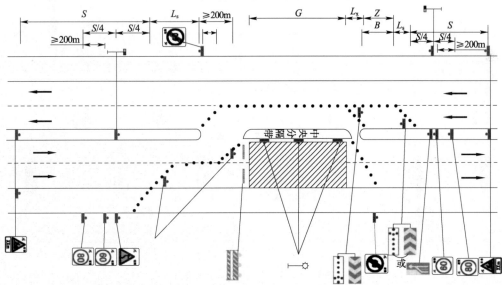

图 11-8　借用对向车道通行的高速公路养护作业

11.4.2　关键工点

封闭半幅车道,不改变交通流,修建导流辅道(图11-9)。导流辅道设计速度、横断面尺寸、路基填料及防护、路面结构等根据实际情况进行设计。

导流辅道设置临时安全设施,包括:临时标志、标线、附设警示灯的路栏、照明设施、闪光箭头、频闪灯、护栏(图11-10)。

临时标志设置如下:

(1)在施工作业区前2km、1km、500m处设置"前方2km施工请慢行""前方1km施工请慢行""前方

500m施工请慢行"的道路施工安全预告标志;

(2)在施工作业区前1.5km、400m、200m处设置限速标志,施工作业区后设置解除限速标志;

(3)在施工作业区前350m、300m处设置"向右改道""车辆慢行"标志;

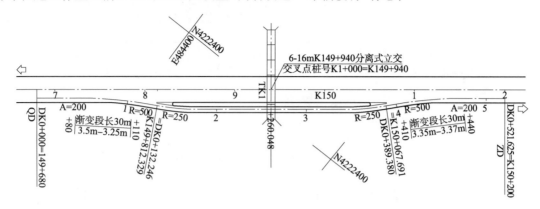

图11-9 辅道平面总体图

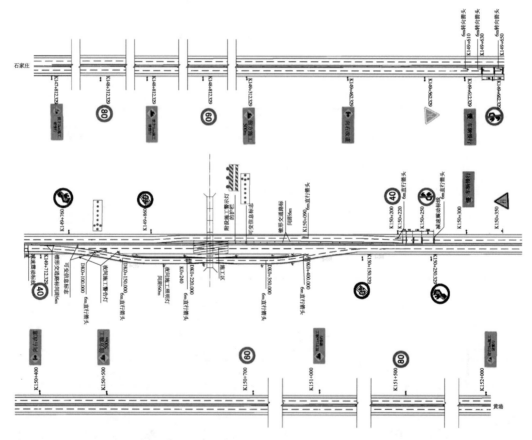

图11-10 辅道交通安全设施布置图

(4)在施工作业区前250m设置禁止超车标志;

(5)在施工作业区前450m处设置窄路警告标志;

(6)在施工作业区后600m处设置解除禁止超车标志;

(7)临时标线采用易清除的临时反光标线,为橙色实线;

(8)附设警示灯的路栏为黑黄相间,布设在上游过渡区与缓冲区之间;

(9)照明设施布设在工作区侧面,照明方向背对非封闭车道;

(10)闪光箭头设置在导流辅道与主线交叉三角端,警示频闪灯布设在导流辅道全线,为黄蓝相间的警示频闪灯,布设间距为10m;

(11)导流辅道两侧土路肩范围设置打入式A级钢护栏。

11.5 交通组织应急预案及保障措施

针对施工期间可能发生各种情况,进行应急预案及保障措施设计,疏解路网行驶缓慢或拥堵情况,保证主线道路畅通、全路网运行良好。

11.5.1 分级应急预案

分别针对主线和主线分流道路进行不同级别的应急响应,响应程度与服务水平呈正相关。为方便采取相应交管措施,对主线施工路段进行划分,当相关事件出现在某一路段时,及时对此路段采取相应的应急管理措施。

(1)四级应急预案

响应原则:当主线的相关路段出现行驶缓慢等现象时,采取四级应急预案。

响应措施:在路段拥堵方向的起点前方设置指示标志,或者可变信息情报板,通报前方行驶缓慢情况,建议相关车辆通过互通绕行;同时对造成拥堵的具体位置增设警力,对车辆进行疏导。

(2)三级应急预案

响应原则:当相关路段出现拥堵时,采取三级应急预案。

响应措施:路段起点互通设置指示标志或者动态信息情报板,通告前方拥堵情况,同时增设警力对交通进行管制分流,禁止所有车辆驶入主线,并对主线上车辆进行分流,分流方案分为两种:①当路段对应的分流相关道路未发生拥堵时,分流方案不变;②当分流路段的相关路段产生拥堵时,采用路段应急分流预案,对问题位置采取管理、清障措施。

(3)二级应急预案

响应原则:当主线全线处于行驶缓慢状态时,采取全线二级应急预案。

响应措施:对各个互通进行交通管制,禁止所有车辆驶入主线,并设置指示标志或者动态信息情报板,建议车辆绕行,同时增设警力进行交通疏导。

(4)一级应急预案

响应原则:当主线全线处于拥堵甚至瘫痪状态时,采取全线一级应急预案。

响应措施:对各个互通进行交通管制,禁止所有车辆驶入主线,增设警力进行交通疏导和分流,分流时分为两种情况:①当分流道路正常时,采用分流方案;②当分流道路拥堵时,采取全线应急分预案。

11.5.2 日常应急预案

(1)建立完善安全保畅机构,成立以项目经理为首的安全领导组织,设置专职联络员,明确各级人员责任,落实到每个员工。与交警部门、路政部门建立联系卡,保证联络畅通,经常开展安全保畅管理活动。

(2)对员工进行安全保畅教育,提高安全保畅意识,有效地对过往车辆进行疏导,提高通行量。

(3)对员工进行安全教育,提高防范意识,不做影响通行车辆的任何动作,服从管理,发现锥帽倒地及时扶起,由于施工车辆进出施工而需挪动的标志,及时归到原位。

(4)派专人在施工现场两端挥舞黄旗警示过往驾驶员,施工区段内派人进行巡逻,随时扶正不规范的锥帽,监督员工规范施工,文明施工。

(5)对施工车辆驾驶员进行严格管教,严禁车辆逆行,超越施工控制区。

(6)施工垃圾务必及时清除,防止造成事故。

(7)听从交管人员的指挥。

(8)夜间值班人员必须在施工区内巡逻,严禁睡觉。

(9)夜间开启防眩照明灯,电子导向灯,以提示过往驾驶员。

11.5.3 突发事故应急预案

针对交通事故、恶劣天气等突发事件,积极配合公安交巡警、路政人员工作,确保施工路段不发生责任事故和半小时以上车辆堵塞事件。在施工区域，一旦发生车辆事故，造成交通堵塞，将迅速有效做好安全事故的应急救援工作，尽快回复高速公路运行车辆的安全畅通，减少损失。

(1)信息传递及发布

当过往车辆在经过施工路段时发生故障或其他原因引起道路拥堵时，安全员要及时将情况通知相关人员。堵车达500m时在5min内通知路政及交警部门，施工安全员要听从路政及交警指挥。因发生交通事故而导致道路拥堵时，安全员要保护好事故现场。

(2)应急响应准备及预防

一旦施工区域交通事故造成堵车，第一发现人立即报告应急小组长，应急小组成员马上就位，联络员及时通知交警部门，路政部门并报告项目总指挥，立即停止施工，对过往车辆进行疏导。如有伤亡，立即拨打急救电话，急救人员未到之前要对受伤者进行施救，安排应急车辆伤员送往医院；如发生火灾，立即拨打火警电话，同时给过往车辆发出信号远离事故车，并帮助灭火。应急小组成员随时听从交警和路政人员的指挥。除疏导车辆外，要帮助维持秩序、清理现场。

(3)交通事故应急处理

因施工占道改变原有行车路线，导致车辆通行面变窄，车辆通行时间变长，增加区域内车辆通行安全风险。如果施工区域内发生交通事故或通道内车辆事故，可能导致严重的交通堵塞，因此，需制定应对交通事故的紧急措施。

因施工需要施工区域内，采用单侧封闭硬路肩及行车道通行方案，车道只能满足单车通过。项目部负责在每个施工点配备一台大型牵引车，一旦发生因施工造成影响道路畅通的重大交通事故时，项目部通知交警、路政及其他相关部门迅速赶赴交通事故现场，交警人员立即处理交通事故，及时对事故现场进行清障处理，大型牵引车要在交警及路政部门指挥下将事故车辆清理出施工路段，尽快恢复交通，同时疏导人员立即在分流口进行疏导，保证过境车辆绕行施工区域。

当发生重特大交通事故时，应立即启动紧急救援预案，施工单位现场配备的吊车、拖车等设备配合相关部门进行救援。

(4)恶劣天气下应急预案

遇到大风、大雾、强降雨雪等恶劣天气，将会影响车辆通行和施工安全，严重时会发生交通和生产事故。项目部恶劣气候情况下，加强对管制区内交通和施工监管力度，一遇险情，立即启动预案，并通知相关部门进行紧急救援。

(5)其他情况应急预案

假日或旅游旺季期间车流量可能增加，项目部要加强现场管理力度，制定值班表，对现场交通管制防护救援设施进行维护，加大监控力度，一旦有险情发生，立即启动救援预案，进行救援保通。

(6)总结和完善

应急领导小组根据现场实际情况，定期对预案进行总结和优化工作，对预案中的不完善，不科学部分进行论证修改，以保证其高效可行，最大程度降低交通和施工风险，保证畅通和生产的顺利进行。

12 工程造价

养护工程造价分为方案设计概算和施工图设计预算,工程概预算文件编制必须严格执行国家的方针、政策和有关制度,符合公路设计、施工技术规范。工程概预算是设计文件的重要组成部分,是设计阶段控制造价的主要指标。

12.1 基本原则

(1)概预算应根据设计阶段的不同要求,按照设计图纸中的工程量和施工方法,规定的定额、取费标准、人工单价、材料设备预算价格,依据规定的编制办法,在开工前编制并报请批准。

(2)概预算应由有资格的设计、工程(造价)咨询单位负责编制,编制、审核人员必须持有公路工程造价人员执业资格证书,并对工程造价文件的编制质量负责。

(3)对采用施工标准化、新技术、新工艺、新材料,现行定额不能覆盖的,应编制相应的补充定额并报省公路工程造价主管部门审核,或利用现行定额进行合理的工料机抽换。

(4)编制概预算时应认真搜集造价编制的相关资料并进行分析研究,仔细阅读设计图纸,依据施工组织和交通组织设计选择合理的施工方法和施工机械。概预算编制必须与设计文件、施工组织设计一致。

(5)公路管理、养护及服务房屋应执行工程所在地的地区统一定额及相应的其他工程费和间接费费用标准,其他费用应按公路工程的项目划分及计算方法进行编制。

12.2 编制依据

工程概预算文件应依据养护设计图纸提出的工程内容、数量,运用以下定额、编办、政策文件进行合理编制,其编制的主要依据如下。

(1)现行《公路工程基本建设项目概算预算编制办法》(JTG B06);
(2)《公路工程概算定额》(JTG/T B06—2001);
(3)《公路工程预算定额》(JTG/T B06—2002);
(4)《公路工程机械台班费用定额》(JTG/T B06—2003);
(5)《河北省高速公路小修保养和中修工程预算编制办法》;
(6)《河北省高速公路小修保养和中修工程预算定额》;
(7)国家、交通运输部及河北省颁布的相关造价政策文件。

12.3 其他工程费及间接费综合费率

其他工程费及间接费综合费率按现行《公路工程基本建设项目概算预算编制办法》(JTG B06)及《河北省高速公路小修保养和中修工程预算编制办法》规定、国家及河北省现行的相关文件计列。

12.4 工料机费用

12.4.1 人工费

人工工日单价执行河北省交通运输厅相关文件规定。

12.4.2 材料费

为了统一编制,外购原材料价格应采用河北省公路工程造价主管部门定期发布的材料价格,并考虑运至工地的运杂费和采管费。

材料运距应按照外购材料、地方材料的不同要求进行运杂费的计算,地方材料运距应按照设计提供的料场距离计算,外购材料按供应地计算,需运至高速公路上的材料,其运距计算时应计入高速公路上下路口的绕行距离。

12.4.3 机械台班费

按《公路工程机械台班费用定额》(JTG/T B06—2003)、《河北省高速公路小修保养和中修工程预算定额》及相关文件执行。

12.5 工程建设其他费用

(1)研究试验费,一般不计列,确有需要的项目,应提供研究试验项目清单和相关主要依据。

(2)勘察设计费,根据工程项目的复杂程度,设计费参照《工程勘察设计收费管理规定》计算,勘察费结合养护项目实际情况,根据外业勘察内容进行取费,一般按设计费的10%~20%计列。

(3)施工图预算编制费及竣工图编制费参照《工程勘察设计收费管理规定》计算,分别为设计费的10%和8%。

(4)招标文件及标底(或造价控制值或清单预算)文件编制费按《招标代理服务收费管理暂行办法》的规定分招标类别计费。

(5)检测费根据外业检测内容计取费用,一般路基路面养护项目按合同价格计列,不涉及路面检测的项目不计列此项费用,桥梁、隧道检测费依据项目具体的检测内容按合同价计列。

12.6 其他事项

(1)概预算编制需注意计入拆旧材料的循环利用和回收费用。

(2)环境监测费、双院制审查费应在养护工程其他费用中单独列出。

(3)施工需要封闭车道或改变交通流向时,需在建安费中计列安全措施费,其费用按项目施工组织和交通组织提出的数量计算,费用计算应考虑临时设施损毁和损耗的数量。

(4)工程涉及拆迁占的,其补偿标准应按照相应的国家及省市有关文件规定执行,并在编制说明中注明文件编号。

(5)考虑养护工程的特点,施工点零散、施工作业面窄小的项目选取定额时应优先选取小型施工机械及机具组成的定额。

(6)养护工程确有需要自发电的项目,其电价计算应充分考虑自发电在电费计算中的比例。

(7)不涉及机电工程的养护项目一般不计列联合试运转费。

(8)一般不计列生产人员培训费。

(9)公路管理、养护及服务房屋的直接费中的材料费计算应与公路主体工程一致。

参 考 文 献

[1] 中华人民共和国行业标准.JTG B01—2014 公路工程技术标准[S].北京:人民交通出版社,2014.
[2] 中华人民共和国行业标准.JTG D20—2006 公路路线设计规范[S].北京:人民交通出版社,2006.
[3] 中华人民共和国行业推荐性标准.JTG/ T L11—2014 高速公路改扩建设计细则[S].北京:人民交通出版社股份有限公司,2015.
[4] 中华人民共和国行业推荐性标准.JTG/T D21—2014 公路立体交叉设计细则[S].北京:人民交通出版社,2014.
[5] 交通部公路司.公路设计指南新理念[M].北京:人民交通出版社,2005.
[6] 河北省交通运输厅.河北省高速公路勘察设计标准化指南[M].北京:人民交通出版社,2013.
[7] 中华人民共和国行业标准.JTG D30—2015 公路路基设计规范[S].北京:人民交通出版社股份有限公司,2015.
[8] 中华人民共和国行业推荐性标准.JTG/T D33—2012 公路排水设计规范[S].北京:人民交通出版社,2013.
[9] 中华人民共和国行业标准.JTG H20—2007 公路技术状况评定标准[S].北京:人民交通出版社,2007.
[10] 中华人民共和国行业标准.JTG H10—2009 公路养护技术规范[S].北京:人民交通出版社,2009.
[11] 叶孙敏,潘春梅,黄小鹏.浅谈高速公路路面积水处理的措施[J].黑龙江交通科技,2011(6).
[12] 中华人民共和国行业标准.JTG D50—2006 公路沥青路面设计规范[S].北京:人民交通出版社,2006.
[13] 中华人民共和国行业标准.JTG F41—2008 公路沥青路面再生技术规范[S].北京:人民交通出版社,2008.
[14] 中华人民共和国行业标准.JTG D40—2011 公路水泥混凝土路面设计规范[S].北京:人民交通出版社,2011.
[15] 河北省地方标准.DB 13/T 978—2008 旋转压实剪切实验法(GTM)沥青混合料设计与施工技术规范[S].石家庄:河北省质量技术监督局,2008.
[16] 壳牌特种业务北京技术中心.NovaChip超薄磨耗层系统施工设计技术指南[M].北京:人民交通出版社股份有限公司,2015.
[17] 交通部公路科学研究院.微表处和稀浆封层技术指南[M].北京:人民交通出版社,2005.
[18] 交通部公路科学研究院.公路沥青玛蹄脂碎石路面技术指南[M].北京:人民交通出版社,2002.
[19] 郭永辉.河北省高速公路桥梁典型病害处治指导技术[R].石家庄:河北省高速公路管理局,2010.
[20] 周志祥,张江涛,郑志明,等.桥梁加固改造新技术[M].北京:人民交通出版社,2014.
[21] 朱建华.服役桥梁耐久性评估方法及维修加固方案决策研究[D].长沙:长沙理工大学土木与建筑学院,2005.
[22] 范立础.国内外桥梁工程最新发展[R].上海:同济大学,2009.
[23] 蒙云.桥梁加固与改造[M].重庆:重庆大学出版社,1989.
[24] 张俊平,周建宾.桥梁检测与维修加固[M].北京:人民交通出版社,2006.
[25] 吴海军.桥梁结构耐久性设计方法研究[D].上海:同济大学土木工程学院,2006.
[26] 彭建新.基于寿命周期成本的桥梁全寿命设计方法研究[D].长沙:湖南大学土木工程学院,2008.
[27] 吕栋.混凝土桥梁加固方案决策研究[D].石家庄:石家庄铁道大学土木工程学院,2012.
[28] 李松辉.碳纤维布加固桥梁的设计理论研究[D].大连:大连理工大学土木工程学院,2003.
[29] 王树森.碳纤维加固钢筋混凝土桥梁复合结构的力学行为分析[D].长春:吉林大学土木工程学院,2005.

[30] 于晓晴.桥梁伸缩装置病害分析及对策研究[J].公路交通技术,2007,4(2):118-120.
[31] 张建明.聚丙烯纤维混凝土的抗冲击和抗开裂性能研究[J].公路交通科技,2008,8(8):76-78.
[32] 曹蔚枝.桥梁支座更换施工及控制技术[J].山西交通科技,2007,8(7):59-61.
[33] 贺玉辉.高速公路不中断交通桥梁支座更换技术[J].内蒙古公路与交通,2008,1(1):16-18.
[34] 金凤温,陈振.火灾后某空心板桥的检测评估及加固技术[C].石家庄:人民交通出版社股份有限公司,2015.
[35] 中华人民共和国行业标准.JTG H12—2015 公路隧道养护技术规范[S].北京:人民交通出版社股份有限公司,2015.
[36] 中华人民共和国行业推荐性标准.JTG/T D81—2006 公路交通安全设施设计细则[S].北京:人民交通出版社,2006.
[37] 梅志荣,韩跃.隧道结构火灾损伤评定与修复加固措施的研究[J].世界隧道,1999(4).
[38] 湖南省地方标准.HNGSYH 010-2010 湖南高速公路隧道常见病害养护技术指南[S].长沙:湖南省高速公路管理局,2010.
[39] 叶英.运营隧道管养指南[M].北京:人民交通出版社,2013.
[40] 夏卫国,张兴来,钟云健.公路隧道洞口病害预防与处治技术探讨[A].交通标准化,2008(6).
[41] 河北省高速公路管理局.河北省高速公路收费站(广场)设计手册.北京:人民交通出版社股份有限公司,2015.
[42] 河北省交通运输厅关于开展河北省高速公路服务区、收费站品质形象提升行动的意见,冀交规〔2013〕652号.
[43] 赵香花,等.房屋建筑的维修与养护[M].郑州:黄河水利出版社,2002.
[44] 北京房地产协会,房屋维修养护管理手册[M].北京:中国建筑工业出版社,1995.
[45] 梅全亭,等.实用房屋维修技术手册[M].北京:中国建筑工业出版社,1998.
[46] 雍传德,等.房屋渗漏通病与防治[M].北京:中国建筑工业出版社,1998.
[47] 樊振和.建筑构造原理与设计[M].天津:天津大学出版社,2004.
[48] 中华人民共和国国家标准.GB 5768—2009 道路交通标志和标线[S].北京:中国标准出版社,2009.
[49] 中华人民共和国行业标准.JTG D80—2006 高速公路交通工程及沿线设施设计通用规范[S].北京:人民交通出版社,2006.
[50] 中华人民共和国国家标准.GB/T 26941—2011 隔离栅[S].北京:中国标准出版社,2012.
[51] 中华人民共和国交通部.国家高速公路网相关标志更换工作实施技术指南[M].北京:人民交通出版社,2007.
[52] 范跃武.河南省高速公路指路标志设置技术指南[M].北京:人民交通出版社,2009.
[53] 杨锡武,刘克,杨大田.道路减速垄布置设计新方法[J].大连交通大学学报,2008(29).
[54] 马秀君.玻璃钢防眩网开发研究[J].交通标准化,2012(13).
[55] 马爱平.弹性转子护栏-为高速公路"保驾护航"[J].中国科技财富,2015(3).
[56] 王岩,丁建明,熊燕飞.公路护栏端头的处理研究[J].现代交通技术,2008,5(4).
[57] 中华人民共和国行业标准.JTG B04—2010 公路环境保护设计规范[S].北京:人民交通出版社,2010.
[58] 张金龙,邵鹏.高速公路绿化作用与方法研究[J].技术与市场,2012,6(19).
[59] 姜龙.浅谈高速公路绿化的必要性[J].科技信息,2008(19).
[60] 杨国俊,李威,张文帅.高架公路新型泡沫铝隔音屏的研究[J].公路交通科技,2011,28(1).
[61] 罗东旭.浅谈高速公路隧道洞口景观设计[J].建材发展导向,2012(3).
[62] 付振宇,胡议丹,宋杏爽.论吉林省高速公路景观雕塑设计策略[J].长春工程学院学报:社会科学版,2013,3:62-64.
[63] 中华人民共和国行业标准.JTG H30—2015 公路养护安全作业规程[S].北京:人民交通出版社股份有限公司,2015.